Aurelio Peccei
Die Qualität des Menschen

dva informativ

Aurelio Peccei

Die Qualität des Menschen

Plädoyer für einen neuen Humanismus

Mit einem Vorwort
von Eduard Pestel

Deutsche Verlags-Anstalt

Aus dem Italienischen von Otto Janik
Originaltitel: *La qualità umana*, erschienen 1976 bei
Arnoldo Mondadori Editore, Mailand

Die Bücher des Lektorats Öffentliche Wissenschaft entstehen in enger
Zusammenarbeit mit der Redaktion der Zeitschrift *bild der wissenschaft*
im Verlagsbereich Öffentliche Wissenschaft.

CIP-Kurztitelaufnahme der Deutschen Bibliothek

Peccei, Aurelio
Die Qualität des Menschen : Plädoyer für e.
neuen Humanismus. – Stuttgart : Deutsche Verlags-Anstalt, 1977.
  (dva informativ)
  Einheitssacht.: La qualità umana ⟨dt.⟩
  ISBN 3-421-02702-1

© 1977 Deutsche Verlags-Anstalt GmbH, Stuttgart
Alle Rechte vorbehalten
Umschlagentwurf: Wolf-Dieter Kocher, Filderstadt
Satz und Druck: E. C. Baumann KG, Kulmbach
Bindearbeiten: Georg Gebhardt, Ansbach
Printed in Germany

5678039774321

Inhalt

Vorwort

Fast zehn Jahre sind vergangen, seit ich Aurelio Peccei zum ersten Male begegnet bin. Es war die Zeit, in der man sich in der westlichen Welt über den wachsenden technologischen Vorsprung der USA gegenüber Europa sorgte, als Jean-Jacques Servan-Schreiber mit seinem Buch *Die amerikanische Herausforderung* viele Gemüter bewegte. So wurde dann auch im Mai 1967 ein großes »atlantisches« Arbeitstreffen zur Untersuchung der »Technologischen Lücke« nach Deauville in Frankreich einberufen, an dem auch Aurelio Peccei teilnahm. Ihm wurde mehr Aufmerksamkeit gewidmet, als er der Konferenz selbst zu schenken schien; ihm war das Thema offensichtlich zu eng gefaßt. Er hatte schon damals andersartige Sorgen um die zukünftige Entwicklung der Welt. Unter den vielen neuen Bekanntschaften, die man bei solchen Gelegenheiten zu machen pflegt, ragte Aurelio Peccei so heraus, daß ich unverzüglich engeren Kontakt zu ihm suchte, ohne auch nur im entferntesten zu ahnen, wie die daraus dann erwachsende Freundschaft mein eigenes Leben weitaus schneller und gründlicher in neue Bahnen lenken würde, als dies mir selbst zu jener Zeit vorgeschwebt hatte.

Als ich nun nach einem Jahrzehnt intensiver Zusammenarbeit das Manuskript des hier vorgelegten Buches durchlas, wurde mir schon nach dem ersten Kapitel, in dem Peccei in knapper Form sein an Ereignissen, Kämpfen und Leiden reiches Leben bis wenige Jahre vor unserer Begegnung schilderte, wieder schlagartig klar, daß Peccei mich damals in seinen Bann schlagen mußte. Es ist bezeichnend für ihn, daß er uns gegenüber, seinen Weggenossen in der Führung des Club of Rome, über diese Zeit nie sprach, insbesondere nicht über die Jahre, die er im Untergrund als Widerstandskämpfer durchlebte, und über die vielen Monate, in denen er als Gefangener der italienischen Staatsmiliz grausamen Folterungen unterworfen wurde. Er brauchte eben keine besondere Legitimation aus der Vergangenheit; seine auf die Zukunft gerichteten Ideen waren deckungsgleich mit der unmittelbaren Ausstrahlung seiner Persönlichkeit; da war nichts Falsches und Ungereimtes trotz der erstaunlichen Tatsache, daß

seine Ideen für einen neuen Humanismus nicht nur seiner lebhaften kreativen Phantasie entsprangen, sondern genauso tief in seiner streng
pragmatischen Einstellung verwurzelt sind.

In dem vorliegenden Buch hat er nun auch über diesen, seinen »heroi-
schen« Lebensabschnitt geschrieben, unbewußt vielleicht, um sich mit seinem ganzen vorgelegten Leben dem Leser gegenüber auszuweisen, der ja
ein Recht hat zu fragen: wie kommt dieser Mann dazu, mich in meiner
Menschlichkeit herauszufordern; den Unternehmern, seien sie private
oder staatliche, vorzuhalten, daß das erste unabdingbare Attribut eines
jeden Unternehmens seine soziale Nützlichkeit ist, um die herum sodann
die Rentabilität geplant werden muß; woraus zieht er die Erkenntnis,
daß das Wohl der Welt unerläßlich für das Wohl ihrer einzelnen Teile ist;
worauf gründet sich seine Meinung, daß es Freiheit in keiner wie immer
gearteten sozialen Organisation geben kann – oder aber, daß sie das Vorrecht einer Minderheit bleibt –, wenn es nicht vorher bereits Gerechtigkeit
gibt? Diese Fragenkette könnte beliebig fortgesetzt werden; doch ich bin
überzeugt, nur ganz wenige ideologisch unveränderbar vorgeprägte
Leser werden Peccei das Recht versagen, die Menschen unserer Zeit, besonders die satten und wohlhabenden, in die Schranken zu rufen, dem
Wohlergehen kommender Generationen ihren Tribut zu zollen. Peccei
tut dies – eindringlich und feinfühlig, zornig emotional und rational
pragmatisch, mit treffsicherer Ironie und mit tolerantem Humor, immer
großzügig und warmherzig: Der ganze Mensch Peccei mit allen seinen
Leidenschaften und mit seinem klugen abwägenden Verstand strahlt aus
diesem Buch. Hier wird nicht dünnblütig analysiert und philosophiert,
hier spricht ein kraftvoller, revolutionärer Humanist, der nicht lange Gedanken nachhängt, wenn er sie nicht in die Tat umsetzen kann oder will,
der einmal eingeschlagene Wege beharrlich und unnachgiebig gegen sich
selbst und andere bis zum Ende verfolgt, den Fehlschläge nicht zur Aufgabe zwingen, sondern eine zuweilen bittere notwendige Lehre sind,
besser zu werden und klüger zu handeln.

Ohne Aurelio Peccei hätte es keinen Club of Rome gegeben, und ohne ihn
wird er keinen Bestand haben; so sehr verkörpert er den Club of Rome.
Wer über diesen wirklich Wesentliches lesen will, muß sein Buch lesen: Ein
Buch für die Menschen dieser Zeit, von einem der Großen unserer Epoche.

Eduard Pestel

Einführung

Nach der Ölkrise des Jahres 1973 durfte man hoffen, daß die Welt dank einer Neuverteilung der Macht und der Reichtümer in eine Phase der Beruhigung eintreten würde. Man war an einem für die Industrieländer sicherlich nachteiligen, dennoch aber Klarheit schaffenden, heilsamen Wendepunkt angelangt; jetzt wäre es im wesentlichen darauf angekommen, sich der neuen Situation anzupassen. Doch man weiß inzwischen, daß die Dinge nicht immer so einfach liegen. Der Schock war beträchtlich, viele Positionen haben sich verändert, doch die Weltordnung ist noch lange nicht stabil oder frei von Unsicherheit.

Berauscht von ihrem plötzlichen Reichtum, geben die Ölländer die so leicht erworbenen Dollar ungeschickt aus, während die Konsumländer alles tun, um ihre Gewohnheiten nicht ändern zu müssen. Beherrscht vom Komplex des schwarzen Goldes, von der Trugvorstellung, das Öl könne einen ohne Anstrengung erreichbaren Überfluß schaffen, ignoriert die Menschheit anscheinend jede Gefahr und vermeidet es tunlichst, sich zu fragen, ob nicht der Augenblick gekommen sei, die Lebensweise zu ändern. Mehr noch: Da das Erdöl in dreißig und vierzig Jahren praktisch erschöpft sein wird, sucht die Menschheit als Ersatz dafür eine andere, noch stärkere Droge, nämlich die nukleare. Inzwischen wird sie damit fortfahren, die Oberfläche des Planeten anzubohren, auszubeuten, zu bepflastern, zu bebauen, zu entnaturalisieren, zu verschmutzen und wird sie nicht mehr mit vier, sondern mit sieben oder acht Milliarden Individuen vollstopfen. Unter solchen Bedingungen muß jedes Gleichgewicht unsicher und unstabil sein.

Ebenso haben wir uns vor einigen Jahren der Illusion hingegeben, in eine lange Entspannungsperiode Ost – West eingetreten zu sein. Angesichts der Reisen Henry Kissingers, von Gipfeltreffen, von großen diplomatischen Manövern, von Konferenzen innerhalb und außerhalb der Vereinten Nationen, von Erklärungen politischer Führer dieser oder jener Schattierung schien es, als befände sich die Partei des Friedens auf der Siegesstraße. Nun aber stellen wir fest, daß es wahrscheinlich doch nicht so ist.

Die Anhäufung des Zerstörungspotentials in der Welt geht in einem
Tempo weiter, das nicht geringer ist als das Tempo der Worte und Taten,
die es eigentlich beseitigen sollen. Die Dollarmilliarden, die der Rüstungs-
wettlauf alljährlich verschlingt, sind sprunghaft auf nahezu 300 gestie-
gen, mehr, als in der Welt für Bildung ausgegeben wird; über die Hälfte
der Wissenschaftler der Erde arbeitet für diesen Zweck. Die Vereinigten
Staaten und die Sowjetunion, die hier an der Spitze stehen, bemühen sich,
einander gegenseitig zu täuschen, indem sie illusorische Beschränkungen
für die strategischen Waffen aushandeln, während sie in Wirklichkeit eine
immer tödlichere Aufrüstung betreiben; überall überzieht ein monströses,
sich stets erweiterndes Netz politischer, finanzieller, industrieller und ge-
werkschaftlicher Interessen diese Teufelsmaschine, von der niemand weiß,
wie sie anzuhalten ist.
Auch anderswo erkennen wir die tiefwurzelnden Übel, die an der gegenwärtigen Gesellschaft nagen. Unter unseren Augen spielen sich die Krisen
des Westens ab. Zu ihnen hat sich jetzt auch ein schwerer moralischer Verfall gesellt; er manifestiert sich in den Korruptionslawinen, die ihn von
einem Ende zum anderen durchlaufen. So ist die Befürchtung nicht ab-
wegig, daß die innere Verderbtheit leider weit verbreitet ist, daß nur ein
geringer Teil davon ans Tageslicht gelangt. Wird es jemals gelingen, eine
derart morsche Gesellschaft zu sanieren?
Auch die sozialistische Welt befindet sich im Griff mannigfacher Krisen,
deren Symptome heute häufiger auftreten als gestern. Diese Krisen mögen
nicht so typisch sein wie die des Westens, nichtsdestoweniger sind sie tief-
greifend und unvermeidlich. Überdies treffen sie ein System, das jahr-
zehntelang Hunderten von Millionen Menschen eine bessere, freie und
gerechte Gesellschaft verheißen hatte. Wieviel ehrliche Hoffnungen wurden dadurch frustriert! Das politische Leben ist in enge, bürokratisierte
Schemata gepreßt, die Ablösung der Elite erfolgt im Zeitlupentempo, begleitet von Überalterungsprozessen, während sich neue Ideen nur schwer
durchsetzen und die Orthodoxie der Vergangenheit auf die Zukunft aus-
strahlt. Selbst der Wirtschaftsapparat, überladen und ohne den Aufschwung, wie er bei einer Beteiligung durch das Volk zu verzeichnen wäre,
läuft nur auf niedrigen Touren. Trotz eines hohen durchschnittlichen Bil-
dungsgrades, trotz fortschrittlicher wissenschaftlicher Kenntnisse, hervorragender technologischer Laboratorien, trotz Planungstechnik und moder-
nem Management-Kult sind die Ergebnisse in der operativen Praxis eher
mittelmäßig und entmutigend, sowohl was die rationale Verwendung der
menschlichen und natürlichen Ressourcen als auch die quantitative und
qualitative Produktion und die Befriedigung der Bedürfnisse der Bürger
angeht.
Selbst die in voller Entwicklung begriffenen Länder, die angefüllt sind
mit Gärstoffen und die in der gegenwärtigen Gesellschaft eine Art Prüfstein für ihre Durchsetzungsfähigkeiten und den Erneuerungswillen dar-

stellen, bieten heute, im Augenblick der Wahrheit, nur enttäuschende Beispiele und Resultate. Ihre Sache, die Sache der Armen, der Dahinvegetierenden, der Ausgebeuteten, ist über alle Zweifel erhaben. Aber mit wie vielen – persönlichen oder klassenbedingten – Ambitionen, mit wie vielen verwerflichen Handlungen, insbesondere gegenüber den Ärmsten, den Schwächsten und Schutzlosesten unter ihnen, wird im Namen dieser Sache Mißbrauch getrieben! Und welchen Schikanen, Privilegien und Ungleichheiten begegnet man innerhalb und zwischen diesen Ländern, die mehr als alle anderen der Gerechtigkeit und Solidarität bedürfen! Viele Fehler und Mängel, die den am weitesten entwickelten Ländern anhaften, treten auch in diesem anderen Teil der Welt auf, sobald die Machtstrukturen oder das kühle Kalkül der Interessen es ermöglichen oder empfehlen.

Woher kommt dieser verbreitete, unheilbare Zustand einer moralischen, politischen, sozialen, psychologischen, wirtschaftlichen und ökologischen Krise, die in verschiedener Form, schleichend oder explosiv, uns alle, Entwickelte wie Unterentwickelte, erfaßt, uns die Ruhe raubt und einem düsteren Schicksal entgegentreibt? Eine wesentliche Ursache tritt immer deutlicher hervor. Einerseits ist klar, daß die vielschichtige und sich häufig wandelnde Problematik, durch die sich unsere Gegenwart so sehr von allen früheren Epochen unterscheidet, sich ständig vertieft und in noch nicht dagewesener Form manifestiert, mit stets neuen Verästelungen und Kombinationen und in immer größeren Dimensionen. Auf der anderen Seite hoffen die Regierungen, die Sozialverantwortlichen und ganz allgemein die Machtträger dieser Welt, den Problemen mit traditionellen, normalen Methoden und Mitteln begegnen und sie unter Kontrolle halten zu können. Man könnte daraus folgern, daß das Durcheinander an Situationen und Ereignissen, das ich an anderer Stelle mit Irrweg der Menschheit bezeichne und bei dem sich alle menschlichen Gruppen in Konkurrenz zueinander wild bekämpfen, um strategische Positionen und lebenswichtige Ressourcen wie auf einem Weltschachbrett zu ergattern, ein absolut ungewöhnliches Phänomen darstelle, dem mit einer ebenso ungewöhnlichen Politik und mit weltweit abgestimmten Maßnahmen begegnet werden müsse. Da jedoch das Menschheitssystem sich noch nicht als fähig erwiesen hat, auf die sich aufdrängenden beispiellosen Probleme und Bedrohungen eine geeignete Erwiderung zu finden, ja nicht einmal einen ernsthaften Versuch hierzu unternommen hat, müssen wir daraus schließen, daß hierin die Hauptursache liegt, wenn die gegenwärtige Situation unkontrollierbar und die Zukunft immer ungewisser und besorgniserregender erscheint.

Diese Diagnose ist jedoch oberflächlich. Ich glaube, daß wir uns eine Frage stellen müssen: Selbst wenn uns eine solche Antwort zufriedenstellen könnte (nach der Auffassung, die wir heute von der Welt und ihren Protagonisten haben), wäre sie dann trotzdem ausreichend? Oder aber ist das, was sich vollzieht, nicht etwas wesentlich anderes, etwas Fundamen-

taleres, nämlich eine echte Veränderung, eine neue Art des menschlichen
Seins, die den Menschen in Übereinstimmung mit einer Wirklichkeit
bringt, die er selbst unaufhörlich manipuliert, verändert, schafft? Ich
verfechte diese zweite These; ich glaube, daß ein Qualitätssprung des Protagonisten Mensch für seine Rettung auf Erden unerläßlich ist.
Offensichtlich genügen alle nationalen Wege zum Sozialismus und der
Sozialismus selbst – welche seiner zahlreichen Versionen man auch immer
zugrunde legt – nicht, um die Menschheit von ihrem Irrweg abzubringen.
Das vermögen aber auch nicht die politischen Institutionen und die mehr
oder weniger aktualisierten und von der liberalen Ökonomie korrigierten
Mechanismen, auch nicht vermischte, kapitalistisch-sozialistische Kombinationen zur Handhabung der öffentlichen Angelegenheiten. Auf der
anderen Seite genügt es auch nicht, auf die stetige Funktion des internationalen Währungssystems zu bauen, die wichtigsten Rohstoffpreise zu stabi-
lisieren oder zu indizieren, sich über einen besseren Umlauf der Waren
und Technologie unter den Produzenten und Konsumenten zu einigen, die
Liquidität des Weltwirtschaftssystems gerechter zu verteilen oder ganz
allgemein einen entsprechenden Teil der Machtbefugnisse von einer Län-
dergruppe auf eine andere zu übertragen. Verstehen wir uns richtig: Um
das Schlimmste zu verhüten, ist mehr denn je eine neue nationale und internationale Ordnung notwendig, ja ganz dringend erforderlich, doch
kann sie allein die menschliche Gesellschaft auch noch nicht auf die richtige Spur setzen. Das vermögen aber ebensowenig eine effektive und ge-
wissenhafte Abrüstung, selbst wenn sie in großen Etappen erfolgt, ein
umsichtiger und sparsamerer Umgang mit den Naturschätzen, der gebo-
tene Respekt gegenüber der Natur und anderen Lebensformen und als
Konsequenz davon eine strenge Kontrolle über das Wachstum der Menschheit oder eine neue Ausrichtung des wissenschaftlichen und technologischen Fortschritts.
Ich wiederhole: Die grundlegende Erneuerung des Menschheitssystems
darf nicht länger hinausgezögert werden. Mit ihr könnte man wahrscheinlich zügig zu einer gesünderen Gesellschaft gelangen, einer Gesellschaft,
die fähig wäre, dem Schicksal der Selbstzerstörung zu entrinnen und die
Lebensqualität zu steigern; auch sie könnte keinesfalls garantieren, daß
die Dinge nach der Begradigung nicht wieder neuen, womöglich noch
schlimmeren Abwegen oder einem neuen Irrweg entgegensteuern – ganz
abgesehen davon, daß die Vision einer derart radikalen Metamorphose
der Menschheit heute einfach utopisch anmuten muß (aus diesem Grund
habe ich weiter oben den Konditional benutzt). Sollte sie dennoch durch
ein Wunder wahr werden, so wäre dies lediglich eine nur provisorische
Verwirklichung, eine prachtvolle Stadt, aber auf Sand gebaut.
Etwas ist vielleicht noch nicht ganz klar geworden, aber wir müssen es
unbedingt begreifen: Alles Gute und Schöne, was wir uns für eine Veränderung der Welt vorzustellen vermögen, kann nutzlos verpuffen, wenn

diese Veränderung nicht auch und vor allem im wesentlichen Element alles Menschlichen, im Menschen selbst, stattfindet. Denn gerade der Mensch ist der wichtigste Faktor eines jeden Fortschritts unserer Gattung, wie auch eines jeden Problems und jeder möglichen Lösung. Die Ursachen der gegenwärtigen Probleme und Irrwege können einzig nur in seinem Verhalten gesucht werden. Auch das Zurückweichen vor den von ihm selbst geschaffenen Schwierigkeiten ist ursächlich menschlich. Darum müssen wir rasch zu einer grundsätzlichen Diskussion über den heutigen Menschen, seine Qualitäten, Fähigkeiten und Verhaltensweisen kommen, über sein Bestreben, zu überleben und sich voll zu behaupten, Freude und Interesse in einer neuen und immer wieder neuen Welt zu bekunden, die seine eigene Schöpfung ist.

Auf diesen Seiten habe ich aufzuzeigen versucht, daß diese Veränderung (sie hat einen ausgeprägt kulturellen Charakter) und damit eine individuelle und kollektive Besserstellung des Menschen möglich ist. Ich bin überzeugt, daß der Mensch nicht nur fähig ist, den Zustand des Nichtverstehens und der Verwirrung, in dem er sich befindet und der ihn veranlaßt, vergeblich nach Lösungen auf ungangbaren Wegen zu suchen, zu überwinden, sondern daß er sich auch erneut als intelligentes und transzendentes Wesen bewähren kann. Ebenso habe ich versucht, zu verdeutlichen, daß es bei der Gewissenserforschung und bei der Machtgewinnung über uns selbst nicht so sehr auf introvertierte Bemühungen als vielmehr darauf ankommt, uns aufmerksam, mit Interesse und Liebe für alle Dinge umzusehen und die Realitäten zu begreifen, in die wir hineingestellt sind. Nur auf diese Weise kann die unerläßliche, harmonische Wechselbeziehung zwischen uns und allem anderen entstehen, von der unvermeidlich unsere eigene Existenz, unser Glück und das Glück aller jener abhängen, die in den nächsten Jahrzehnten auf uns folgen werden.

Die Idee, daß ich ein Buch schreiben sollte, hatte einer meiner Freunde, der holländische Schriftsteller Willem Oltmans, der es in Form eines »Talk-Buches« für eine Sammelreihe des französischen Verlegers Stock herausbringen wollte. Ich selbst hätte niemals an etwas Derartiges gedacht, schon weil ich eine gewisse Antipathie für Biographien habe, um so mehr für Autobiographien (ich glaube, daß ein solches Unterfangen höchstens in Ausnahmefällen interessant sein kann). Doch dann saß ich plötzlich in der Klemme, weil der Verleger in einem bestimmten Moment nicht mehr ein Interview, sondern einen direkten biographischen Bericht wünschte. Deshalb bitte ich den Leser um Entschuldigung, wenn ich mich häufig in der ersten Person äußern muß. Ich habe mich bemüht, diesem Übel abzuhelfen, indem ich bevorzugt auf den Wirbel der Ereignisse, Ideen und Erfahrungen eingehe, die während des letzten Dutzend Jahre ein Teil meiner Welt, wie auch der Welt vieler anderer Menschen gewesen sind.

Eine weitere Komplikation mit diesem Buch ist darauf zurückzuführen, daß ich es in englischer Sprache geschrieben habe, um es einem internatio-

nalen Publikum besser zugänglich zu machen und Übersetzungen zu erleichtern. Mein Freund Edgardo Macorini, stets darauf bedacht, für die
Bibliothek EST (Edizioni Scientifiche e Tecniche/Wissenschaftlich-tech-
nische Ausgaben) des Verlages Mondadori die in der Welt auftauchenden neuen Ideen aufzugreifen – einige sind auf diesen Seiten enthalten –,
bestand auf der italienischen Ausgabe. So fand ich mich in der etwas prekären Lage, die Ausgaben in drei Sprachen – auch die französische kam
ja hinzu – wenigstens teilweise übernehmen zu müssen, während ich doch
gehofft hatte, daß andere diese Arbeit tun würden.
Der Leser wird leicht feststellen, daß dieses Buch weder von einem Berufs-
schriftsteller geschrieben wurde noch das Werk eines Gelehrten ist. Ich
habe einfach nur das gesagt, was ich weiß, denke und empfinde, ohne
Rechercheure mit der Besorgung von Zitaten, Beispielen oder Zahlen-
tabellen zu beschäftigen, wie diese in vielen anderen Büchern überreichlich
vertreten und in der Regel bald vergessen sind. Was den Text angeht,
habe ich nicht einmal andere um Rat gefragt, ausgenommen den bereits
erwähnten Willem Oltmans und einen anderen Freund, Alexander King,
die mir für einige Stellen nützliche Hinweise gegeben haben. Alle Fehler
und Mängel stammen jedoch ausschließlich von mir. Außerdem versteht
sich von selbst, daß alles, was ich hier sage, nicht einmal gedanklich dem
Club of Rome angelastet werden darf, der ja als heterogene Gruppe mit
keinem seiner Mitglieder identifiziert werden kann.
Unfähig, mich dem – heute so modernen – bißchen Konformismus zu entziehen, entschuldige ich mich für die Unvollständigkeit und Unzulänglich-
keit meiner Sprache, indem ich das Wort *uomo* (es bedeutet im Italienischen sowohl »Mensch« als auch »Mann«, Anm. d. Übers.) für das menschliche Individuum gebrauche. Ich empfinde es als lächerlich, eine Umschrei-
bung oder eine Vokabel wie etwa *anthropos* zu benutzen. Jedoch gestehe
ich, daß immer dann, wenn ich so sündigte, mir das Wort *donna* (Frau)
und was es bedeutet voll gegenwärtig war. Meine *tour de force* hätte
ich nicht ohne die Hilfe meiner beiden tüchtigen Sekretärinnen, Anna
Maria Pignocchi und Elena Battistoni, denen mein ganzer Dank gebührt,
vollenden können.
Zum Abschluß erscheint mir ein Zitat von Winston Churchill angebracht:
»Ein Buch zu schreiben, ist ein Abenteuer. Zunächst ist es ein Spielzeug
und ein vergnüglicher Zeitvertreib. Dann wird daraus eine Geliebte, später ein Gebieter, schließlich ein Tyrann. In dieser letzten Phase, wenn man
schon im Begriff ist, sich mit der Sklaverei abzufinden, würde man das
Monstrum am liebsten umbringen und dem Publikum zum Fraß vorwerfen.« Genau das tue ich. Dafür bitte ich den Leser um Verzeihung und um
Verständnis, wobei ich im Grunde doch hoffe, daß er in diesem Buch einiges finden möge, was für nützliche und konstruktive Überlegungen taugt.

Aurelio Peccei

Die neue Qualität des Menschen

Meinen Kindern,
deren Kindern,
allen jungen Menschen,
damit sie begreifen,
wie notwendig es ist,
daß sie besser sein
müssen als wir.

I   Geschichte eines Lebens

Mein Vater lehrte mich zwei grundsätzliche Dinge: Mensch zu sein und als freier Mensch zu leben, zwei Lehren, die sich später in schwierigen Augenblicken und Situationen als recht nützlich erweisen sollten. 1908 geboren, gehöre ich einer Generation an, die dank der Erfindungskraft und den Bemühungen der vorausgegangenen Generationen in der Geschichte der Menschheit eine wahrhaft glänzende Seite hätte schreiben können. In der Morgendämmerung des 20. Jahrhunderts erschienen die Voraussetzungen günstig wie nie, daß die Menschen ihre Fähigkeiten ausspielen könnten, daß ein Fortschritt ohnegleichen es ermöglichen würde, die Armut abzuschaffen und für alle ein würdevolles Leben zu gewährleisten.

Leider wurde die Gelegenheit verpaßt. Zwar hatte das moderne Zeitalter für viele Wohlstand gebracht, aber es hatte nicht vermocht, den Menschen von seiner alten Besitzgier zu befreien, die nun nicht mehr gerechtfertigt war, weil sich seinen Aktivitäten neue ungeheure Möglichkeiten eröffneten. Nach wie vor beherrschten ihn ein enger Horizont und der enstigen Notzeiten entstammende Egoismus, weshalb nahezu alle bedeutenden Veränderungen, die in seinen Lebensumständen eintraten, den Erwerb unmittelbarer materieller Vorteile zum Ziel hatten. Auf diese Weise wurde der Mensch immer mehr zu einem grotesken, eindimensionalen *homo oeconomicus*.

Trotzdem waren und sind die Nutznießer des neuen Überflusses in erster Linie nur einige Sozialschichten, die sich ganz offensichtlich keine Sorgen darüber machen, was andere, Lebende oder noch nicht einmal Geborene, für ihren Wohlstand jetzt oder künftig bezahlen müssen.

Von frühester Jugend an war ich schockiert über diesen Mangel an ideeller Motivation der Gesellschaft, über ihre Kurzsichtigkeit und Engherzigkeit selbst dort, wo sie es sich – wie damals – hätte erlauben können, offener und großzügiger zu sein. Meine Familie gehörte dem Kleinbürgertum an. In unserer aller Erinnerung war der harte Kampf um das tägliche Brot und für eine relative Sicherheit unser gesamter Lebensinhalt. Trotzdem schaffte es mein Vater unter beträchtlichen Opfern, ein Mann von Kultur

zu sein; seine klassische und humanistische Bildung beeinflußte später auch
meine eigene.
Seine Vorfahren waren aus Ungarn herübergekommen. Ihre Wanderung
hatte schon vor einigen Generationen eingesetzt; über Stationen in Kroa-
tien, Dalmatien und Venetien waren sie schließlich bis nach Turin, meiner
Geburtsstadt, gelangt. Möglich, daß die Tradition venezianischer Kaufleute, Forscher und Diplomaten die eine oder andere Spur in unserem
Charakter hinterlassen hat. Dagegen war meine Mutter Piemontesin,
ebenso war ihre aus dem Bauern- und Gebirglermilieu stammende Familie
seit Menschengedenken in Piemont zu Hause. Sie hatte stets ein hartes
Dasein gehabt, in dem das meiste aus mageren Weinlesen, Weizen- oder
Maisernten kam. Wenn auf den Hügeln im Monferrato der Regen aus-
blieb, trockneten die Brunnen aus, man mußte die Ochsen einspannen und
sie mit einem Karren zehn Kilometer weit zum Fluß schicken, um dort
das Wasser zu holen.

Eine weltliche und liberale Erziehung
Das Leben meiner Familie und meine Erziehung hatten mich gegenüber
allem, was in Italien und in der Welt geschah, kritisch gemacht. Mein
Vater war einer der ersten Sozialisten gewesen. Turin war eine Stadt mit
strengen Sitten und freundlichen Manieren, mit vielen Erinnerungen an
die Kämpfe des Risorgimento und für die Einheit Italiens; die Einwohner
der Stadt, tüchtige Arbeiter, erschienen mir weniger erregbar und weniger
extrovertiert, als man es den Italienern gemeinhin nachsagt.
Später, als Turin eine hochindustrialisierte Stadt geworden war, gingen
manche seiner Charakterzüge verloren, doch blieben die Tugenden seiner
Bürger und seine Freiheitsliebe lebendig. Die gesamte Stadt lieferte bemerkenswerte Beispiele eines reifen Sozialismus und wurde zur Wiege
jenes kultivierten und menschlichen Kommunismus, der auch heute noch
die Italienische Kommunistische Partei auszeichnet.
Während meiner Schuljahre erlebte ich, wie die Stadt dem Faschismus
mutig widerstand, ehe sie von ihm überwunden wurde. Was mich betrifft,
war ich einer der letzten Studenten, die sich weigerten, zur Verteidigung
der Dissertation im Schwarzhemd zu erscheinen. Man schrieb das Jahr
1930. Einige Jahre danach, während des Zweiten Weltkriegs, bewies
Turin erneut Format und Charakter, indem es zu einem Bollwerk der
Widerstandsbewegung wurde. Gerade in Turin wurden einige der her-
vorragendsten Seiten des Befreiungskampfes geschrieben.
In diesem nüchternen, robusten Klima nahmen meine Gedanken über den
Menschen und seine Welt Gestalt an, entstand mein Glaube an seine Re-
serven, an seinen inneren Reichtum und an seine Fähigkeit, mit großen
Schwierigkeiten fertig zu werden, wenn er die Grenzen seiner Möglich-
keiten erkennt und an seine Ideen glaubt.
Ich wurde als Freidenker erzogen. Ich einfaches menschliches Wesen in-

mitten so vieler anderer, das einen kurzen Augenblick in einer vielleicht ewigen Zeit lebt, auf einem Planeten, der nur ein Körnchen im ungeheuren Universum ist – wer bin ich denn, um Gott zu bejahen oder zu verneinen? Und wenn es Ihn gibt, wie kann ich seine Absichten ahnen, wie Ihn beurteilen, da ich doch selbst beurteilt werden muß? Nein – die positive Erkenntnis, die ich zugleich mit Demut und mit Stolz auszudrücken gelernt habe, lautet, daß ich ein winziges Teilchen des universellen Ganzen bin, ein Teil des irdischen Lebens. Und das Beste, was ich in dem Augenblick, den meine Existenz in der menschlichen Gemeinschaft dauert, tun kann, ist, nach meiner Überzeugung zu leben, mich zu bemühen, nach meinen Möglichkeiten die Gesamtheit der Dinge zu ändern und ganz bestimmt keinem anderen Wesen, Mensch oder nicht Mensch, etwas anzutun, wovon ich nicht möchte, daß es mir angetan wird.

Erste Reisen: nach Paris und in die UdSSR
In meinen Jugendjahren studierte ich mit großer Hingabe. Sobald sich die Gelegenheit bot, begann ich, auf der Suche nach menschlichen und intellektuellen Kontakten Auslandsreisen zu unternehmen. Damit wollte ich der dümmlichen Kultur- und Wirtschafts-Autarkie entgehen, die das faschistische Italien großspurig als heroisches Unterfangen darstellte. Ich hatte unter anderem das Glück, sechs intensive Monate in Paris zu verbringen, wobei ich meine Interessen auf Kurse an der Sorbonne und Begegnungen mit politischen Emigranten aus zahlreichen Ländern verteilte. Dort lernte ich die großen freien Geister Frankreichs und ihre universellen Ideen bewundern, die bis zum heutigen Tag meine Gedankenwelt beeinflussen.
Unter dem Eindruck der dramatischen Erfahrungen der russischen Revolution lernte ich auch, diese Sprache fließend zu sprechen; dank einer vom Italienischen Marinebund als Preis ausgesetzten Reise konnte ich kurz die Sowjetunion besuchen. Nach meiner Promotion zum Doktor der Wirtschaftswissenschaft stellte ich eine provokatorische These über die neue ökonomische Politik Lenins auf. Zwar hegte ich große Bewunderung für Karl Marx, doch war ich niemals Marxist, wie ich mich auch an keine andere traditionelle Ideologie gebunden fühlte. Ich war immer der Meinung, daß die Ideen und die Lehren von Karl Marx, genau wie die anderer großer Philosophen und Lehrmeister der Vergangenheit, einen auch für die heutige Zeit wertvollen Wegweiser darstellen. Jedoch müssen sie unter modernen Gesichtspunkten interpretiert, adaptiert und ergänzt werden, damit sie den völlig anders gearteten gegenwärtigen Verhältnissen entsprechen.
Insgesamt gesehen, war meine erste Lebensperiode recht abwechslungsreich und nützlich. Zahlreiche Erfahrungen und Schwierigkeiten hatten mich gelehrt, daß man kämpfen, zu kämpfen verstehen, aber auch die anderen begreifen muß, so sehr sie sich von uns auch unterscheiden mögen. Ich hatte auch viele gute Freunde, mit denen ich große Ideale und noble

jugendliche Vorsätze teilen konnte. Erst viel später wurde ich gewahr,
daß jene Jahre sich meinem Charakter eingeprägt hatten: Sie hatten ihm
Entschlossenheit und Toleranz verliehen, die ich anderswo vielleicht nicht
gefunden hätte.
Die nächste Etappe meines Lebens sah mich als gewöhnlichen und danach
jungen leitenden Angestellten in der Industrie. Fünfzig Jahre sind seit
dem Tag vergangen, als ich zu arbeiten anfing: Zu Beginn war es zeitlich
beschränkte Gelegenheitsarbeit, als ich noch an der Universität studierte,
um mein Studium zu finanzieren. Doch schon vor meiner Promotion half
mir die Kenntnis der russischen Sprache, daß ich eine feste Anstellung bei
Fiat bekam, einer Firma, die schon damals umfangreiche Handelsbezie-
hungen mit der Sowjetunion unterhielt. Nachdem ich auch Stenographie
gelernt hatte, konnte ich Diktate aufnehmen und meine Briefe auf der
Maschine schreiben. Nach ein paar Jahren wurde mir allerdings klar, daß
diese anonyme Arbeit in überfüllten großen Büros nichts für mich war.
Meine Traumvorstellungen drängten mich, in größeren Dimensionen zu
denken. Ich hatte beschlossen, meinen Beruf zu wechseln, und wollte kün-
digen: Alles, was dabei jedoch herauskam, war, daß ich Fiat einredete,
mich nach China zu schicken. So blieb ich dort bis Mitte 1939.
Inzwischen hatte ich 1933 geheiratet. Marisa und ich kannten uns seit
fünf Jahren, doch war ich noch nicht so weit gewesen, eine Familie gründen zu können. Die Aussichten für die Wirtschaft waren in Italien nicht
gut, meine eigene Situation war unter dem Faschismus denkbar ungewiß
gewesen. Nun aber, angesichts meiner mehr oder weniger stabilen Position
und der Aussicht, im Ausland leben zu können, konnte ich den Entschluß
zur Heirat fassen. Unsere Eheschließung hätte man sich einfacher nicht
vorstellen können: Außer dem etwas hektischen Standesbeamten waren in
dem schmucklosen Zimmer des Turiner Rathauses nur Verwandte von
beiden Seiten und einige wenige Freunde anwesend – ich war stets ein
Gegner von Zeremonien und Formalismen gewesen. Unsere Ehe wurde
glücklich, sie währt nun bereits über vierzig Jahre, eine Zeit, in der wir
nicht wenige Länder erlebt haben. Vieles verdanke ich der Liebe und Geduld meiner Frau. In meinem unsteten Leben war sie es, die gewissermaßen das Feuer nicht ausgehen ließ und die später, als unsere Kinder
groß waren und ihren eigenen Lebensweg begannen, die meisten Kontakte aufrechterhielt.
Meine Frau folgte mir etliche Monate später nach China nach. Der Ferne
Osten hinterließ einen unvergeßlichen Eindruck. Damals begann praktisch östlich von Suez die britische Herrschaft, Frucht des politischen
und wirtschaftlichen Scharfsinns der Engländer. Scheinbar ohne Mühe,
nur auf die Effizienz eines außergewöhnlichen Korps ziviler Funktionäre
gestützt, die notfalls von der Royal Navy und dem einen oder anderen
Bataillon tatkräftig assistiert wurden, war das britische Empire imstande,
in unermeßlichen Territorien für Ordnung und Disziplin zu sorgen, stets

darauf bedacht, daß die Handelswege dem Union Jack folgten. Daß man
großen Respekt für die Engländer empfand, war nur allzu natürlich.
Doch eine Frage drängte sich mir auf: Wann und wo würde die unvermeidliche Welle der Aufstände unter den Völkern einsetzen, die in einem
Rhythmus schwitzen und marschieren mußten, den ein viele tausend Kilometer entferntes Land (was damals ganze Reisewochen bedeutete) diktierte?

»Für Hunde und Chinesen verboten«
Für eine bestimmte Zeit wurde ich nach Shanghai entsandt, einer Stadt
voll riesiger Gegensätze. Ihre überall brodelnde Menschenmenge empfand
ich wie die Ankündigung einer beklemmenden Zukunft. Aber auch die
Gegenwart war voll von Dingen, die es niemals hätte geben dürfen. An
den Eingängen zu den paar grünen Flecken, die die Parks im internationalen Viertel darstellten, hingen Tafeln mit der Aufschrift »Für Hunde
und Chinesen verboten«. Trotz seiner fesselnden Urkraft und seinen Verlockungen war Shanghai als Stadt ein Angsttraum. Wahrscheinlich habe
ich dort meine Reife erlangt.
Erst später habe ich etwas vom wahren China gesehen und vielleicht auch
begriffen. Bevor ich meine Zelte in Hongkong aufschlug, war ich kreuz
und quer durchs Land gereist und hatte gut zwei Jahre in einer inner-
chinesischen Stadt gelebt, in Nantschang, wo italienische Firmen damit
beschäftigt waren, eine Flugzeugindustrie aufzubauen. Während unseres
Aufenthalts in Nantschang machte man uns darauf aufmerksam, daß die
südliche Zone der Provinz nicht mehr sicher wäre, weil dort »Banditen«
ihr Unwesen trieben. Sehr viel später erfuhr ich, daß es sich um jene
Bevölkerungsteile handelte, die sich um Mao Tse-tung und dessen Ge-
folgsleute vor dem Langen Marsch scharten. Hätte ich es rechtzeitig erfahren, wäre ich sicherlich aufgebrochen, sie zu sehen. Doch das Pech
wollte es, daß ich die Gelegenheit verpaßte.
Ebenfalls in Nantschang machte ich im August 1937 meine ersten Erfahrungen mit Bombardierungen aus der Luft. Für alle überraschend dran-
gen einige Flugzeuge der Japaner, die mit der Invasion Chinas begonnen
hatten, bis in unsere Gegend vor; sie warfen ziemlich viele Bomben ab,
richteten aber mehr Durcheinander als Schaden an. Eine Bombe verfehlte
nur knapp die Unterkünfte der italienischen Techniker. Unter dem Kreuz-
feuer der Maschinengewehre von oben und der Bodengeschütze mußte ich
zum Ort des Geschehens eilen. Mir oblag trotz meines jugendlichen Alters
die Leitung der Geschäfte des Unternehmens, folglich hatte ich die Aufgabe, etwa hundert verängstigte italienische Frauen und Kinder aus Nantschang weiter ins Landesinnere und schließlich nach Hongkong zu eva-
kuieren. Auch meine Frau gehörte zu der Gruppe, ich sah sie erst nach
vielen Monaten wieder. Die Evakuierung mußte mit einer gewissen Eile
erfolgen, weil das faschistische Italien ausgerechnet in jenen Tagen das

Bündnis gewechselt hatte: um sich Japan anzubiedern, wurde China aufgegeben. Trotzdem verhielten sich die Chinesen außerordentlich großzügig und zuvorkommend, halfen uns überall während der gesamten Zeit, die ich mit meinen Kollegen noch in Nantschang verbrachte. Ich wurde als Freund behandelt und als Gast respektiert.

Ich hatte die Chinesen liebgewonnen. Einige ihrer Eigenschaften fand ich geradezu bewundernswert. Ihre Geschicklichkeit bei jeder Art von Arbeit, so neuartig und kompliziert diese auch sein mochte, ihre Klugheit, Geduld und Freundlichkeit als Ergebnis einer ohne Unterbrechung über ein paar hundert Generationen übermittelten Kultur (die längste und kontinuierlichste aller menschlichen Traditionen), ihre Fähigkeit, in Symbiose mit dem Land zu leben, selbst wenn die auf eine Familie entfallende Parzelle noch so klein war – all dies steigerte noch die Hochachtung, die ich für sie empfand. Vielleicht erklären diese Eigenschaften, warum es gerade den Chinesen inmitten einer in Aufruhr begriffenen Welt gelungen zu sein scheint, sich ein gewisses Gleichgewicht zu bewahren, freilich eines, das schwerlich anderswohin verpflanzt werden kann.

Als ich nach Europa zurückkehrte, brach gerade der Zweite Weltkrieg aus. Ich schloß mich unverzüglich der antifaschistischen Bewegung und später dem Widerstand an. Jene Jahre bewirkten, daß sich mein angereicherter Erfahrungsschatz noch weiter vergrößerte und erweiterte. Ich trat der Vereinigung Giustizia e Libertà (GL = Gerechtigkeit und Freiheit) bei, die von links die radikale Erneuerung der italienischen Gesellschaft anstrebte – eine Erneuerung, zu der es leider nicht kommen sollte – und die sich gemeinsam mit den Kommunisten an die Spitze des Befreiungskampfes gestellt hatte.

Die von der GL in den Städten und im Bergland aufgestellten bewaffneten Gruppen waren mit der Unterstützung, die sie durch die Alliierten erhielten, nicht zufrieden. Bis 1942 stand ich noch nicht auf der schwarzen Liste der politischen Polizei, deshalb durfte ich Geschäftsreisen ins Ausland unternehmen. Eines Tages ergriff ich zusammen mit einem Kollegen, der sich in der gleichen Lage befand, die Initiative zu einer Reise nach Bern, zum Zentralbüro des amerikanischen Nachrichtendienstes in Europa – es wurde sicherlich von Nazi-Spionen beobachtet –, um gegen die alliierten Kommandostellen zu protestieren und zu verlangen, daß sie unsere in den Bergen kämpfenden Einheiten besser unterstützten. Die Mission hatte Erfolg, vielleicht weil wir so forsch auftraten. Die Luftversorgung für unsere GL-Gruppen wurde verstärkt, mein Freund und ich landeten nicht sofort im Gefängnis. Im folgenden Jahr, nach dem Waffenstillstand vom 8. September, ging ich in den Untergrund.

Leider lief es 1944 nicht ebenso gut. Bei einer routinemäßigen Razzia wurde ich im Februar von der faschistischen Miliz verhaftet. Ich war kurz vorher in Rom gewesen, um Kontakte mit den politischen Führern unserer Bewegung herzustellen, und hatte militärische Pläne, Instruktionen und den Schlüssel für ihre Verwendung bei mir. Meine Festnahme erfolgte in einem ungünstigen Augenblick, nämlich als die Alliierten in Anzio gelandet und die Partisanen mehr denn je zu einer Bedrohung für die Verbindungen auf der Halbinsel geworden waren. Nazis und Faschisten geizten nicht mit Maßnahmen, um die Verhafteten zum Sprechen, und zwar rasch zum Sprechen zu bringen.

Im faschistischen Kerker

Ich war auf diesen Fall psychologisch und geistig vorbereitet und entschlossen, Widerstand zu leisten. Da ich in den Tagen nach meiner Festnahme an einigen Treffen hätte teilnehmen sollen, ging es mir vor allem darum, den Widerstand möglichst lange hinauszuziehen, damit meine Freunde merkten, daß mir etwas zugestoßen sein mußte, und entsprechende Sicherheitsmaßnahmen treffen konnten. Ich nahm also meine Kräfte zusammen, bereitete mich auf das Schlimmste vor und bemühte mich bei den Verhören, Zeit zu gewinnen. Ein bißchen vertraute ich auch darauf, daß einige Dokumente, die ich bei mir hatte, in meiner eigenen Stenographie geschrieben und darum von anderen nur schwer und mühsam zu entziffern waren.

Zu meiner eigenen Überraschung erwies ich mich als ziemlich harter Brokken. Ich war stark wie ein Stier und konnte den Mißhandlungen tagelang widerstehen. Eines Morgens kam eine mir bekannte Frau, die befürchten mußte, daß ihr Sohn den Faschisten in die Hände gefallen war, in die Milizkaserne, um ihn zu suchen. Dabei sah sie zufällig, wie ich über den Hof des Gefängnisses geführt wurde. Mein Gesicht war kaum wiederzuerkennen, aber die Frau erkannte meinen Mantel. Sie beeilte sich, meine Freunde zu benachrichtigen, die ihrerseits nicht zögerten, die Führer der Miliz wegen Mißhandlung politischer Gefangener zum Tode zu verurteilen.

Das alles erfuhr ich, als meine Gefängniswärter die Mißhandlungen einstellten und mich in den Rang einer Geisel für die Garantie ihres Lebens erhoben; zugleich drohten sie für den Fall, daß einer von ihnen umgebracht würde, mich an der gleichen Stelle zu erschießen. Natürlich wußte ich, daß meine Freunde keinerlei Absprachen treffen und auch keinen Waffenstillstand akzeptieren konnten und durften. So kam es auch. Statt dessen versuchten sie, allerdings vergeblich, mich mit anderen Mitteln zu befreien, wobei sie auch einen Austausch von Gefangenen vorschlugen. Darauf gingen wiederum meine Gefängniswärter nicht ein, denn nunmehr wollten sie mich um keinen Preis mehr freilassen, vor allem nicht im Austausch gegen das Leben irgendeines anderen, da nun ihr eigenes Leben auf dem Spiel stand.

Also blieb ich weiter Monat um Monat in Haft. Dreimal lehnten es die Chefs der Miliz ab, mich anderen faschistischen Einheiten oder einem SS-Kommando zu übergeben, die mich der Gruppe der als Vergeltungs-

maßnahme zu erschießenden Gefangenen zugesellen wollten. Mein Leben
blieb an das Leben meiner Wärter gekoppelt. Das Schicksal wollte es, daß
sie ihr Leben zu retten vermochten, und das half mir, das meinige zu
retten.

Gegen Ende des Krieges und des Faschismus verschlechterte sich die Situation noch weiter, die Gefahr eines letzten Racheaktes begann sich immer
deutlicher abzuzeichnen. Doch da geschah das Unerwartete – dank der
Rivalität zwischen den verschiedenen faschistischen Einheiten und ihrer
tödlichen Angst vor den Folgen der unvermeidlichen Niederlage. An
einem kalten Januartag des Jahres 1945 befreite mich eine faschistische
Gruppe – während andere Jagd auf mich machten, um mich an irgendeiner
Straßenecke aufzuhängen, sowie es ihnen gelungen wäre, mich wieder einzufangen. Da jeder Polizist oder Milizmann in Turin mich gut kannten,
mußte ich, endlich in Freiheit, mich mit äußerster Vorsicht bewegen, vor
allem auch, um Faschisten und Nazis nicht unfreiwillig auf die Spur meiner Freunde im Untergrund zu führen. Trotz alledem setzte ich meine
Tätigkeit fort – bis zum Tag der Befreiung.

Die elf Monate Gefängnis gehören zu den Perioden, die mir im Leben am
meisten gegeben haben; ich schätze mich wahrhaft glücklich, daß ich die
Prüfungen des Kerkers und der Mißhandlung durchgemacht habe. Unter
jenen beklemmenden Umständen erfuhr ich durch die Bescheidensten und
Einfachsten, wie groß menschliche Würde sein kann. Sie, die außerhalb
der Gefängnismauern keine Freunde besaßen, die ihnen hätten helfen
können, leisteten dennoch Widerstand, nur im Vertrauen auf ihre Überzeugung und ihr Menschsein. Damals festigte sich in mir die Überzeugung,
daß dem Menschen eine große Kraft für das Gute innewohnen mußte, die
nur darauf wartete, frei zu werden, doch hatte sich die moderne Gesellschaft noch nicht als fähig erwiesen, sie frei zu machen. Hier bekam ich
den Beweis geliefert, daß man auch im Gefängnis frei bleiben kann, daß
zwar Menschen, nicht aber Ideen in Fesseln gelegt werden können. Ich sah
auch, daß es beträchtlich leichter war, würdevoll zu sterben, als würdevoll Qualen zu erdulden. Es kommt bisweilen vor, daß zum Tode Ver-
urteilte sich als Schauspieler auf einer großen, wenngleich der letzten,
Bühne empfinden. Aber zu sehen und zu fühlen, wie das eigene Fleisch
und die eigene Gesundheit zerstört werden, und dennoch zu widerstehen,
dazu gehört das Format eines Helden – und das besitzen nicht alle.

Der Wiederaufbau: Fiat-Kommissar für das CLN
Die Tragik des Krieges war noch nicht überwunden, als das Nationale
Befreiungskomitee (Comitato di Liberazione Nazionale = CLN) mich
zum Kommissar bei Fiat ernannte. Partisanen hatten die deutschen Be-
satzungstruppen gehindert, die Fabrikanlagen der Firma, die unter dem
Bombardement der Alliierten – Amerikaner bei Tag, Engländer bei
Nacht – ohnehin schwer gelitten und über sechzig Prozent ihrer Produk-

tionskapazität eingebüßt hatten, zu demontieren oder zu zerstören. Meine erste Aufgabe bestand darin, den Wiederaufbau der Fabrikhallen und die Wiederaufnahme der Produktion zu organisieren. Der kapitale Auftrag wurde noch besonders erschwert durch die Notwendigkeit, die Industrie von den gefährlichsten Faschisten und Kollaborateuren zu säubern, gleichzeitig aber ihr Leben vor Massenprozessen zu schützen.

Inzwischen hatten die Alliierten eine Militärregierung gebildet. Ein paar Monate später rief mich deren Regionalchef zu sich, um mir mitzuteilen, daß ich meine Pflicht in lobenswerter Weise erfüllt hätte, nun aber abtreten müßte. Und er fügte hinzu: »*You can write your ticket for the exceptional service rendered.*« Obgleich ich nie zuvor diesen amerikanischen Ausdruck gehört hatte, verstand ich seinen Sinn so, daß ich verlangen durfte, was ich wollte. Ich war erstaunt und beleidigt. Wir hatten wahrlich für andere Ziele gekämpft und gelitten! Meine Antwort lautete, daß meine Position ausschließlich vom CLN abhinge, das mir den Auftrag erteilt hatte; und was mich anginge, so dächte ich nicht daran, irgend jemanden um etwas zu bitten.

Bald danach stand Fiat wieder unter normaler Verwaltung, und ich durfte entscheiden, was ich tun wollte. Ich lehnte jede politische oder wirtschaftliche Berufung ab, die auch nur im entferntesten als Lohn dafür hätte verstanden werden können, was ich als freier Bürger, aus eigenem Pflichtgefühl in einer bestimmten Notlage heraus, getan hatte. So nahm ich ganz einfach meine unterbrochene Tätigkeit in leitender Position in der Industrie wieder auf.

Es begann ein neuer Abschnitt der Arbeit und der Überlegungen, angefüllt mit zahlreichen Reisen in alle Kontinente, Reisen, die mir erlaubten, aus eigener unmittelbarer Anschauung zu begreifen, was die Unterentwicklung im Herzen zahlreicher Regionen Asiens, Afrikas und Lateinamerikas tatsächlich bedeutete. Zum erstenmal konnte ich auch die Vereinigten Staaten besuchen; überflüssig zu sagen, daß ich starke Eindrücke von jenem riesigen Land erhielt, das so lange für viele Menschen in allen Teilen der Welt das Symbol der Hoffnung gewesen war und das jetzt großzügig beim Wiederaufbau und Wiederbeginn Europas und anderer Regionen mithalf. Wenn es gelänge, dachte ich, die außerordentlichen Fähigkeiten seiner Bevölkerung anderen Völkern einzuimpfen, so müßten viele Dinge, deren Bewältigung in der heutigen Welt überaus schwierig erscheint, geradezu leicht werden.

Dazwischen hatte ich vielfach Gelegenheit, mich am Wiederaufbau unseres Landes zu beteiligen, das aus dem faschistischen Abenteuer moralisch und materiell zerstört hervorgegangen war. Ich beschloß, vorerst in Italien zu bleiben, eben um am Wiederaufbau teilzunehmen. Dabei hoffte ich, unsere Erfahrung später in anderen, bedürftigeren Ländern anwenden zu können. Eine Zeitlang war ich Chef dreier Fiat-Abteilungen, die einer gründlichen Neustrukturierung und Neuorganisation bedurften, nämlich

der Abteilungen für landwirtschaftliche Maschinen und Traktoren, für
Eisenbahnausstattung und Flugzeugproduktion. Ich gehörte zu den Grün-
dern der Alitalia und beteiligte mich am Studium neuer Modelle zur
Überwindung der uralten und immer noch ungelösten Probleme des Mez-
zogiorno, des italienischen Südens. Aber der Reiz der weiten Welt war
doch allzu groß.
1949 bat ich um den Auftrag, Fiat wieder in Lateinamerika einzuführen,
wo die Präsenz der Firma während des Krieges fast völlig unterdrückt
worden war. Ich beschloß, mich auf Argentinien zu konzentrieren, und
nahm dort meinen Sitz, um nunmehr viele Jahre inmitten dieses großzügigen Volkes zu leben. Auch das argentinische Land ist großzügig. Die
Lebensmittelproduktion nimmt dort einen solchen Umfang an, daß man
sagen darf: »In Krisenzeiten wird man hier fett.«
Um die Gewichte der Wirtschaft im Land besser zu verteilen, mußte jedoch eine industrielle Basis geschaffen werden. Man begann etappenweise
mit einer Zwangsindustrialisierung, doch war sie so schlecht organisiert
und verlief in einem dermaßen unvorbereiteten Rahmen, daß das Resultat lediglich eine chaotische Zunahme der Privilegien, Protektionen und
Subventionen war. Eines schönen Tages existierten über ein Dutzend so-
genannter Automobilwerke, die mit allen Mitteln versuchten, in den Ge-
nuß aller möglichen staatlichen Unterstützungen zu gelangen. Natürlich
ging über die Hälfte davon bald in Konkurs.

Fiat Concord: Automobile und Traktoren für Lateinamerika
Fiat folgte meiner Anregung und beschloß, auf dieses starke Verlangen
nach Industrialisierung einzugehen, allerdings nur solche Industrien aufzubauen, die den Kriterien Zweckmäßigkeit und Effizienz voll entsprachen. Gerade auf diesem Punkt hatte ich mit Nachdruck beharrt. Da ich
für die gesamte Operation verantwortlich war, begründete ich unsere In-
dustriewerke Zug um Zug unter strikter Berücksichtigung dieser Kriterien. Ich wußte, daß ein Industrieunternehmen – im übrigen gilt dasselbe
für jede andere Aktivität – nicht besser sein konnte als das ihm zugrunde
liegende ursprüngliche Projekt, und mir war auch die schwierige Kunst
vertraut, überall auf jedes noch so kleine Detail zu achten. Darum über-
wachte ich persönlich jede Phase, angefangen vom Entwurf über das Projekt bis zur Errichtung jedes einzelnen Werkes, später auch die Organisation der Produktion bis hin zu den Finanzierungsplänen, den Absatz-
programmen und zum Service nach erfolgtem Produktverkauf. So wurde
Fiat zum größten Produzenten von Automobilen, Traktoren, Eisenbahn-
material und Dieselmotoren in Argentinien und zu einer der größten und
solidesten Maschinenbauindustrien Lateinamerikas.
Lateinamerika ist eine in rascher Veränderung begriffene große Region,
und ich wollte mir ein Bild von dem umfangreichen Evolutionsprozeß
machen. Dazu mußte ich den Subkontinent kreuz und quer durchstreifen

und ein tägliches Arbeitspensum von mindestens zwölf Stunden auf mich nehmen. Allerdings war das eine schöpferische, instruktive Tätigkeit, die mir Gelegenheit bot, überaus interessante menschliche Typen kennenzulernen und mit ihnen in Kontakt zu bleiben; diese Skala reichte von meinen geschätzten Kollegen bis zu den hervorragenden Arbeitern unserer Werke, an die ich mit großer Sympathie zurückdenke, von scharfsinnigen Gewerkschaftlern bis zu Geschäftsleuten der alten Schule, denen allerdings bereits neue, in amerikanischem Stil ausgebildete Kader im Nakken saßen, von Großgrundbesitzern auf der Suche danach, wie die Zeit angehalten werden könnte, zu überschäumenden *caudillos,* von an Beredsamkeit krankenden Intellektuellen bis zu unruhigen Studenten, zu glühenden Revolutionären, zu »Priestern der Dritten Welt«, von in zivile Beschäftigungen eingedrungenen Militärs bis zu naiv-demokratischen Politikern, zu absolutistisch gesinnten Diktatoren.

Unter den Politikern erinnere ich mich mit besonderer Rührung an Salvador Allende, den chilenischen Präsidenten, der im Kampf gegen die Militärs fiel, die 1973 seine legitime Regierung stürzten. Sein eigenes Los und das traurige Schicksal seines Landes müssen für alle eine Mahnung sein. Zwar hatte ich ihn nur ein paarmal gesehen, doch durfte ich mich als seinen Freund betrachten. Er besaß eine herzliche, menschliche Ausstrahlung und war unbedingt ehrlich in seinem Bemühen, seine sozialistischen Ideen in demokratischer Form anzuwenden. Offensichtlich reichen jedoch – damals wie stets – gute Ideen und die gute Absicht allein nicht aus. Auch für weniger verantwortungsvolle Aufgaben als das Regieren eines Landes – beispielsweise die Leitung einer Bank, einer Fluggesellschaft, eines Schulsystems oder einer Stadtverwaltung – benötigt man fachkundige, gut ausgebildete Leute, die ihre Aufgabe kennen und wissen müssen, wie man sie bewältigt. Ich konnte Allendes tragisches, mutiges Ende wahrlich nicht voraussehen, doch hatte ich schon mehrfach gegenüber gemeinsamen Freunden geäußert, daß ein schlimmes Unglück wohl unvermeidbar wäre, wenn seine Regierung nicht mit überzeugenderen Leistungen aufwarten könnte. Eine Lehre, die Innovatoren nie vergessen dürfen – das gilt für mich ebenso wie für andere –, lautet, daß Innovationen ohne Effizienz ins Gegenteil umschlagen.

Die hervorragendste Persönlichkeit, die ich während meiner lateinamerikanischen Jahre kennenlernte, war jedoch eine Frau: Eva Peron, vom Volk liebevoll Evita genannt. Ich traf öfter mit ihr zusammen und war stets beeindruckt von ihrem Stil, der zwischen volkstümlicher und königlicher Erscheinung lag, von ihrer Selbstsicherheit. Schön, temperamentvoll, mit eisernem Willen ausgestattet, hatte sie es verstanden, von den niedrigsten Sprossen der sozialen Leiter hoch emporzusteigen, indem sie ihre Reize und ihre Intelligenz als politische Waffen benutzte. Ich glaube, daß die Motive, aus denen heraus sie leidenschaftlich geliebt wurde – vor allem von den Armen, denen zu helfen sie sich bemühte –, menschlich und

geschichtlich schwerer wiegen als jene, derentwegen man sie im Kreis der
Reichen verspottete oder haßte, der Menschen also, die sie sicherlich in
ungewöhnlicher Weise herausgefordert, oft besteuert und verhöhnt
hatte.
Während meines Aufenthaltes in Lateinamerika hatte ich auch anderweitig zahlreiche Kontakte geknüpft. Als es 1957 zur ersten Suez-Krise
kam, begann sich Italien ernsthaft Sorgen über die Rückwirkungen zu
machen, die dieses und andere möglichen negativen Ereignisse auf die
Situation im Mittelmeer haben konnten. Einige im Regierungsbereich oder
in der Industrie und im Finanzwesen maßgeblichen Männer fragten
mich, ob ich bereit wäre, die Initiative zur Auswertung der italienischen
Erfahrungen im Entwicklungsbereich zu ergreifen und zu lenken, um den
weniger fortgeschrittenen Ländern vor allem im Mittelmeerraum, aber
auch anderswo, zu helfen, sofern sie Hilfe benötigten. Die wenigen früheren Versuche, Organisationen mit Beteiligung von Firmen oder zum
Zweck kollektiver Aktionen ins Leben zu rufen, waren alle fast schon im
Anfangsstadium fehlgeschlagen.

Leiter von Italconsult
Ich sagte, daß es auf einen guten Start ankäme, damit bei einem solch
lobenswerten Unternehmen Aussicht auf Erfolg bestünde. Es sollte nach
gutem internationalen Vorbild eine starke technisch-wirtschaftliche Bera-
tergruppe aufgestellt und ihr – das war das Neue daran – die Möglichkeit
gegeben werden, bestimmte Vorhaben oder Bauprojekte auszuführen
oder zu überwachen, wo immer sich dies als notwendig oder wünschenswert erweisen würde. Ich meinte weiter, daß das neue Organ in den Entwicklungsländern praktisch ohne Gewinnstreben wirken sollte, ja daß sich
seine Tätigkeit unabhängig von den Vorstellungen und Interessen der
Aktionäre entfalten müßte. Meine Vorschläge wurden angenommen, und
auf dieser Basis wurde eine neue Gesellschaft, Italconsult, unter Beteiligung einiger führender italienischer Industrie- und Finanzunternehmen
gegründet. Ich übernahm den Posten eines Hauptgeschäftsführers mit
allen Vollmachten, unter der Bedingung, daß ich meine Verbindungen zu
Fiat behalten durfte.
Fast zwanzig Jahre lang leitete ich Italconsult – eine nicht gerade leichte,
jedoch äußerst interessante Aufgabe. Ich überlasse es anderen, sich vorzustellen, wie schwierig es für eine neue, heterogene Organisation gewesen
sein mag, gegen kampfstarke Konkurrenten anzutreten und Höhen und
Tiefen der jeweiligen Weltlage zu überwinden. Doch es gelang der Gesellschaft, ihren Auftrag zu erfüllen. Meine Kollegen und ich hatten von
Beginn an drei Hauptrichtlinien bestimmt, an denen sich die Tätigkeit von
Italconsult in den Entwicklungsländern orientieren sollte. Die erste be-
sagte, daß der entscheidende Faktor der Mensch sei; daher schenkte Italconsult der Ergänzung und Verbesserung der Kader stets größte Auf-

merksamkeit. Zweitens kam dem Faktor Zeit gleiche grundsätzliche Bedeutung zu. Allzu viele gute Projekte hatten Schiffbruch erlitten, nur weil
die technischen Fristen nicht den politischen Anforderungen entsprachen.
Italconsult durfte den gleichen Fehler nicht begehen. Und drittens hieß
es, daß Boden und Wasser die für jeden Entwicklungsplan wichtigsten
Grundelemente wären – weil in den meisten Entwicklungsländern die
landwirtschaftliche Aktivität von heute die unerläßliche Voraussetzung
für die industrielle Aktivität von morgen ist. Unsere Dispositionen erwiesen sich als gut. Indem Italconsult sie seit 1957 in verschiedenen Formen anwandte, gelang es der Gesellschaft, in über fünfzig Ländern Fuß
zu fassen und eine der größten und aktivsten europäischen Beraterfirmen
zu werden. Vor einigen Jahren habe ich die unmittelbare Leitung der
Gesellschaft an jüngere, tüchtige Kollegen abgetreten; allerdings bin ich
an ihrer Entwicklung und ihrem Schicksal weiterhin stark interessiert.

Die Erfahrungen bei Olivetti
Etliche Jahre später erhielt ich einen anderen schwierigen Auftrag. 1964
befand sich die vor über einem halben Jahrhundert gegründete Gesellschaft Olivetti, die in allen Kontinenten mit großem Prestige und Erfolg
verschiedene industrielle und wirtschaftliche Aktivitäten entfaltet hatte,
in ernstlichen Schwierigkeiten. Sie hatte nicht nur zur Avantgarde bei der
Herstellung von Büromaschinen gehört, sondern war auch, was die inner-
betrieblichen menschlichen Beziehungen und das Verhältnis zwischen Industrie und Kultur angeht, mit an der Spitze marschiert. In letzter Zeit
hatte es der Gesellschaft jedoch an einer starken, phantasiebegabten Führung gefehlt, wie sie sie früher stets besessen hatte; dadurch war sie rasch
in einen gefährlichen Strudel geraten. Trotz der widrigen Umstände übernahm ich die Leitung der Gesellschaft als Hauptgeschäftsführer mit
Handlungsvollmacht. Da ich hierin einen zeitlich begrenzten Auftrag sah,
stellte ich die einzige Bedingung, daß ich meine verantwortlichen Positionen bei Fiat und Italconsult behalten durfte.
Nach eingehender Prüfung der Situation hielt ich es vor allem für notwendig, den gesamten Firmenkomplex mit neuen attraktiven Zielen anzuspornen und zugleich damit das Engagement der leitenden Mitarbeiter
und überhaupt des gesamten Personals, die immer schon der größte Schatz
der Firma gewesen waren, neu zu wecken. Sie alle mußten in bestem Oli-
vetti-Geist erneut motiviert werden. Mit großer persönlicher Hingabe
und einer guten Portion Glück schaffte ich es in den drei Jahren meines
Amtes, die Firma wieder in Ordnung zu bringen, ihre Aktivitäten weltweit neu zu beleben und sie wieder auf ein solides wirtschaftliches und
finanzielles Fundament zu stellen. Es war ein gelungenes Experiment, bei
dem technische und organisatorische Neuerungen von beträchtlicher Tragweite dank einer umsichtigen Administration durchgesetzt werden konnten. Das praktische Beispiel Olivetti bestärkte mich in der Überzeugung,

daß nahezu bei allen menschlichen Vorhaben das Ergebnis – Erfüllung oder Frustration, Fortschritt oder Verfall, Evolution oder Involution – vor allem davon abhängt, wie sehr es gelingt, die vorhandenen oder latenten menschlichen Fähigkeiten anzuspornen, zu verbessern und einzusetzen.

Meine Tätigkeit war abwechslungsreich, interessant und in vieler Hinsicht befriedigend. Auf meinen Weltreisen war mir bewußt geworden, daß die Probleme, gegen die die Menschen leider oft mit wenig Erfolg ankämpften, in den nächsten Jahren noch komplizierter und bedrohlicher werden würden. Gewiß war es notwendig, auch einmal ein Stück Wüste zu bewässern, hier eine Industrie aufzubauen oder dort einen Damm zu errichten oder aber regionale oder nationale Projekte zu verwirklichen; doch war mir auch etwas anderes klar geworden: wenn man praktisch alle Anstrengungen nur auf spezifische Projekte oder Programme richtet, gleichzeitig jedoch die Umwelt, in die sie eingebettet sind, also die globalen Verhältnisse unserer Welt, sich rasch verschlechtert, kann dies nur zu Verlusten führen. Ich merkte, daß ich meinen inneren Frieden nicht finden könnte, wenn ich nicht wenigstens versuchte, zu sagen, daß einiges mehr und auch etwas anderes zu geschehen hätte.

Rückkehr nach Europa

Das waren die Gründe, die mich zur Rückkehr nach Europa bewogen. 1957 hatte ich bereits eine Basis in Rom geschaffen, in erster Linie, um einen Startplatz für Italconsult zu haben. Trotzdem trug ich weiterhin die volle Verantwortung für die Geschäftstätigkeit von Fiat in Südamerika, vor allem in Argentinien, und ich behielt auch mein Büro in Buenos Aires bis 1973. So mußte ich über zwanzig Jahre lang immer wieder den Atlantik überqueren; mein Tagebuch weist über 300 Reisen aus, bei denen ich den Äquator passierte.

Inzwischen waren meine Kinder herangewachsen. Ich hatte große Hoffnungen auf ihre Erziehung und Bildung gesetzt, sie haben sich erfüllt. Alle repräsentieren die Menschheit gut: Paola ist die Frau eines argentinischen Diplomaten; Roberto, zur Zeit Professor für theoretische Physik an der Stanford University in Palo Alto in Kalifornien, und Riccardo, der Soziologie-Studien am Imperial College in London treibt, sind mit Amerikanerinnen verheiratet. Zusammen haben sie sieben Kinder, die in verschiedenen Ländern geboren sind und von denen manche zwischen zwei Staatsangehörigkeiten wählen können. Meine Frau betätigt sich oft als Bindeglied zwischen Kindern und Enkeln. Am größten ist die Freude, wenn sich die ganze Familie im Sommer in dem eigens dafür gebauten Haus am Meer in Punta Ala in der Toskana treffen kann. Die Lebensumstände haben es gefügt, daß meine Familie jetzt mehrsprachig ist und – gegenwärtige und optionsfähige zusammengerechnet – sechs Nationalitäten aufweist. Meine Kinder haben den Einfluß verschiedener Kulturen kennengelernt und besitzen eine fortschrittliche soziale und politische Einstellung. Sie liefern sozusagen den klaren Beweis dafür, daß die neuen Generationen besser sind als die alten.

Daß ich meine Kinder so gut heranwachsen sah, bestärkte mich in der Absicht, mein Betätigungsfeld zu erweitern. Tatsächlich reifte in mir schon seit dem Ende der fünfziger Jahre der Gedanke, meine Tätigkeit als verantwortlicher Direktor in der Industrie nur dann weiter auszuüben, wenn ich mich gleichzeitig auch anderen, umfassenderen Aufgaben widmen konnte. Ich glaubte, daß die ganze Atmosphäre in Europa besser als in anderen Kontinenten geeignet wäre, um über die menschlichen Bedürfnisse und Perspektiven nachzudenken, die sich bei mir abzuzeichnen begannen. Deshalb zog ich endgültig nach Rom, um mich auf einen neuen Lebensabschnitt vorzubereiten.

Psychologisch hatte sich der Kreis fast vollständig geschlossen, indem ich zu einigen Idealen und Hoffnungen meiner Jugend zurückkehrte. Jedoch dauerte es noch geraume Zeit, ehe ich mir meinen Wunsch erfüllen konnte, mich mit einem eigenen Beitrag für ihre Verwirklichung einzusetzen.

Die folgenden Seiten betreffen mehr oder weniger die letzten zwölf Jahre. Ich schildere darin Ideen, Aktivitäten und Erfahrungen, gute und schlechte, die ich in dieser Zeit auf Gebieten sammeln und entfalten konnte, die mir vorher völlig fremd gewesen waren.

II Die neue Lage der Menschheit

Die Weltherrschaft des Menschen

Während meines Lebens hat sich der Lauf der Menschheitsgeschichte radikal und rasch verändert. Innerhalb weniger Jahrzehnte ist eine vieltausendjährige Epoche langsamer Entwicklung zu Ende gegangen, eine andere, neuartige, dynamisch geprägte hat begonnen. Wir stehen noch so sehr unter dem verblüffenden Eindruck der Ereignisse dieses Überganges, daß wir uns noch nicht einmal klar darüber werden konnten, ob die neue Ära eine glorreiche oder eine schreckliche sein wird. Was sich in Wirklichkeit verändert hat, ist die *Lage der Menschheit auf der Erde.* Der Mensch, bislang lediglich eines unter vielen Geschöpfen unseres Planeten, hat seinen unbestrittenen Herrschaftsbereich jetzt auf sich selbst ausgedehnt. Fragen so alt wie die Menschheit haben immer wieder philosophische und metaphysische Gedanken über die Bedeutung des Menschseins und das schließliche Los des Menschen genährt. Wenn wir sie uns jetzt stellen, müssen wir zum ersten Mal einem neuen Faktor Rechnung tragen, der mit Urgewalt in die menschlichen Verhältnisse eingedrungen ist: *die gewaltige, immer weiter wachsende materielle Macht des Menschen selbst.* Es ist eine Macht, die exponentiell wächst, die sich also jedes Jahr bedeutend über das Niveau des Vorjahres erhebt. Noch ist ungewiß, ob diese alles überflutende Gewalt des Menschen sich im Endeffekt als Vorteil oder als Gefahr erweisen wird; denn sie kann, klug und vorsichtig eingesetzt, zum Guten ausschlagen, wie sie andererseits durch Leichtsinn auch zum Untergang führen kann.

Im Grunde genommen hat sich das Leben auf unserem Planeten von dem Augenblick an verändert, da der Mensch, dieses irdische Meisterwerk, auf ihm erschien. Der Einfluß dieses Spätankömmlings ist im Lauf von Tausenden von Generationen beständig gewachsen, doch in jüngster Vergangenheit hat er sich mit geradezu meteorhafter Geschwindigkeit ausgedehnt. Von nun an hängt das Schicksal aller anderen entwickelten Lebensformen mehr denn je davon ab, was der Mensch tun oder lassen wird. Die Kardinalfrage lautet: Wie will der Mensch all die künftigen Milliarden Individuen seiner Gattung auf der Erde unterbringen? Wie will er die Befriedigung ihrer vielfältigen Bedürfnisse und Wünsche erreichen? Die Vernichtung anderer Arten, die seinen eigenen triumphalen Aufstieg und seine Verbreitung durch die ganze bekannte Geschichte begleitet hat, vermag uns nur eine blasse Vorstellung von den zukünftigen Hekatomben zu vermitteln, für die er die Verantwortung zu übernehmen hat.

Die »unnatürliche« Auswahl

Ein großer Teil der gegenwärtig existierenden, am weitesten entwickelten Pflanzen- und Tierarten ist in Gefahr. Diejenigen, die der Mensch sich zur Befriedigung seiner Bedürfnisse aussucht, werden systematisch bastardisiert, spezialisiert und zu dem einzigen Zweck gehalten, aus ihnen mehr Nahrung und mehr nützliche Materialien zu gewinnen. Sie nehmen nicht mehr teil am Darwinschen Ausleseprozeß ums Dasein, der die genetische Evolution und die Anpassung der wild vorkommenden Arten gewährleistet. Es bleibt abzuwarten, wie weit diese Verhätschelung mit der Zeit ihre Widerstandskraft gegen Parasiten und Krankheiten, überhaupt ihre Lebenskraft aushöhlen wird. Aber auch die Arten, die der Mensch nicht unbedingt als nützlich betrachtet, sind zum Untergang verurteilt, weil er bei seinem Vormarsch ihre natürlichen Lebensräume und Ressourcen erbarmungslos plündert oder zerstört. Das gleiche Los erwartet die heute noch unberührten Zonen der Erde, die ursprüngliche Natur, die den ersten Lebensraum für den Menschen geschaffen, die diesen entstehen gesehen und ihn aufgenommen hat und die der Mensch für seine Existenz und für seine Bedürfnisse doch so sehr benötigt.

Es kann nicht ausbleiben, daß sich dies alles gegen ihn wendet. Letzten Endes ist der Mensch das Produkt einer langen natürlichen Entwicklung, die von Lebensvorgängen bestimmt wird, welche Tausende und Abertausende Organismen ohne Unterlaß produzieren. Und der Beweis steht noch aus, daß er überleben kann, wenn er in diesem wunderbaren Arsenal des Lebens nur ganz bestimmte Weggenossen aussucht und sich mit ihnen freiwillig in eine Art *splendid isolation* zurückzieht. Gewiß war das Schicksal des Menschen noch nie zuvor in einem solchen Maß von seinem Verhalten gegenüber dem Leben auf der Erde abhängig gewesen. Genauso, wie der Mensch heute fähig ist, seine eigene Gattung zu vernichten, indem er eine nukleare Massenschlachtung entfesselt, kann er das gleiche Ziel auch durch einen allmählichen Öko-Mord erreichen, indem er die Basis, auf der die verschiedenen Lebensformen unseres Planeten existieren, unwiderruflich reduziert oder ruiniert.

Als Folge dieser seiner noch ganz jungen Macht hat sich die Lage des Menschen auch in vieler anderer Hinsicht radikal verändert. Eine solche definitive Veränderung besteht beispielsweise darin, daß der Mensch, indem er lange Zeit dahingelebt hat, ohne seine Fruchtbarkeit nennenswert einzuschränken, die sogenannte Bevölkerungsexplosion verursacht hat. Seine Lage hat sich aber auch dadurch verändert, daß er, der dank einer anderen Explosion jetzt imstande ist, viele Dinge innerhalb immer kürzerer Zeiteinheiten zu produzieren, einen unersättlichen Appetit von geradezu Gargantuaschem Ausmaß auf Konsum und Besitz entwickelt, einen Appetit, der ihn drängt, immer mehr zu produzieren, womit er einen Teufelskreis unaufhörlichen Wachstums antreibt.

An der Wurzel aller dieser Veränderungen stehen die gegenwärtig stattfindenden materiellen Revolutionen: die industrielle, die wissenschaftliche, schließlich die technologische. Die letztere, die sich die dynamische Verbindung der beiden anderen zunutze macht, brach aus, als der Mensch begriff, daß er seine rapid zunehmende wissenschaftliche Kenntnis von der physischen Welt im praktischen Leben mit industrieller Effizienz verwerten konnte. Wir haben es hierbei mit einem Phänomen zu tun, das noch in voller Entwicklung begriffen ist und ständig neue Triebkräfte erhält. Die endlose Flut neuer Prozesse, Mechanismen, Instrumente, Produkte, Erfindungen und Waffen, die sich in atemberaubendem Tempo aus dem technologischen Füllhorn des Menschen ergießt, enthält jedoch nur einen Teil des wachsenden Wissensstandes, den der wissenschaftliche Fortschritt dem Menschen liefert. Andere Entwicklungen sind sicher.

Es ist der kombinierte Effekt der materiellen Revolution, wie ihn die moderne Technologie in der populären Vorstellung symbolisiert, der dem Menschen die neue Wunderkraft verleiht. Etwas vereinfacht könnte man sagen, daß die Welt des Menschen bis vor wenigen Jahrzehnten drei in Wechselwirkung miteinander stehende, allerdings ziemlich stabile Elemente enthielt: die *Natur*, den *Menschen* selbst und die *Gesellschaft*, während nun auch die wissenschaftlichen Quellen entsprungene *Technologie* mit Urgewalt als viertes, in ihrer Tendenz nicht diszipliniertes Element des menschlichen Systems hinzugekommen ist.

In ihrer Unermeßlichkeit und mit dem Mythos seiner Herkunft hielt sich die *Natur* den Menschen, ihr letztes Kind, untertan. Der Mensch sah die unendliche Weite der Meere, des Himmels und der Erde, und er fragte sich, was es hinter dem, was er sehen konnte, noch gäbe. Beeindruckt von den verschiedenen Tieren und Pflanzen, die ihn umgaben, suchte er in seiner Phantasie solche, die vielleicht anderswo existierten. Angesichts der Gewalt der Blitze, der Stürme, der Wellen und der Vulkane begriff er, wie winzig er war. Der Mensch unterwarf sich der Natur, sein von dem immer weiter wachsenden Mythos erfüllter Geist gebar die Vorstellung von Gott.

Das zweite Element, der *Mensch* selbst, nahm die ganze Glückseligkeit und den ganzen Schmerz des Lebens in seinem begrenzten Ich auf. In dem Maß, wie er immer wieder Neues entdeckte und über seine Existenz und seine eigenen Gedanken, aber auch über die seiner Gefährtin und seines ganzen Geschlechts, über Geburt und Tod nachzudenken begann, wuchs der Mythos weiter, um endlich ihn selbst und sein Schicksal zu erfassen. Er stellte sich nicht nur die Natur, sondern auch sich selbst in Verbindung mit Gott vor. Sodann ging er noch weiter und sah Gott als sein Ebenbild mit menschlichen Zügen. Damit war er nur noch einen Schritt von seiner eigenen Vergötterung entfernt – der Keim vieler Übel, die ihm in der Folgezeit zu schaffen machen sollten.

Als geselliges Geschöpf schloß sich der Mensch zu Gruppen zusammen. Das dritte Element seiner Welt entstand als Familie, Sippe, Stamm, Horde, Dorf. Die *Gesellschaft,* eben dieses dritte Element, wuchs und verästelte sich, ihre inneren kulturellen Bindungen entwickelten sich weiter und begünstigten das Aufkommen derjenigen, die die Entscheidungen zu treffen oder sie zu beeinflussen hatten: Patriarchen, Anführer, Weise, Propheten, Heilkundige, Kapitäne, Richter, Auserwählte – kurz jene, die wir heutzutage auch mit Establishment bezeichnen.

Ohne entsprechende materielle Mittel hätte weder diese soziale Struktur Fortschritte erzielen noch der Mensch sich in seiner Umgebung sicher fühlen können. Damals gebrauchte und spezialisierte der Mensch seine natürliche Begabung zur Anfertigung von Schutzvorrichtungen und Transportmitteln, von verschiedenartigen Instrumenten und Mechanismen, die zunächst noch rudimentär, später immer raffinierter und vollkommener waren und zu seiner künstlichen Welt wurden, eine Zurschaustellung seiner physischen Fähigkeiten.

Sturmlauf der Technologie auf wissenschaftlicher Basis

Die *Technologie* ist also fast so alt wie der Mensch, sehr viel mehr Mittel als Zweck. Noch bis vor kurzem war der Mensch imstande, ein vernünftiges Gleichgewicht zwischen technologischem Fortschritt und sozio-kulturellem Leben zu erhalten: Dieses Leben half dem Fortschritt, der sich dafür als dessen Beschirmer und Beschützer bewährte. Nun aber, da die Technologie in ihrer neuen, auf der Wissenschaft basierenden Version die Rolle eines dominierenden, praktisch unabhängigen Elementes übernommen hat, wurde dieses und jedes andere Gleichgewicht *ad absurdum* geführt. Innerhalb weniger Jahre ist das Volumen der modernen Technologie und ihre Anwendung so astronomisch angewachsen, daß sie jede zivilisatorische Entwicklung an sich reißt und es dem Menschen praktisch unmöglich macht, das, was er in Gang gesetzt hat, nicht nur zu steuern, sondern überhaupt richtig zu bewerten. Unter den gegenwärtigen Umständen ist die Technologie zu einem anarchischen, unlenkbaren Element geworden. Selbst wenn sie von nun ab genau reglementiert werden könnte, hat sie in jedem Fall bereits grundlegende Veränderungen in unserer Welt bewirkt und wird das auch weiterhin tun. Die neue Erkenntnis lautet, daß die Technologie zum wichtigsten Veränderungsfaktor auf der Erde, sowohl zum Guten wie zum Schlechten hin, geworden ist.

Damit beginnt in der Geschichte der Menschheit eine neue Epoche. Seit urdenklichen Zeiten hatte sich die Menschheit mit unsicheren Schritten vorwärtsbewegt, sie hatte sich zwar sinnvoller, aber doch relativ primi-

tiver technischer Mittel bedient. Zu Beginn unseres Jahrhunderts beschleu-
nigte sich das Tempo dieser Ereignisse, doch blieb trotz mächtiger Maschinen und Mechanismen alles noch im »menschlichen Rahmen«. Die
Trennlinie zwischen den beiden Epochen entstand deutlich erst mit dem
Aufkommen der modernen Technologien und der komplizierten künstlichen Systeme (beispielsweise in der Raumfahrt, in der Verteidigung, bei
den Informationsmedien oder in der Datenverarbeitung), die unseren Alltag radikal verändert haben. Die vom Menschen geschaffene Welt ist nicht
nur gigantisch und imposant, sie ist bisweilen ungeheuerlich geworden.
Untereinander verflochtene Einheiten menschlicher und natürlicher Systeme und Subsysteme, die so unterschiedlich sein mögen, wie es in unterschiedlichen Regionen möglich ist, stehen heute alle direkt oder indirekt
in Wechselwirkung miteinander; sie stellen praktisch ein einheitliches Netz
dar, das den gesamten Planeten umspannt. Jegliche Störung oder Beseitigung des Gleichgewichts nur in einer einzigen dieser Einheiten muß sich
auf die anderen auswirken, bisweilen epidemieartig.
Die Kultur und die Lebensformen, die im Neolithikum ihren Ursprung
hatten, sind damit an ihrem Ende angelangt. Meine Generation durfte noch
die letzten Fortschritte, Raffinessen und all die harmonischen Erscheinun-
gen einer Epoche genießen, die nun im Begriff ist, sich rasch in einer scheinbar schon weit zurückliegenden Vergangenheit aufzulösen. Mit Bestürzung erleben wir die Entstehung einer neuen überdimensionalen Macht,
der Macht des Menschen, der gewissermaßen den ganzen Erdball seiner
Willkür unterwirft. *Das Zeitalter der Herrschaft des Menschen zeichnet
sich am Horizont ab,* gewiß eine überwältigende, zugleich damit aber eine
mit drohendem Unheil erfüllte Perspektive.
Diese menschliche Weltherrschaft besitzt durchaus die Stärke und die Mittel, um alle früheren Zivilisationen auszulöschen, aber sie könnte auch
ähnlich tragisch zusammenbrechen wie ein gigantisches Wagnersches Wal-
halla. Vielleicht befinden wir uns zu nahe an den Angeln der Geschichte,
damit unser Verstand erfassen kann, wie sie sich weiter wenden wird,
doch glaube ich, daß wir zumindest eines sagen können: Der moderne
Mensch wird den Weg zur Rettung und zu neuen, höheren Zielen nicht
finden, wenn er nicht seine neue Lage erkennt und begreift, welche neue
Rolle und welche neue Verantwortung sie ihm auferlegt.
Um die Diskussion darüber in geordnete Bahnen zu lenken, sollten wir
uns auf eine einheitliche Terminologie einigen. Danach bezeichnet der Begriff *Totalsystem* das globale System Natur – Mensch – Gesellschaft –
Technologie; *Menschheitssystem* steht für jenen Teil davon, der die letzten
drei Elemente beinhaltet, also unter Ausschluß der Natur; schließlich bezeichnet *Natursystem* oder *Ökosystem* die äußere Welt.

Die neue Rolle des Menschen

Der Mensch hat schnell gelernt, die so rasch erworbene technologische Macht zu seinem unmittelbaren Vorteil zu gebrauchen. Innerhalb weniger Jahrzehnte hat der materielle Fortschritt alles übertroffen, was in vorangegangenen Jahrhunderten an Fortschritten erzielt worden ist. Meine Generation hat voller Euphorie und Enthusiasmus erlebt, wie die Menschheit gigantische Projekte verwirklicht und die Grenzen des Wissens immer weiter, neuen Errungenschaften und neuen umfangreicheren Kenntnissen entgegen, gezogen hat. Dadurch hat sie Verlangen nach immer mehr verspürt – eine Revolution der wachsenden Ansprüche.

Im zarten Kindesalter pflegte mir meine Mutter zu erzählen, daß ich durch das Fenster unseres Hauses sehen könnte, wie Lagrange mit seinem klapprigen Flugapparat große Sprünge über dem Erdboden machte. Heute umspannt ein dichtes Netz von Fluglinien den ganzen Erdball; es gibt Flugzeuge, deren Geschwindigkeit größer ist als die des Schalls. Einer der ältesten Träume der Menschheit, den Himmel im Flug zu entdecken, hat sich erfüllt.

Analog dazu wurden bei der Erforschung des Weltalls und der Kräfte, die das Universum in ewiger Bewegung halten, spektakuläre Fortschritte erzielt. Einigen Zeitgenossen gelang es, indem sie ganz einfach nur den Verstand gebrauchten, die allgemeine Relativitätstheorie, die Theorie des expandierenden Universums, die Theorie vom Ursprung der Elemente zu formulieren. Gleichzeitig beschäftigten sich andere damit, äußerst komplizierte Apparate zu bauen, um diese Theorien experimentell zu prüfen. Und während diese Schwellen überschritten wurden, die für uns den Kontakt mit einer jede Vorstellungskraft der Dichter übersteigenden Unendlichkeit herstellten, wurde uns auch das andere Extrem vertraut: die Welt der unendlich kleinen Dimensionen. Die Geheimnisse der Materie und des Lebens wurden unerbittlich aufgedeckt, durch die Atomspaltung, durch die Kernzertrümmerung, durch die Entdeckung zahlreicher kurzzeitig existierender Partikel, aber auch durch Entschlüsselung der Vererbungsgesetze, durch Synthetisierung der Ribonukleinsäure und durch andere außergewöhnliche Taten, die meine Auffassungsgabe übersteigen. Natürlich behält die Natur noch einige Geheimnisse für sich, doch der Mensch nimmt die Herausforderung an und bemüht sich immer verbissener, auch diese zu enthüllen.

Die phänomenale Erweiterung der Grenzen unseres theoretischen Wissens hat uns in die Lage versetzt, Entdeckungen zu machen wie Laser, Maser, Antimaterie, Holographie, Kryogenik und Supraleitfähigkeit, mit denen revolutionäre praktische Anwendungsmöglichkeiten Hand in Hand gingen, wie wir sie etwa unter den Bezeichnungen Vitamine, Bulldozer, Penizillin, Insektizide, Fernsehen, Radar, reaktorgetriebene Flugzeuge, Transistor, Zwergweizen, orale Verhütungsmittel kennen. Diese exponentielle

Anhäufung wissenschaftlicher Kenntnisse und technologischen Know-
hows, neuer Mittel und Produkte, hat den Menschen so weit gebracht, daß
er Wirklichkeit mit Phantasie vermischt und Visionen einer wunderbaren
Zukunft hegt.
Der Mensch ist jetzt imstande, viele Krankheiten zu bekämpfen und zu
besiegen, seine durchschnittliche Lebensdauer auf mehr als das Andert-
halbfache der Lebensdauer seiner Vorgänger zu verlängern, seine Wohnung und die Lebensumstände substantiell zu verbessern. Er hat auch die
Methoden vervollkommnet, um Güter in Massenproduktion herzustellen,
und er hat Techniken entwickelt, um Personen oder Gegenstände mit großer Geschwindigkeit über Kontinente und Ozeane hinweg zu befördern
oder mit jedermann in der Welt unverzüglich in Verbindung treten zu
können. Er hat Straßen in Betrieb genommen, Deiche errichtet, Städte
gebaut, überall Bergwerke angelegt, den ganzen Planeten erobert und ihn
buchstäblich umgestülpt.
Als er merkte, daß seine Geisteskraft auf einigen Gebieten nicht aus-
reichte, setzte er sich hin und erfand den Datenverarbeiter, einen ge-
treuen elektronischen Sklaven mit einer mnemonischen und rechnerischen
Kapazität, die seiner eigenen an Umfang und Schnelligkeit tausendfach
überlegen war. Schließlich ließ er sich in einem Anflug von Hochmut auf
einen direkten Wettkampf mit der Natur ein. So bemüht er sich jetzt,
die Urgewalt der Materie einzufangen, indem er die Kernenergie zügelt;
er dehnt seinen Herrschaftsbereich über die Erde hinaus aus, hat bereits
seinen Fuß auf den Mond gesetzt und Sonden losgeschickt, um das Son-
nensystem aus der Nähe zu erkunden; schließlich modifiziert er sich selbst
durch Humantechnik und Manipulation seiner eigenen Erbmasse.
Ich bin weit davon entfernt, die Brillanz dieser Unternehmungen zu be-
streiten, Unternehmungen, die noch bewundernswerter sind, wenn man
sich die bescheidene, unsichere Existenz und die beschränkten Wissens-
horizonte des Menschen in früheren Epochen vergegenwärtigt. Jedoch bin
ich schon seit Jahren verwirrt und besorgt angesichts des stürmischen,
bizarren Charakters dieser schwindelerregenden menschlichen Entwicklung. Eine Grenze schien dem Menschen der Himmel zu setzen – aber
welcher Himmel? Die exakten Wissenschaften und die dazugehörigen
Technologien haben Riesensprünge gemacht, doch die Human-, die Moral-
und Sozialwissenschaft haben damit nicht Schritt halten können. Ist die
menschliche Weisheit jetzt vielleicht größer als zu Zeiten eines Sokrates?
Diese Gedanken ließen mir keine Ruhe; wo immer ich Gelegenheit hatte,
öffentlich zu sprechen, wies ich mit Nachdruck darauf hin, wie labil und
möglicherweise prekär die Machtposition des Menschen geworden war.

Neue Macht, neue Verantwortung
Auf alle Fälle bleibt nach allem, was hier gesagt wurde, die entscheidende,
einmalige Tatsache bestehen, daß der Mensch aus einer defensiven Situa-

tion, den Alternativen der Natur ausgeliefert, den Sprung auf eine neue, beherrschende Position vollzogen hat. Von dieser aus ist er imstande, nicht nur alles in der Welt zu beeinflussen, was er auch tatsächlich tut, sondern auch – gewollt oder ungewollt – zu bestimmen, welche Alternativen sich seiner eigenen Zukunft zu eröffnen haben. Somit vermag er im Endeffekt innerhalb bestimmter Grenzen für die Dinge zu optieren, die er als die erstrebenswertesten betrachtet. Praktisch bedeutet das, daß seine neue Machtposition ihn so oder so zwingen wird, eine völlig neue Funktion als Lenker der natürlichen und menschlichen Systeme zu übernehmen, die seine Welt darstellen. Nachdem er in vieles eingedrungen ist, was für ihn einst ein Rätsel war, und nachdem er gelernt hat, die Geschehnisse weitgehend zu bestimmen, muß der Mensch nun eine neue Rolle als *Moderator des Lebens auf der Erde einschließlich seines eigenen Lebens übernehmen.* Diese seine neue Rolle verpflichtet ihn zu äußerstem Einsatz; denn sie überträgt ihm Funktionen und Verantwortung für Entscheidungen, die einst der Weisheit der Natur oblagen oder gar ein Vorrecht der Vorsehung waren. Nach den Worten Julian Huxleys muß der Mensch, mag er es wollen oder nicht, »der Kopf eines Evolutionsprozesses auf der Erde sein, und seine Aufgabe muß darin bestehen, diesen Prozeß anzuführen und in die allgemeine Richtung einer Verbesserung zu lenken«.

Es kann allerdings keinen Zweifel geben, daß der Mensch diese Rolle noch nicht spielt. Er hat ja noch nicht einmal bemerkt, daß sich seine Verantwortung verändert hat und ihn in diese Richtung weist. Einen großen Teil seiner moralischen und physischen Energie verwendet er immer noch für Aktionen und Dispute, wie sie vielleicht früher einmal wesentlich waren, jedoch heute in der Epoche seiner Herrschaft nebensächlich und bedeutungslos geworden sind. Er neigt immer noch dazu, der Technologie eine geradezu wundertätige Kraft zuzuschreiben, darauf hoffend, daß sie automatisch jede Schwierigkeit überwinden, jedes beliebige Problem lösen und den Weg in eine glänzende Zukunft öffnen kann. Er vertraut auf ihre nahezu uneingeschränkte Allmacht und vergißt dabei, daß die Technologie, so großartig sie auch sein mag, weder über Intelligenz noch Urteilskraft verfügt und auch keinen Orientierungssinn besitzt, weshalb er, ihr Beherrscher, sie zu modulieren und zu lenken hat.

Das Fehlen eines seiner neuen Lage angemessenen Verantwortungssinnes wiegt beim modernen Menschen um so schwerer, je mehr seine Macht wächst. Daß er so gewitzt war, gewissermaßen den Göttern das Feuer zu stehlen, danach aber keine vergleichbare Tüchtigkeit und Umsicht bei seiner Anwendung erkennen ließ, bedeutet praktisch, daß sich die Geschichte von dem Zauberlehrling in gigantischem Ausmaß wiederholt. Macht ohne Weisheit macht den Menschen zum modernen Barbaren, der zwar über gewaltige Kraft verfügt, jedoch kaum weiß, wie er sie gebrauchen soll.

Je mehr ich immer wieder und wieder über all dies nachdachte, desto

mehr wuchs in mir die Überzeugung, daß die gegenwärtige Krise, bei der
im Menschheitssystem das Gleichgewicht praktisch überall gestört ist, direkt auf die (bislang gezeigte) Unfähigkeit des Menschen zurückzuführen
ist, sich auf das Niveau des Begreifens und der Verantwortung zu stellen,
das seine neue Rolle als Großmachthaber der Welt verlangt. *Das Problem
liegt im Menschen selbst begründet, nicht außerhalb; das gleiche gilt für
jede mögliche Lösung.* Von nun an werden für alles, was für die Menschheit von Belang ist, Qualität und Fähigkeiten der Menschen ausschlag-
gebend sein. Diese Schlußfolgerung, die sich im Laufe meines Industriel-
lenlebens als richtig erwiesen hat, erscheint mir in gleicher Weise, wenn
nicht noch mehr, auf Zusammenhänge von sehr viel größerer Tragweite
zuzutreffen. Ich meine sogar, daß man daraus ohne weiteres ein Axiom
ableiten kann: *Der wichtigste Faktor, von dem das Schicksal der Menschheit abhängen wird, ist die Qualität des Menschen.* Wohlgemerkt, nicht
nur die Qualität bestimmter Eliten, sondern die durchschnittliche Qualität der Milliarden Menschen, die die Erde bewohnen.

Die große Verwirrung

Um sich zu überzeugen, daß die Krisen, die die Menschheit gegenwärtig
bedrücken, die Folge mangelnder Vorbereitung und einer unzureichenden
Einstellung der heutigen Generationen sind, genügt es, sich kurz die Situationen und Ereignisse der Weltszene zu vergegenwärtigen. Diese Generationen haben, nur um das Verlangen nach Bequemlichkeit und Wohlstand
zu befriedigen, die Erde rücksichtslos geplündert und verunreinigt. Ich
werde nicht aufhören zu behaupten, daß sie die ethischen und moralischen Werte um rascher materieller Vorteile willen geopfert haben. Sie
haben die Wissenschaft prostituiert, um den Interessen, den Launen und
dem Prestige der Reichen und Mächtigen zu Diensten zu sein. Sie haben
zugelassen, daß einige wenige Gruppen von Menschen ohne Rücksicht auf
andere – heute lebende oder künftige – sich jeden Vorteil verschafft
haben. Und es macht ihnen offenbar überhaupt nichts aus, den kommenden Generationen eine soziale und politische Erbschaft voller Spannungen und Wirrnisse auf einem übervölkerten Planeten zu hinterlassen.
Wenn einmal die Geschichte der Menschheit in diesem Zeitabschnitt geschrieben werden wird, wird man diese Generationen vielleicht wegen
ihrer Erfindungskraft und Kreativität bewundern, wegen ihrer Habgier
und fehlenden Ideale jedoch wird man sie verdammen.
Wir dürfen nicht übersehen, daß es gerade die fortgeschrittenen Länder
waren, die die schlechtesten Beispiele gaben. Mit ihrem immer größeren
Machthunger auf der Erde, in der Luft und auf den Meeren entfesselten
sie vor sechzig Jahren den Ersten Weltkrieg. Das Ausmaß der Konflikte
und die Zahl der Opfer hatten nicht ihresgleichen. Und doch nützte die

Lektion nichts. Es dauerte gar nicht lange, bis die unglückseligen Keime des Faschismus und des Nazitums aufgingen und ein zweiter Weltkrieg ausbrach, geschürt von der These, Gewalt bestimme das Recht. Gestützt durch die düstere Prophezeiung, daß Lebensraum und Rohstoffe knapp würden, erachteten es die starken Staaten als ihre heilige nationale Pflicht, Land und Hilfsquellen wo immer möglich zusammenzuraffen. Diesmal nahm der Konflikt dank neuer Waffen und Techniken und dank der systematischen Einrichtung von Konzentrationslagern zur Vernichtung von Militär- und Zivilpersonen ohne Rücksicht auf Alter und Geschlecht noch grauenvollere Formen an. Dutzende von Klein- oder Bürgerkriegen, auch solche, die noch blutiger und grausamer verliefen, folgten auf die beiden Weltkriege. Und die Eskalation des Schreckens ist noch lange nicht beendet.

Arsenale für einen möglichen Massenmord
Das wichtigste Abschreckungsmittel gegen einen dritten Weltkrieg ist ein ungefähres Gleichgewicht der Einschüchterung. Im Jahr 1944 gab es noch keine Nuklearwaffen. Im darauffolgenden Jahr wurden zwei Atombomben über stark bevölkerten Städten abgeworfen. Heute beläuft sich die Menge einsatzbereiter thermonuklearer Explosivstoffe auf das Äquivalent von über 15 Tonnen TNT pro Kopf der Weltbevölkerung. Allein die in Europa stationierten taktischen Nuklearwaffen besitzen eine dreißigmal höhere Explosivkraft als die im Zweiten Weltkrieg plus Korea- und Vietnamkrieg eingesetzte. Trotz dieses absurden Ausmaßes an Zerstörungskräften nimmt man an, daß die Vereinigten Staaten drei Nukleareinheiten pro Tag produzieren, sehr wahrscheinlich genausoviel wie die Sowjetunion. Und dazu werden ebenso tödliche chemische und mikrobiologische Waffen, Waffen mit Laserstrahlen, klimatische und atmosphärische Waffen bereitgestellt.
Am Ende ist auch der Massenmord, im Sinne einer absoluten und definitiven Vernichtung der Menschheit, mit sorgfältig geplanten und wissenschaftlichen Methoden möglich. Niemand wünscht im Ernst einen weiteren großen Krieg, aber die Voraussetzungen für ihn werden rigoros geschaffen: Es existieren Sprengkörper, um deren Entschärfung sich niemand ernsthaft bemüht. Und diese gigantische Tötungskapazität soll ewig ungenutzt bleiben? Wird niemals ein neuer Nero, Attila, Dschingis Khan oder Hitler auftauchen, der in ihr die große Gelegenheit erblicken könnte, die Mehrzahl der Menschen zu erpressen oder mit einem einzigen Schlag auszurotten?

Der große menschliche Ameisenhaufen
Während diese irrsinnige Entwicklung im Gange ist, verschlechtert sich die Weltlage an anderen Fronten rasch. Die Weltbevölkerung nimmt ein furchterregendes Ausmaß an. Die Geburtenkontrolle steht im Mittel-

punkt einer weltweiten Diskussion, bei der leider Glaubenssätze und
ideologische Auseinandersetzungen stärker sind als objektive Argumente.
Die Kopfzahl und die Verteilung der Menschheit in der Welt sind bekannt, ebenso ihr phänomenales Wachstum und die Probleme ihrer An-
siedlung, doch ist es nie falsch, an die eine oder andere Zahl zu erinnern.
Im Jahr 1925 betrug die Weltbevölkerung halb soviel wie heute. 75 Jahre
mußten vergehen, um von einer Milliarde auf zwei Milliarden zu kommen, doch dann waren für eine weitere Milliarde nur noch 37 Jahre erforderlich, womit wir 1962 bereits bei drei Milliarden angelangt waren.
Die nächste Milliarde war innerhalb von knapp 13 Jahren perfekt, so daß
die Anzahl der Menschen auf der Erde im Jahr 1975 praktisch das Limit
der vier Milliarden erreicht hat. Nach allem, was man weiß, wird sich
von nun an alle zehn Jahre ein Strom von einer weiteren Milliarde Menschen über die Erde ergießen, genauso viel, wie die gesamte Weltbevölkerung 1850 betrug. Man könnte erschauern bei dem Gedanken, daß wir
Menschen in zehn Jahren bereits fünf Milliarden und 1995 sechs Milliarden zählen werden, dreimal soviel wie 1925. Was für ein Leben wird in
einem solchen Ameisenhaufen wohl möglich sein?
Bis vor kurzem fand das Establishment in der Welt nichts dabei, die ent-
setzlichen Folgen dieser demographischen Pression und Überfütterung zu
ignorieren. Zahlreiche Staaten verfolgen bis heute eine geburtenfreund-
liche Politik oder beharren auf einer Gesetzgebung, die die Großfamilie
fördert; wo es dünn besiedelte Landstriche gibt, ist man auch nicht ohne
weiteres bereit, diese für die Immigration aus übervölkerten Regionen
freizugeben. Doch selbst wenn man da oder dort eine gewisse Berechtigung für dieses nationale Verhalten sehen wollte, bleibt immer noch die
wichtige Tatsache bestehen, daß die größten Wirrnisse unserer Zeit weitgehend gerade auf die nationale Politik verschiedener Staaten zurückzuführen sind, die sich über die Erfordernisse der globalen Gemeinschaft
hinwegsetzen. Womöglich noch unglaublicher und deprimierender ist der
Umstand, daß überall dort, wo offiziell Interesse für die Kardinalfragen
der Menschheit bekundet wird, dieses fast ausschließlich *quantitativer*
Natur ist.
Der einzelne Mensch wird vor allem als biologischer Organismus, als
ökonomische Einheit oder ganz allgemein als Konsument gesehen. Deshalb gilt die Aufmerksamkeit nahezu ausschließlich seinem materiellen
Bedarf, mitunter auch der Befürchtung, er könnte etwas anstellen, falls
seine Wünsche nicht erfüllt würden. Andere wichtige Bedürfnisse, Vorstellungen oder Ansprüche sozialer, kultureller und geistiger Natur, die
die menschliche Kreatur vorbringen könnte, werden behandelt, als gehörten sie in zweitrangige Bereiche.
Qualitative Betrachtungen über die Menschen hört man im allgemeinen
nur in unkritischer Form, als Vorgaukelei von Patriotismus oder in rheto-
rischen Floskeln, als Lob »unseres Volkes«; wird je einmal Kritik laut,

dann höchstens an »den anderen«, ohne gründliche Analyse der wahren Eigenschaften dieses oder jenes Individuums und ohne zu ergründen, ob die Betreffenden in Übereinstimmung mit unserer Zeit leben können oder nicht. Praktisch die einzigen qualitativen Probleme, denen die moderne Gesellschaft größere Aufmerksamkeit schenkt, sind jene, die mit Erziehung und Arbeit zu tun haben. Dagegen wird nur wenig an die effektiven Fähigkeiten des Menschen gedacht, in der realen Welt von heute bewußt zu leben und zu wirken, und sicher noch weniger an seine Möglichkeiten, die eigene Persönlichkeit und sein brachliegendes Potential zu entfalten, um sich auf die noch schwierigere Welt vorzubereiten, in der er morgen wird leben müssen.

Man könnte es auch so ausdrücken: Probleme und Politik der Menschen entsprechen niemals dem Primärfaktor, wie er in der realen Qualität der Bewohner eines Landes, einer Region oder der gesamten Welt oder aber in ihrer Fähigkeit beziehungsweise Unfähigkeit zum Ausdruck kommt, die Schwierigkeiten anzupacken oder jetzt und in Zukunft das Beste aus der neuen Situation zu machen. Das erklärt weitgehend das große Unbehagen, das unabhängig von dem jeweils erreichten materiellen Lebensstandard überall vorherrscht. Es gibt sicher nur wenige, die sich in einer Welt wohlfühlen können, die sie noch nicht verstehen gelernt und mit der sie sich folglich noch nicht abgefunden haben. Und doch steht eines zweifelsfrei fest: *Worauf es beim Abenteuer der Menschheit am meisten ankommt, ist die Qualität der Protagonisten* – genauso wie bei einem Fußballspiel, bei einer Theateraufführung, in einer Familie oder bei einer Polexpedition. Praktisch bedeutet das, daß die durch die Explosion der Weltbevölkerung geschaffenen unerhörten Probleme noch besonders dadurch erschwert werden, daß wir alle, die wir in dieser stürmischen Übergangsperiode leben, auf sie nur ungenügend vorbereitet sind.

Doch betrachten wir auch noch andere Aspekte der Weltkrise. Trotz der absoluten Priorität, die wir der materiellen Seite des Lebens zuzugestehen bereit sind, ist die Bilanz sogar auf diesem Gebiet negativ. Die globale Produktion und Verteilung der Nahrung, der Güter und Dienstleistungen ist nicht imstande, den Bedarf zu decken. Für viele, ja für allzu viele Menschen bleibt die wirtschaftliche Entwicklung ein Phantom. Die sechziger Jahre wurden von den Vereinten Nationen zum »ersten Jahrzehnt der Entwicklung« erklärt, doch endeten sie mit einer großen Frustration. Das »zweite Jahrzehnt«, in dem wir jetzt leben, verspricht noch weniger; denn inzwischen hat eine galoppierende Inflation begonnen, die Wirtschaft überall auszuhöhlen.

Gravierende Lücken im Weltwirtschaftssystem waren erkennbar geworden, noch bevor die Ölkrise ausbrach. Die Industrieländer hatten einen gewaltigen Kalkulationsfehler begangen. Sie waren vom billigen Öl so sehr berauscht, daß sie sich der Illusion hingaben, dieser Reichtum würde ewig währen. Auf dieser und anderen ähnlichen falschen Voraussetzun-

gen hatten sie die logische Erwartung einer Wirtschaft des Überflusses
und der Verschwendung und die Vision einer Zukunft der kontinuierlichen Expansion gegründet.
Aus diesem unglaublichen »Öltraum« wurden sie 1973 durch die Vervier-
fachung des Rohölpreises jäh geweckt. Mag die Ölkrise sonstwo Probleme
geschaffen haben – dieses brüske Erwachen war heilsam. Hätte sich die
Weltwirtschaft noch fünf oder zehn Jahre lang ungehindert so weiter-
entwickelt, wären die Folgen ihres unvermeidlichen Rückgangs wahrhaft
katastrophal gewesen. Doch anscheinend genügt auch diese Lektion noch
immer nicht. Noch ist der Rausch nach der leichten Erdöl-Droge nicht ver-
flogen, da starren unsere Länder in ihrem Energiehunger wie gebannt auf
die Atomenergie, die zu einer wirklich gefährlichen schweren Droge werden kann, wenn die Gesellschaft ihr ohne entsprechende Vorbereitung
verfällt.

Zuwenig Lebensmittel: Wer soll sie bekommen, wer nicht?
Angekratzt von der kontrastierenden Politik der großen Länder und
Blöcke, zeigt die gegenwärtige Weltwirtschaftsordnung, da und dort not-
dürftig zusammengeflickt, deutliche Risse. Mangel an Weitsicht und alt-
hergebrachte Interessen haben bisher eine Neuordnung verhindert. Die
Gegensätze zwischen Erdöl und andere Rohstoffe produzierenden Ländern sowie den Importländern schaffen neue Spannungen. Die Nahrungsmittel könnten zu einem Zankapfel werden, wenn, was zu befürchten
steht, beispielsweise der Getreidemangel in der Welt erneut akut werden
sollte. Welchen Ländern sollen die Exporteure, in erster Linie die USA
und Kanada, ihre Überschüsse zuerst zukommen lassen? Und zu welchen
wirtschaftlichen oder politischen Bedingungen? Die Aussicht, nach dem
System verfahren zu müssen, das man heutzutage mit *triage* bezeichnet –
die Aussortierung derjenigen, die zu retten sind, wenn schon nicht alle
gerettet werden können –, ist makaber. Wenn so etwas jedoch schon fata-
lerweise nicht zu umgehen ist, darf das Recht zu solchen Beschlüssen nicht
einigen wenigen Ländern überlassen werden, weil es ihnen eine unheil-
volle Entscheidungsbefugnis über die Hungernden der Erde einräumen
würde. Allerdings ist das heutige Weltsystem noch weit davon entfernt,
über einen internationalen Mechanismus oder ein Prinzip zu verfügen,
das ihm gestatten würde, dieses menschliche, moralische und politische
Dilemma zu überwinden.
Die bittere Realität besagt, daß der Hunger, diese biblische Geißel, in
modernen Megadimensionen zurückgekehrt ist. Vorsichtige Schätzungen
beziffern die Zahl der permanent Hungernden mit 500 Millionen. Diese
Zahl offenbart jedoch nur eine Seite der Angelegenheit. Die wirkliche
Zahl der Unterernährten, Kranken, Analphabeten, Beschäftigungslosen
und sonstigen am Rande der Gesellschaft dahinvegetierenden Männer
und Frauen dürfte doppelt so hoch sein, auf jeden Fall höher als in jeder

früheren Epoche, zudem ist sie ständig im Steigen begriffen. Besonders kritisch ist die Lage der Allerärmsten unter den Armen in jenen Gebieten, die man neuerdings als die Vierte Welt bezeichnet.
Der Präsident der Weltbank hat kürzlich berichtet, daß es unter den zwei Milliarden Menschen, die in den von seiner Organisation betreuten über hundert Ländern leben, etwa 800 Millionen gebe, die »so fest dem Griff extrem beengter Lebensumstände ausgesetzt sind, daß es ihnen nicht möglich ist, ihr geistiges Potential, mit dem sie geboren wurden, zu gebrauchen – Existenzverhältnisse, die so deprimierend sind, daß sie die menschliche Würde verletzen. Existenzverhältnisse aber auch, die so weit verbreitet sind, daß sie das Schicksal dieser Menschen darstellen«.
Niemand weiß, wie so ungeheuerliche und vielfach verflochtene Probleme anzupacken wären. Schlimmer noch – selbst einige entwickelte Länder geraten neuerdings in einen Teufelskreis immer akuterer Probleme: Arbeitslosigkeit, Stagflation, sogar Rezession. Für einige von ihnen hat man sogar den neuen Ausdruck »untergehende Länder« geprägt, wobei Italien und Großbritannien vorneweg rangieren. Etwas allgemeiner ausgedrückt: die Basis des Welthandels ist erschüttert, der Kapitalmarkt chaotisch, das Währungssystem gestört. Einige Maßnahmen, die bestimmte Länder zu ihrem eigenen Schutz getroffen haben und die im eigenen nationalen Rahmen nicht mehr als einen Notbehelf darstellen, haben der Weltwirtschaft beträchtlichen Schaden zugefügt.

Die Notwendigkeit einer neuen Weltwirtschaftsordnung
Die reichen Länder pflegten stets zu behaupten, daß nur die Effizienz ihres Wirtschaftssystems imstande wäre, den Weg zu allgemeinem Wohlstand und zur Verringerung der Ungleichheiten dieser Welt zu ebnen. Nun, da sie selbst von einer Krise bedroht sind, die nicht nur konjunkturbedingt ist, macht ihnen vor allem ihre eigene Lage zu schaffen. Während also einerseits ihre vielgepriesene Effizienz in Frage gestellt ist, dauern auf der anderen Seite die weltweiten Ungleichheiten an, unerbittlicher und unzumutbarer denn je. Die Menschen, die diese erdulden müssen, wissen nur zu gut, daß sie nicht durch aufmunternde Worte oder vage Versprechungen, sondern nur durch eine weltweit abgestimmte, weitreichende Aktion gemildert werden können.
Es läßt sich nicht leugnen, daß die Weltwirtschaft, sofern nicht internationale Verständigung, Zusammenarbeit und Vertrauen wiederhergestellt werden, dazu verurteilt ist, sich weiter zu verschlechtern, wenngleich in einem Aufwärts- und Abwärts-Prozeß. Nicht nur die euphorischen Tage der steigenden Erwartungen sind vermutlich für immer vorbei, es taucht auch das Gespenst der großen Depression des Jahres 1929 mit seinem Rattenschwanz an Leiden, Wirrnissen und reaktionären Regimen wieder auf, bereit, uns in seinen Strudel zu ziehen, wenn wir weiterhin Fehler auf Fehler begehen. Und heute wäre eine weltweite Depression

noch katastrophaler, als sie damals war. Doch auch so scheint niemand bereit zu sein, konkrete Schritte zur Errichtung einer echten neuen Weltordnung zu unternehmen.

Es konnte nicht ausbleiben, daß in einer solchen Situation auch die menschliche Ökologie geopfert wurde. Die Initiativen und Kampagnen für den Schutz unserer Gewässer, unseres Bodens und der Atmosphäre vor weiterer Verschmutzung, für die Erhaltung der Biosphäre verlieren langsam an Schwung. Dabei war man in dieser Hinsicht noch vor wenigen Jahren trotz der Trägheit der Behörden drauf und dran, in vielen Ländern Unterstützung beim Volk zu finden. Heute dagegen rechtfertigen die Politiker und auch die Öffentlichkeit jede Art ökologischer Vergehen mit anderen, vordringlicheren Problemen.

Diese anderen Probleme, mögen sie noch so dringlich sein, können uns indessen niemals freisprechen von der Schuld, daß wir unser gesamtes technisch-wissenschaftliches Potential – vielfach sogar ohne eigentliche Veranlassung – benutzt haben, um der Natur harte Gewalt anzutun.

Auf einem anderen Gebiet, dem der politischen Organisation, ist die Lage gleichfalls äußerst bedrohlich. Direkt vor unseren Augen sind die konstitutionellen Demokratien des Westens in eine Phase der Krisen und des Abstiegs geraten. Sind es Symptome einer nicht mehr umkehrbaren Involution? Wird es unserer Regierungsform gelingen, die sich am Horizont bereits abzeichnende, noch stürmischere Periode zu überwinden? Im Augenblick sind die Aussichten dafür nicht gerade beruhigend. Leider ist die Lage auch sonstwo nicht günstiger, wenngleich aus anderen Gründen. Die an den traditionellen Demokratien nagende Krise wird keineswegs durch bessere institutionelle Bedingungen in der übrigen Welt aufgewogen; an einer bestimmten Stelle auftretende Krisensituationen wären nicht imstande, anderswo politische Unzulänglichkeiten zu mildern.

Viele sozialistische Regime führen einen permanenten Kampf gegen bestimmte »Abweichungen« ideologischer, politischer oder sonstiger Art, für die man verschiedene Bezeichnungen findet. Allzuoft wird die Öffentlichkeit dort über offizielle Kanäle bewußt stereotyp, schablonenhaft informiert. Nur selten kann sie ihre Meinung wirklich frei äußern. Auf der anderen Seite sind die politischen Strukturen in vielen Entwicklungsländern noch nicht genügend stabil oder – am westlichen Niveau gemessen – nicht genügend demokratisch.

In den Ländern der Dritten Welt haben seit 1960 bis heute über zweihundert Staatsstreiche oder Staatsstreich-Versuche stattgefunden. Allein in Afrika wurden nach der Entkolonialisierung fünfunddreißig Regime gestürzt. Die Zahl der Militärregierungen wächst in der Welt mit jedem Jahr; zwar trifft es zu, daß sie, sobald sie einmal die Macht ergriffen haben, sich kaum auf Abenteuer im Ausland einlassen, doch ist es ebenso richtig, daß sie sich behaupten, indem sie daheim hart durchgreifen und die politischen Rechte der Bürger mit Füßen treten.

Das alles bedeutet, daß ein sehr großer Teil der Weltbevölkerung keine Möglichkeit hat, seine eigene politische Meinung frei auszusprechen, ja, daß er nicht gewohnt oder darauf vorbereitet ist, es zu tun. Doch selbst dort, wo demokratische Prozesse nicht behindert werden, sind die Mechanismen, die den Willen und die Empfindungen des Volkes den beschlußfassenden Organen zur Kenntnis zu bringen haben, veraltet und unzureichend. Jedermann kann sich davon durch einen Blick auf die Situation im eigenen Land überzeugen. Wie sollen unter solchen Umständen die Qualität und das Verhalten der Milliarden Individuen der heutigen Menschheit den Problemen gewachsen sein, mit denen sie sich auseinanderzusetzen haben?

Das Unvermögen der Nationalstaaten
Eine weitere wesentliche Verschärfung der Situation kommt dadurch zustande, daß als funktionelle Einheit der globalen Gesellschaft immer noch der souveräne Staat gilt. Gegenwärtig ist geradezu eine Inflation an selbständigen Staaten zu verzeichnen: rund 150. Mein Freund Ervin Laszlo erinnerte mich daran, daß dies »die westfälische Logik ist: das Verständnis der Rolle und des *Status* der Nationalstaaten, wie es im Westfälischen Frieden, der 1648 den Dreißigjährigen Krieg beendete, postuliert wurde«. Mehr noch als auf die wirtschaftliche trifft auf die politische Ordnung – oder eher Unordnung – zu, daß sie weder in nationaler noch in internationaler Hinsicht den Ansprüchen einer immer deutlicher technologisch orientierten, immer mehr integrierten, immer weltumspannenderen Gesellschaft gerecht wird.
Man würde vielleicht nicht verstehen, weshalb unsere Welt so hartnäckig aufgerüstet bleibt, wenn man nicht diese überalterte kafkaeske geopolitische Struktur vor Augen hätte, die einen idealen Nährboden für Zwietracht und Konflikte abgibt. Es ist ein Wunder, daß es bisher gelungen ist, einen dritten Weltkrieg zu vermeiden – aber man kann nicht immer mit Wundern rechnen. Solange das Menschheitssystem nicht vermag, sich den gegebenen Realitäten anzupassen, wird es stets ein Minenfeld voller Vorurteile, Haß und Gewalt bleiben. Die schreckliche Vietnam-Tragödie hat gezeigt, wie weit die Perversion der Verbindung zwischen modernen Technologien und überholten strategischen Auffassungen gehen kann. Sie hat mit einer moralischen und politischen Niederlage geendet, die nicht nur eine Niederlage der Vereinigten Staaten, sondern auch der gesamten Welt ist, die zugelassen hat, daß solches geschieht. Der Mittlere Osten ist der Schauplatz einer anderen Tragödie, wo sich in Anbetracht der heutigen Realitäten das Souveränitätsprinzip als völlig ungeeignet erweist; überdies läßt es die verschiedensten, miteinander kontrastierenden Deutungen zu. Die daraus resultierende explosive Verwirrung wird noch durch das »strategische« Erscheinungsbild ausländischer Großmächte genährt, die im Hintergrund die Fäden ziehen und die örtliche Bevölkerung

bewaffnen und aufeinander hetzen, um sie zu ihrem ureigensten Vorteil zu mißbrauchen. Das ist einer der Gründe, weshalb eine Lösung, bei der Araber und Israelis in den gegenwärtig umstrittenen Gebieten gemeinsam leben könnten, so schwierig erscheint, daß man sie geradezu für unnatürlich halten muß.

Eine Folgeerscheinung antiquierter Auffassungen und Institutionen, die dank der Rivalität zwischen den Großen, aber auch zwischen den Kleinen überall entstehen und genährt werden, ist die wachsende politische, soziale, rassische und religiöse Intoleranz. Sie brütet und wütet entlang zahlreicher Grenzen oder im Binnenland vieler Staaten und beschert in ihrem Gefolge Unterdrückung, Extremismus, Konflikte, Gewalt. Neben Vietnam, Laos und Kambodscha gehörten in den letzten Jahren oder gehören immer noch Indonesien, Nigeria, Bangla Desh, Chile, Zypern, Nordirland, der Sudan, Griechenland, Äthiopien, Portugal, Angola, Timor, Rhodesien, der Libanon und Argentinien zu ihren Opfern. Man darf fragen, welches Land als nächstes an der Reihe sein wird, diese Liste zu verlängern.

Die Menschheit kommt nicht zum Frieden mit sich selbst. Für einen echten Frieden ist mehr erforderlich als ein Zustand ohne Krieg, mehr als die Kontrolle über Rüstung und Abrüstung, mehr als Vorbeugung, als die Lösung von Konflikten. Was auch immer für ein internationales Abkommen unterschrieben werden mag, die Menschheit wird unter den gegenwärtigen Umständen, angesichts der geteilten und ungerechten Gesellschaft, keinen Frieden finden. In der neuen Epoche der Weltherrschaft des Menschen ist der Frieden ein unerläßliches soziales Postulat, doch muß er erst noch erreicht werden; er ist ein Kulturwert, den wir in uns selbst entdecken müssen, ehe er von der Gesellschaft übernommen werden kann. Von alledem sind wir noch weit entfernt.

Um eine Formulierung des chinesischen Delegierten bei den Vereinten Nationen aufzugreifen: Nie zuvor hat es ein solches Durcheinander unter dem Himmel gegeben. Und wir könnten hinzufügen: Niemals haben so viele Gefahren in der Welt existiert. Und dies alles, weil noch niemals soviel Verwirrung die menschlichen Hirne getrübt hat.

Auf dem Weg zu größeren Veränderungen

Viele Jahre lang habe ich mich bemüht, zu überlegen, wie der Mensch aus diesem Wettrennen zur Katastrophe aussteigen könnte. Indem er den Komplex des unendlich Großen erforscht hat und in jenen des unendlich Kleinen vorgedrungen ist, hat er die Einheit des Universums erkannt und einige Fragmente der natürlichen Ordnung entdeckt, die alles zusammenhält. Trotzdem hat er es versäumt, den Dingen und Funktionen, die zwischen diesen beiden Extremen liegen und die für ihn von größter Wichtigkeit sind, nämlich seiner Welt und seiner eigenen Position in ihr, genügend Aufmerksamkeit zu schenken. Das ist heute seine Achillesferse. Zwei Aspekte müssen in diesem Zusammenhang untersucht werden. Einer betrifft den Menschen und seine Verhaltensweisen, die gründlicher erforscht werden müssen. Immerhin haben die Philosophie und die Medizin seit ihren Uranfängen viel Mühe und Ideen auf diese interessante Materie verwandt und werden es auch weiterhin tun, selbst wenn sie niemals an ein Ziel gelangen. Deshalb möchte ich mich nicht so sehr auf sie berufen. Der andere, rasch kritisch gewordene Aspekt betrifft das Verhältnis zwischen dem (immer mächtigeren) Individuum und seiner (immer künstlicheren) globalen Umwelt. Es gibt ein gefährliches Vakuum in den Wahrnehmungen und in der Gedankenwelt des modernen Menschen, was die Grenzen und die Folgen seiner Präsenz und seiner Aktionen in seinem irdischen Herrschaftsbereich angeht – ein Vakuum, das dringend aufgefüllt werden muß. Aber wie?

Obgleich eigentlich Laie, bin ich fest überzeugt, daß man dafür die menschliche Natur keineswegs zu verändern braucht. Wäre dies so, so wäre die Lage hoffnungslos. Vielmehr ist es die Rolle des Menschen und demzufolge seine Lebensweise, die sich der realen Welt von heute und seiner neuerworbenen Macht anzugleichen haben. Das ist keine biologische, sondern eine kulturelle Evolution, und daher übersteigt dieser Prozeß, so lange und so schwierig er auch sein mag, nicht unsere Möglichkeiten. Wir haben es verstanden, die Qualität der Sportler, der Weltraumfahrer, von Hühnern, Schweinen und Mais, von Maschinen, Material und Kunstwerken zu verbessern; Erfolge sind zu registrieren bei der vom Menschen erzielten Produktivität, bei der Leichtigkeit, mit der er mit Datenverarbeitungsmaschinen umgeht. Jedoch haben wir niemals ernsthaft versucht, das Wahrnehmungsvermögen des Menschen für seine neue Lage zu schärfen, das Bewußtsein seiner neuerworbenen Macht zu stärken, sein Begriffsvermögen für die globale Verantwortung, die auf ihn zukommt, und seine Urteilskraft in bezug auf die Auswirkung seiner Handlungen zu entwickeln. Wenn wir uns darum bemühen, bin ich sicher, daß wir Erfolg haben werden, allein schon deshalb, weil jeder Schritt auf diesem Weg deutlich zeigen wird, daß es in unserem ureigensten Interesse liegt, in dieser Richtung voranzuschreiten. Es genügt doch, sich nur kurz umzusehen, um zu begreifen, wieviel man gutmachen kann, indem man die Qualität des Menschen verbessert. Hierauf gründet sich mein gemäßigter Optimismus.

Extreme Alternativen

Gemessen an unserer heutigen Gedanken- und Vorstellungswelt ist jedoch die Verbesserung der Qualität des Menschen ein so außergewöhnliches und zugleich so komplexes Unterfangen, daß es die Generalmobilmachung des Willens, der Fähigkeiten und Mittel der gesamten Welt für die näch-

sten Jahrzehnte voraussetzt. Aber in der Zwischenzeit wird sich die
Menschheit leider weiter vermehren, und der gigantische technologische
Apparat, den sie zusammenmontiert und in Betrieb gesetzt hat, ohne zu
wissen, wie und wohin er zu steuern ist, kann in seinem wahnwitzigen
Lauf nicht mehr gestoppt werden. Das bedeutet aber, daß die Veränderungen im Menschheitssystem in der Zukunft sehr wahrscheinlich noch
weitreichender sein werden als diejenigen, deren Zeugen wir bereits geworden sind. Und da niemand weiß, ob und wann die Menschheit tatsächlich in der Lage sein wird, ihre eigene Zahl und die rohe Gewalt ihrer
technologischen Maschinerie unter Kontrolle zu bringen, bedeutet das
auch, daß unsere Zukunft wahrhaft extremen Alternativen entgegensteuern kann.
Wird die Menschheit einmal imstande sein, allen ihr drohenden Gefahren
auszuweichen und eine reife Gesellschaft aufzubauen, die sich selbst mit
Umsicht lenkt und ihre irdische Umwelt klug verwaltet? Wird diese neue
Gesellschaft die gegenwärtigen Trennlinien beseitigen und eine wahrhaft
globale Zivilisation von Dauer errichten können? Oder aber wird die
Menschheit, um das Gespenst noch schlimmerer Krisen zu vertreiben, ihr
Schicksal noch einmal technischen Scheinlösungen anvertrauen, auf der
Suche nach einem Modell der postindustriellen Gesellschaft, wovon einige
Futurologen in Science-Fiction-Manier träumen? Kann dieser Weg überhaupt zeigen, wie man aus der gegenwärtigen Sackgasse gleichsam durch
ein Wunder herauskommen könnte? Oder wird gar der Mensch mit seinen begrenzten Möglichkeiten, seinen Schwächen, seinen Ansprüchen und
seiner Betonung des Spirituellen sich völlig in einem System verlieren, das
von seiner eigenen Natur allzu weit entfernt ist? Und wird seine Entscheidung nicht zu einem ausgesprochen technokratischen Regime führen,
einem autoritären, orwellianischen Regime, in dem Arbeit, Recht und
Ordnung, aber auch Informationen, Gedanken und Freizeit streng von
einer absoluten zentralen Macht aus gesteuert werden?
Wird andererseits die Menschheit nicht von ihren eigenen Komplexen und
Schwierigkeiten so sehr aufgewühlt und beherrscht sein, daß Wirrnisse
und Chaos zum Alltag gehören? Könnte unter solchen Umständen eine
pluralistische, integrierte Gesellschaft noch zuverlässig funktionieren?
Werden die Reichen dann nicht versuchen, sich in relativ sicheren Positionen hinter ihrem Wohlstand zu verschanzen, in dem vergeblichen Bemühen, dem gemeinsamen Schicksal zu entgehen? Wäre das nicht der Rück-
fall in eine menschliche Stammesgesellschaft? Welche anderen Entwicklungen können sich aus einer so instabilen Situation ergeben, wie es die
gegenwärtige ist? Kann man überhaupt eine Apokalypse, die das Schicksal der Menschheit vielleicht für viele Jahrhunderte, wenn nicht für immer
besiegeln würde, als etwas völlig Unwahrscheinliches ausschließen? Wann
und in welcher Form kann eine solche Gefahr ihren Kulminationspunkt
erreichen?

Man könnte eine ganze Skala zukünftiger Szenenbilder entwerfen, von denen viele als plausibel, keines jedoch als sicher erscheinen. Genauso wie die Ungewißheit, in der die heutigen Erdbewohner leben, eine direkte Folge dessen ist, was sie selbst oder ihre Vorgänger getan oder bisher zu tun versäumt haben – bei einer geschichtlichen Prognose ist es nicht so wichtig, wie sich Schuld und Meriten verteilen –, genauso kommt es nun im Hinblick auf die Zukunft nahezu ausschließlich darauf an, was die heutigen Erdbewohner und ihre Nachfahren, alle miteinander, von jetzt ab tun oder nicht tun werden. Die aus allen diesen Überlegungen zu ziehende Schlußfolgerung scheint mir darin zu bestehen, daß die Lage äußerst ernst ist und die Zeit nicht für uns arbeitet, daß wir jedoch noch gewisse Chancen besitzen, unser Schicksal in die eigene Hand zu nehmen – immer vorausgesetzt, daß wir unsere besten Energien für die Bewältigung dieser Aufgabe einsetzen. Wenn uns diese letzte Anstrengung gelingt, glaube ich, daß *die Zukunft der Menschheit innerhalb bestimmter Grenzen so aussehen wird, wie wir alle zusammen sie uns wünschen.* Das Problem wird dann lauten: Wo beginnen? Vor 1900 Jahren vertrat der römische Schriftsteller Columella in einer Abhandlung über den Ackerbau, diesen so wichtigen Lebensbereich, zu Recht die Meinung, daß man dreierlei müsse: wissen, wollen, können. Heute, da der moderne Mensch sich in ein Unterfangen ohnegleichen stürzt, nämlich eine Weltherrschaft zu errichten, kehrt er diese logische Reihenfolge dummerweise um: er kann, will aber noch nicht, da er nicht weiß, was er wollen soll. Diese Rangfolge müssen wir korrigieren. Das erste, was wir unter allen dringenden Dingen tun müssen, ist, die reale Welt und unsere Stellung zu erkennen. Erst dieses Verständnis kann den Willen hervorbringen, der notwendig ist, um die Angelegenheiten der Menschheit zu regeln und unsere Kräfte zu vereinigen, damit wir unseren Marsch wohlbedacht fortsetzen können.

III Einige ungewöhnliche Unternehmen

Vorbereitungen

Ich sagte schon, daß ich gegen Ende der fünfziger Jahre mich zu fragen begann, ob das, was ich tat, wirklich dem entsprach, was ich zu tun für meine Pflicht hielt. Ich hatte ein erfülltes, glückliches Leben gehabt. Meine Familie, meine Kinder waren gesund, gut versorgt, und ich glaubte, mich weiterhin um ihre Zukunft kümmern zu können. Bei meiner beruflichen Tätigkeit hatte ich schon als junger Mann verantwortliche Positionen innegehabt, hatte gelernt, verschiedenartige Probleme zu erkennen und anzupacken oder Menschen, Mittel und Programme zu organisieren, um bestimmte Ziele zu erreichen. Jedoch war ich zutiefst besorgt über die allgemeine Lage, hegte die Befürchtung, daß uns allen überall Perioden voll von großen Schwierigkeiten bevorstünden, in den armen Regionen wie auch in den Industriezonen der Welt.

Ich hatte das Alter erreicht, von dem man, wenn ich mich nicht irre, zu sagen pflegt, es sei das fünfte: das Alter des Nachdenkens, der Meditation. Doch ich war noch voller Energie und Tatkraft, zudem ausgestattet mit der Mentalität und den Attributen eines Managers, weshalb ich mir einen Denkprozeß nicht ohne zugehörige Aktion vorstellen konnte. Im Gegenteil, ich spürte – so wie sich diese Welt abzuzeichnen begann und da ich mir dessen bewußt war, wieviel noch zu tun übrigblieb –, daß nunmehr alles schnellstens in die Tat umgesetzt werden müßte. Ideen, und mögen sie noch so richtig sein, sind wertlos, wenn ihnen nicht die praktische Anwendung folgt. Auf meinen Reisen und dank meiner Tätigkeit in rund hundert Ländern hatte ich erkannt, wie unglaublich schlecht die menschlichen Angelegenheiten verwaltet werden. Es war völlig klar, daß man sie ohne besondere Mühe klüger und effizienter betreiben konnte.

Ich war erschüttert angesichts der erbärmlichen, hoffnungslosen Lebensbedingungen in einigen besonders rückständigen Zonen des Mittleren Ostens und Asiens. In einem der ärmsten Notstandsgebiete erlebte ich, wie die karge Ernte in fünf gleiche Teile geteilt wurde. Einen Teil erhielt der Grundbesitzer, dem nicht nur das Land, sondern auch ganze Dörfer gehörten. Da auch das Wasser sein Eigentum war, gebührte ihm in dieser

Eigenschaft ein zweites Fünftel der Produkte. Sodann hatte er Anrecht auf zwei weitere Teile, weil auch die Lasttiere und die von den Landarbeitern benutzten primitiven Geräte sein Eigentum waren und er das Saatgut lieferte. Für die Familien, die die tatsächliche Arbeit leisteten, verblieb deshalb nur der fünfte und letzte Teil der Ernte – und das waren ihre einzigen Einkünfte.

Unnütze internationale Hilfe

Mir war klar, daß derartige extrem ungerechte Zustände nicht endlos andauern konnten, ohne den Widerstand der Unterdrückten herauszufordern – was zum Sturz des Systems führen mußte, das so etwas duldete. Übrigens hätte keine ausländische Hilfsmaßnahme vermocht, das Los dieser Menschen rechtzeitig zu verändern. Ich sage das, weil man damals noch große Hoffnungen auf die internationale Hilfe setzte – die wirklich als eine gute Tat gedacht war – und in ihr eine Möglichkeit sah, Ressourcen für eine raschere Modernisierung und Entwicklung entfernter Länder zu transferieren. Die Hilfsaktionen erschienen wie ein billiges Allheilmittel; ich erinnere mich, daß mit der Sache befaßte Leute sagten, die Schutzmaßnahmen einer ganzen Familie gegen die Malaria in Asien würden weniger kosten als ein Haarschnitt in New York. Viele Amerikaner und viele Europäer glaubten damals ernsthaft, daß die reichen Länder mit geringen Anstrengungen ganze Wunder vollbringen könnten. Also käme es darauf an, den wohltätigen Akt zu vollziehen – und basta. Doch wie viele Menschen, gerade auch solche, die vor der Malaria oder anderen Krankheiten gerettet wurden, hatten keine andere Wahl als ein elendes Leben in Hunger, Unwissenheit und Erniedrigung!
Ich stellte mir immer wieder die Frage, was getan werden könnte, um wenigstens die schlimmsten Fehler und Schrecken zu mildern, unter denen die menschliche Gesellschaft zu leiden hatte. Eine präzise Antwort fand ich nicht, doch war ich fest überzeugt, daß es möglich sein müßte, für die grundlegenden Probleme der Menschheit neue Methoden zu finden und sie sodann mit größerer Effizienz anzuwenden. Es war mein nachdrücklicher Wunsch, mich für diesen Zweck an einer konkreten Initiative zu beteiligen.
Doch hatte ich mein eigenes Problem in Gestalt meiner Tätigkeit bei Fiat, einer Vollzeitbeschäftigung. Einerseits konnte ich mir nicht erlauben, diese Tätigkeit aufzugeben, andererseits wollte ich über so viel Zeit verfügen, daß ich mein Vorhaben mit einer gewissen Unabhängigkeit verfolgen konnte. Meine Position bei Fiat und meine Beziehungen zu ihrem Chef, Vittorio Valletta, halfen mir, eine Lösung zu finden. Valletta war in gewissem Sinne ein ungewöhnlicher Mann, seine Hingabe an Fiat war total, ähnlich der eines Jesuiten an seinen Orden. Mit den rund 120 000 im Dienst von Fiat verbrachten Stunden seines Lebens hat er die Gesellschaft zu einer der größten Europas gemacht.

Auch ich, der ich in jungen Jahren zu Fiat gestoßen war, habe für diese
Gesellschaft in den entlegensten Winkeln der Welt intensiv gearbeitet,
Verträge ausgehandelt, Märkte erobert, Nachwuchs geschult und Gewinn
angehäuft. Als leitender Mann der Industrie war ich jedoch keineswegs
konformistisch eingestellt; bei den Herren, die wir Kuriendirektoren
nannten, stand ich gewiß nicht im Ruf eines Heiligen. Meine unabhängige Meinung hatte ich schon zur Zeit des Widerstandes bewiesen, später
dann dadurch, daß ich das Fiat-Netz in Lateinamerika ganz und gar nicht
nach dem Muster des Stammhauses aufbaute. Meine Vorstellungen darüber, wie eine Firma in moderner Weise zu leiten sei, gingen für ein solides, aber konservatives Direktorium wie das von Fiat vielleicht ein wenig
zu weit, waren zu wenig orthodox. Einige meiner Kollegen wären sicher
froh gewesen, mich loszuwerden, doch Valletta wollte – vielleicht um die
übrige Organisation anzustacheln –, daß ich blieb, wenngleich weit weg
vom Turiner Hauptquartier. Wir sprachen ganz offen darüber; schließlich fiel es uns nicht schwer, uns zu einigen: Ich sollte meine Tätigkeit bei
Fiat weiterhin ausüben, jedoch über einen angemessenen Teil meiner Zeit
für andere Dinge, die nicht in Konkurrenz zur Firma stünden, frei verfügen dürfen.
Diese Absprache galt auch unter Vallettas Nachfolger Giovanni Agnelli,
dem Erben aus der Familie, die Fiat kontrolliert. Wäre er drei oder vier
Jahrhunderte früher zur Welt gekommen, hätte er mit seinem scharfen
Intellekt und seiner gesunden Neugier gut zu den fürstlichen Mäzenen des
Rinascimento gepaßt. Da er ein Mann mit vielfältigen Interessen ist, die
ihn in alle Winkel der Welt geführt haben, fiel es ihm nicht schwer, mein
Problem zu verstehen. Ihm und Fiat, aber auch Italconsult, die sich den
bestehenden Abmachungen angeschlossen hat, danke ich sehr für die mir
gewährte Freiheit, eine unerläßliche Freiheit für meine Tätigkeit von
mehr allgemeiner Art, die ich sonst nicht hätte ausüben können. Es dauerte
eine gewisse Zeit, bis diese Vereinbarungen wirksam werden konnten,
doch nachdem ich mein ursprüngliches Ziel erreicht hatte, konnte ich endlich daran gehen, zu überlegen, wie meine Vorstellungen zu verwirklichen wären.

Adela: Mehr Mission als Geschäft

Eine Gelegenheit bot sich mir eines Tages gegen Ende 1962, als zwei pro-
gressistische amerikanische Senatoren, Hubert H. Humphrey und Jacob
K. Javits, die nach praktischen Mitteln zur Wiederankurbelung der Privatinitiative in Lateinamerika suchten, mich fragten, ob ich nicht die Leitung eines solchen Projekts übernehmen wollte. Mich faszinierte der
Gedanke, neue Entwicklungsmethoden für einen ganzen Kontinent zu finden, wenngleich es mich anfangs störte, daß der Nachdruck auf der Pri-

vatinitiative liegen sollte. Ich war seit jeher auf diesem Gebiet tätig gewesen, doch hatte ich mir niemals die Meinung zu eigen gemacht, daß privates Unternehmertum als solches mit guter Wirtschaftsführung gleichzusetzen wäre. Und noch viel weniger war ich überzeugt, daß die beste Lösung zur Wiederankurbelung einer in Schwierigkeiten geratenen Wirtschaft ausgerechnet darin bestehen sollte, dem privaten Sektor freie Fahrt zu geben.

Ich wies darauf hin, daß es in Italien vielleicht mehr als in jedem anderen Land mit freier Marktwirtschaft möglich sei, die jeweiligen Vorzüge der privaten, staatlichen und gemischten Unternehmen zu vergleichen. Schon seit geraumer Zeit kontrollierten in unserem Land staatliche Firmen oder Firmen mit staatlicher Beteiligung breite Sektoren der Wirtschaft, angefangen von der Eisenbahn über die Fluglinien bis hin zu den sonstigen größeren Dienstleistungsbetrieben, von der Eisenindustrie zu den Schiffswerften, von den Banken zur Erdölindustrie; außerdem besaßen sie starke Beteiligungen am Bergbau, in der chemischen, der Lebensmittel-, Zement- und Bauindustrie sowie im Maschinenbau. Ihr Anteil an der Wirtschaft und ihr Beitrag zum Bruttosozialprodukt waren im Zunehmen begriffen. Ich sagte ferner, daß ein staatlich kontrolliertes Unternehmen, genau wie ein privates, mit Gewinn arbeiten müsse und daß es, ebenfalls wie ein privates, so geführt werden müsse und könne, daß es leistungsfähig bleibe. Nicht immer würden die ökonomischen Resultate diesen Erwartungen entsprechen, doch pflege so etwas auch bei privaten Unternehmen vorzukommen; Fälle, wo der Erfolg trotz guter Initiativen ausgeblieben sei, könne man gleichfalls aus beiden Bereichen zitieren. Ich fügte noch hinzu, ich wäre der Meinung, daß beide Unternehmenstypen entsprechend den jeweiligen Umständen ihre Funktion erfüllten und ihre Verdienste hätten und daß ich nicht zu den Verfechtern dieser oder jener Seite gezählt werden möchte.

Der Vorschlag der amerikanischen Senatoren

Dessenungeachtet interessierte mich das von den beiden Senatoren befürwortete Projekt ganz außerordentlich, obschon es der Privatinitiative galt. Beispielsweise hätte es ein guter Prüfstein für die effektive Verfügbarkeit örtlichen Privatkapitals bei industriellen Initiativen in Lateinamerika sein können. Tatsächlich wurde solches Kapital in vielen Fällen, wo es daheim nötiger gewesen wäre, in der Hoffnung auf sichere und gewinnbringendere Investitionen oder aber aus Gründen der Steuerflucht oder wegen günstiger Wechselkurse nach Europa oder Nordamerika transferiert. In den Fällen, wo dieses Kapital daheim investiert wurde, war jedoch der Anlaß dafür meist spekulativer Art, und es waren alle Mittel recht, um sich Anlagegewinne zu sichern, die durch tarifliche oder andere Barrieren so abgesichert waren, daß sie jede ausländische Konkurrenz fernhielten.

Der ausgeprägte wirtschaftliche Nationalismus Lateinamerikas ist zum
Teil eine Folge dieser protektionistischen Mentalität des örtlichen Kapi-
tals (um ehrlich zu sein, nicht nur im privaten, sondern auch im öffentlichen Sektor) und der untauglichen Industriestruktur, die er hat aufkommen lassen. Daher dachte ich, daß der Zustrom von echtem Risikokapital
ausländischer Herkunft zur Förderung von Unternehmen in einem gesunden Konkurrenzkampf vielleicht eine heilsame Wirkung haben könnte;
beispielsweise hätte er innerhalb der lokalen Industrie Modernisierungs-
und Rationalisierungsprozesse einleiten, daneben aber auch einen psychologischen Effekt haben können, indem er zur Rückholung von Kapital aus
dem Ausland ermutigte.
Ebenso verlockend erschien mir die Möglichkeit, die kurzsichtige, sterile
Einstellung mancher Finanz- und Industriekreise Europas und Amerikas
zu beeinflussen: Bislang war es so, daß sie zwar lauthals verkündeten,
Lateinamerika müsse seine engen Bindungen an den Westen beibehalten,
doch taten sie nichts dafür, sofern sie nicht die Gewißheit hatten, außergewöhnliche Gewinne zu erzielen und ihre Investitionen in Rekordzeiten
zu amortisieren. Oft traten in ihrem Namen Abenteurer auf, die mit Be-
stechungen und phantastischen Versprechungen die unwahrscheinlichsten
Betrügereien begingen, was letzten Endes die nationalistische und chauvi-
nistische Stimmung, die ohnehin schon in weiten Kreisen der Öffentlichkeit jener Länder vorherrschte, nur noch weiter anheizte.
Aus diesen Gründen übernahm ich die Verantwortung für das Projekt,
wobei mir ein Nordamerikaner und ein Südamerikaner zur Seite standen.
Allerdings hatte ich nicht die Absicht, mich für lange Zeit zu binden. Deshalb kamen wir überein, daß ich die Grundzüge des Projekts entwerfen,
die Richtlinien für seine Ausführung skizzieren und das erforderliche An-
fangskapital beschaffen sollte; danach sollte mein Auftrag als erledigt gelten, und man würde eine andere Person mit der Leitung des Unternehmens betrauen. In Wirklichkeit blieb ich dann jedoch zehn Jahre in den
Diensten des Unternehmens. Da ich mir der außerordentlichen Schwierigkeit der Aufgabe, die ich hier übernahm, bewußt war, machte ich von Anfang an klar, daß ich keinerlei Entschädigung wünschte, dafür aber ganz
unabhängig nach meinen eigenen Vorstellungen vorgehen wollte.
Für mich stand fest, daß Lateinamerika unbedingt kräftige Spritzen
echten Risikokapitals brauchte, womit eine entsprechende Technologie,
das Know-how und eine leistungsfähige Führungstechnik Hand in Hand
zu gehen hatten; gleichzeitig war mir jedoch ebenso klar, daß dies alles
nicht ausreichen würde. Ich kannte den ganzen Kontinent nur allzu gut
und wußte, wie wichtig es war, einer internationalen Kooperation wie der
hier beabsichtigten neue Wege zu eröffnen. Jedoch stand ebenso fest, daß
neue Ideen erforderlich waren, um sie begehbar zu machen und mit der
Zeit den Erfolg zu garantieren.
Die Lösung, die sich hier aufzudrängen schien, war nie vorher erprobt,

ja nicht einmal erörtert worden. Sie bestand in der Gründung einer auf Zusammenarbeit mehrerer Kontinente basierenden Investitions- und Führungsgesellschaft. Ihr Hauptzweck sollte die Mobilisierung von Finanzierungsmitteln, von Technik und Erfahrungen in allen Industrieländern sein, um diese sodann in Lateinamerika einzusetzen und den privaten Sektor der dortigen Wirtschaft zu stärken und zu entfalten. Obwohl eine solche Idee ganz gewiß nicht zu den traditionellen Grundzügen des privaten Unternehmertums paßte, gelang es uns dennoch, ein so überzeugendes Programm vorzulegen, daß es von einer ersten Gruppe Großfirmen, die man in ihrer Eigenschaft als Aktionäre zur Teilnahme eingeladen hatte, für akzeptabel erachtet wurde. Somit konnte zwei Jahre nach dem ersten Kontakt mit den Senatoren Javits und Humphrey die Initiative zur Gründung der Gesellschaft Adela (ein Akronym aus Atlantic Development of Latin America, Atlantische Entwicklung Lateinamerikas, ergriffen werden. Seitdem ist die Geschichte der Adela eine Geschichte von Erfolgen.

Grundsätzlich neu bei dieser Gesellschaft war ihre Form und Struktur als *Unternehmen mit Kollektivcharakter*. Ihr Kapital verstand sich als ein Mosaik relativ kleiner Anteilsaktien, die von einer großen Anzahl erstrangiger Industrie- und Finanzorgane aus den verschiedensten Bereichen, aus diversen Ländern Westeuropas, den USA, Kanada und Japan gezeichnet wurden, denen sich nach und nach auch lateinamerikanische Länder anschlossen. Alle Aktionäre konnten sich an der Adela nur auf Gleichheitsbasis beteiligen, wobei es jedem freigestellt blieb, das eigene Geschäft auch in Konkurrenz zur Adela weiterzubetreiben. Im Prinzip sollte die Adela so etwas wie das Symbol eines gemeinsamen Interesses an der Intensivierung von Aktivitäten, ähnlich den Interessen der einzelnen Aktionäre, in Lateinamerika werden, wobei klar war, daß eine solche Intensivierung weder durch örtliche Initiative noch durch eine ausländische Gesellschaft allein hätte betrieben werden können.

Gewinnstreben im öffentlichen Interesse
Das *öffentliche Interesse* als Zweck der Gesellschaft war eine weitere Innovation, die die Adela auszeichnete. Ohne auf Gewinnstreben und eine streng pragmatische Führung zu verzichten, was von einem privaten Unternehmen nicht zu trennen ist, hatte sich die Adela das Ziel gesetzt, mit einem wachen Sinn für soziale und internationale Verantwortung zu agieren. Deshalb wurde als Adela-Richtlinie bestimmt, daß die Gründung neuer Unternehmen wie auch die Erweiterung bestehender stets unter Berücksichtigung der Programme und der nationalen Politik der jeweiligen Gastgeberländer und möglichst auch im Hinblick auf Projekte mit nationaler Priorität erfolgen sollte. Diese Regelung galt auch für alle anteilmäßigen Aktienbeteiligungen der Adela, die ja den Zweck verfolgten, lokale Interessen in den einzelnen Firmen zu fördern, und die deshalb

möglichst in der Minorität bleiben sollten; Hand in Hand damit sollten technische Leistungen sowie eine Unterstützung beim Management und in der Programmierung gehen.
Das war eine deutliche neue Sprache. Es war alles andere als leicht, Geschäftsleute, die bislang gewohnt waren, ihre eigenen Ideen durchzusetzen, nun dahin zu bringen, daß sie diese Sprache akzeptierten. Ich selbst brauchte gut ein Jahr, um in zahlreichen Ländern vierer Kontinente etwa hundert solcher Personen zu kontaktieren. In der Praxis erwies es sich ebenfalls als schwierig, die beiden Ziele miteinander zu verbinden, nämlich einmal den allgemeinen sozio-ökonomischen Fortschritt zu fördern und gleichzeitig die Bilanzen positiv abzuschließen. Glücklicherweise schaffte es die Adela, beide Ziele zu erreichen, nachdem die für so viele Teile Lateinamerikas typischen politischen und wirtschaftlichen Hindernisse überwunden waren. Erst vor kurzem fand die Adela Anerkennung als erfolgreichste internationale Finanzierungs- und Entwicklungsgesellschaft.
Indem sie ihren Leitkriterien gerecht wurde, ist die Adela »multinationaler« als jedes andere Unternehmen. Zur Vermeidung von Pressionen durch eine beliebige Regierung wurde als Sitz der Gesellschaft Luxemburg gewählt, ein Land, das in dieser Hinsicht an einer Politik der Nichteinmischung festhält. Die Aktionäre, über 230 an der Zahl, sind Großfirmen und Finanzinstitute aus 23 Ländern. Das Gesellschaftskapital ist offen für die Beteiligung neuer Aktionäre, jedoch wird auf eine Verteilung geachtet, die verhindern soll, daß irgendeine Gruppe entscheidenden Einfluß auf die Geschäfte der Gesellschaft gewinnt. Um zu demonstrieren, wie sehr sie die Prinzipien der Adela unterstützen, lassen sich die Aktionärsgesellschaften durch ihre höchsten Persönlichkeiten repräsentieren; darum ist der Adela-Vorstand nahezu ein »Gotha« der großen Geschäftswelt. Mit den größten Vollmachten ausgestattet ist das Direktorium der Gesellschaft, das sich ebenfalls aus Angehörigen verschiedener Nationalitäten zusammensetzt und seine Tätigkeit über weitgehend autonome regionale Einheiten ausübt, die über den ganzen Kontinent verteilt sind und in voller Übereinstimmung mit den lokalen Bedürfnissen agieren.
Als Ziel der Adela wurde von Anfang an bestimmt, daß sie als Katalysator wirken und ihr Kapital hauptsächlich als Multiplikator einsetzen sollte. Dieses Kapital ist relativ niedrig, nur wenig mehr als 60 Millionen Dollar. Trotzdem hat sich die Adela innerhalb von zehn Jahren direkt in die Entwicklung von mehreren hundert Unternehmen der verschiedensten Branchen, von der Landwirtschaft bis zur Industrie und vom Handel bis zum Tourismus, eingeschaltet, Investitionsgelder in Höhe von zwei Milliarden Dollar mobilisiert und zur Schaffung von 250 000 neuen Arbeitsplätzen beigetragen. Die Adela hat außerdem andere Entwicklungsinitiativen unterstützt, die ihrerseits das Investitionsvolumen schätzungsweise um weitere sechs Milliarden Dollar vergrößert haben.
Trotzdem liegt die Bedeutung der Gesellschaft nicht in diesen Zahlen, so

eindrucksvoll sie auch sein mögen, sondern in dem gelieferten Beweis, daß es Möglichkeiten gibt, die Funktion und die Aktivität der Privatinitiative in einer sich verändernden Welt neu zu beleben, wenn nicht gar neu zu entdecken. Als Mitbeteiligter an der Gründung und Mitglied des Exekutivkomitees nahezu ohne Unterbrechung während dieser zehn Jahre darf ich mit einer gewissen Befriedigung auf den Beitrag zurückschauen, den ich für dieses neuartige Unternehmen habe leisten können.

Die nächsten zehn Jahre werden jedoch sehr viel härter und – wie viele andere Dinge – für die Adela vielleicht entscheidend sein. Ernst Keller, bislang das eigentliche, tatkräftige Haupt der Adela, hat festgestellt, daß »Lateinamerika bald aus Industrieländern, aus Entwicklungsländern und aus minimal entwickelten Ländern bestehen wird. In diesem zweiten Jahrzehnt wird es unendlich wichtiger sein vorauszusehen, was künftig geschehen wird, und zu überlegen, was, wo, wann und von wem getan werden muß, weil in der Welt und in Lateinamerika sich alles verändern wird, sowohl die allgemeinen Verhältnisse wie auch die Lebensweise und die wirtschaftlichen Bedingungen«. Wenn sie ihre nützliche Funktion weiter ausüben will, muß sich auch die Adela ändern, sie muß flexibel werden, stets neue Formen und Methoden entwickeln, um ihre Aktivität auszudehnen, um eigene und fremde Ideen, Technologien und Kapital produktiv einzusetzen in Übereinstimmung mit den neuen Situationen, die Zug um Zug in den mehr als zwanzig Ländern ihres Tätigkeitsbereiches entstehen werden.

Das sind jedoch nur Facetten eines viel umfangreicheren Problems, das neu überdacht werden muß: nämlich die Nützlichkeit und die Rolle des privaten Wirtschaftsunternehmertums in einer heterogenen, jedoch wechselseitig immer abhängigeren, integrierten Welt. Es wird nur dann überleben und sich als wirklich nützlich erweisen können, wenn es erfinderische Phantasie und Kreativität aufbringt, um den Erfordernissen und Ansprüchen einer sich rasch entwickelnden Gesellschaft gerecht zu werden, und wenn es hierbei die Interessen der Gemeinschaft vor die eigenen stellt – und nicht umgekehrt. Die Adela-Formel mag lediglich als Muster für alles das dienen, was auf internationaler Ebene getan werden kann; ganz gewiß kann und muß man sich viele andere Gesellschaftsmodelle oder Realisierungsmöglichkeiten vorstellen. Das Menschheitssystem und die jeweiligen Umstände sind so reich an Varianten, daß es ein verhängnisvoller Irrtum wäre, zu meinen, Standardlösungen wären überall anwendbar, ohne Rücksicht auf Präferenzen oder Idiosynkrasien des betreffenden Landes. Strukturen und Handlungsprinzipien einfach und stur dem Adela-Modell abzuschauen, um sie anderweitig anzuwenden, wäre ein krasser Fehler. Den Beweis dafür liefert die Tatsache, daß analoge, für Südostasien oder Afrika geschaffene Gesellschaften einen wesentlich geringeren Erfolg verzeichneten.

Überprüfung der Funktion der Privatwirtschaft
Ich möchte nicht unerwähnt lassen, daß vor kurzem der Gedanke ins Spiel
gebracht wurde, eine Art »globale Adela« zu schaffen. So ungewöhnlich
diese Extrapolation auf den ersten Blick erscheinen mag, verdient der
Vorschlag doch, daß man sich mit ihm befaßt: Er könnte manchen im
internationalen Bereich tätigen Wirtschaftler veranlassen, sich mit der
konkreten Notwendigkeit von Innovationen zu befassen, neue Lösungen
jenseits der gewohnten, nun nicht mehr ausreichenden oder benutzbaren
Geleise zu suchen. Gegenwärtig ist man dabei, eine neue Weltwirtschaftsordnung zu prüfen und über sie zu verhandeln. Eine organische Reform
der heutigen unzureichenden und schlecht funktionierenden Ordnung und
damit verbunden die Erstellung eines Generalplans, um die Industrie-
und Landwirtschaftsproduktion im Weltmaßstab auf eine vernünftigere
Basis zu stellen, ist nach meiner Meinung unbedingt erforderlich. Um
realistisch und leistungsfähig zu sein, muß eine solche Ordnung, beziehungsweise ein solcher Plan auf jeden Fall berücksichtigen, daß die Rolle
des privaten Unternehmertums in zahlreichen Sektoren der Wirtschaft
und in vielen Regionen unserer Welt noch auf viele Jahre hinaus nicht zu
ersetzen ist. Andererseits muß jedoch der private Wirtschaftssektor, wenn
er seinen Funktionen innerhalb der Gesellschaft gerecht werden und
gleichzeitig die eigenen Ziele aussichtsreich verfolgen will, sich neu struk-
turieren, muß durchsetzen, daß sein Tätigkeitsfeld, sein Zweck und seine
Funktionsweise besser definiert werden. Ich glaube, daß es dem privaten
Unternehmertum selbst obliegt, initiativ zu werden und zu überlegen, wie
es sich entwickeln muß, um mit der Entwicklung der Gesellschaft und den
Forderungen Schritt halten zu können, die diese voraussichtlich erheben
wird.

Die Metamorphose der Multinationalen

Während meiner langen Jahre in leitender Position bei Großunternehmen
habe ich allmählich eine Erkenntnis gewonnen, die mir wie eine doppelte,
wenngleich widersprüchliche Binsenwahrheit erscheint: *Die Existenz
supranationaler Unternehmen ist mittlerweile genauso unvermeidlich wie
notwendig;* andererseits *werden die sogenannten multinationalen Gesellschaften in ihrer gegenwärtigen Form immer weniger akzeptabel. Dieses*
Problem muß gelöst werden, obschon es noch komplizierter ist als jenes,
das zur Gründung der Adela führte, und eingehende Untersuchungen,
mehr Einfühlungsvermögen und auch mehr Mut voraussetzt. Wenn es
jedoch gelingt, es auf seine einfachste Form zurückzuführen, glaube ich,
daß es nicht unmöglich sein sollte, den Weg zu sinnvollen und machbaren
Lösungen zu finden.
Vor allem müssen einige Startfehler vermieden werden. Dazu gehört
gleich eingangs der Hinweis, daß – im Gegensatz zu weitverbreiteten

Meinungen – die Ausübung einer Geschäftstätigkeit gleichzeitig in mehreren Ländern durchaus kein Vorrecht von Privatfirmen ist. Es gibt bereits Multinationale unter staatlicher Kontrolle oder unter gemischter, das heißt staatlicher und privater, Kontrolle. Zum Beispiel sind die Erdölgesellschaften mancher Länder (die ENI ist vielleicht die bekannteste), alle bedeutenden italienischen und ein Großteil der französischen Banken, Renault, Alfa Romeo, British Leyland, Volkswagen und andere Industrien, die im allgemeinen als multinational gelten, alles andere als Privatunternehmen. Es wäre interessant, eine Liste aller in der Welt existierenden nicht privaten Multinationalen aufzustellen.

Demnächst wird es die Multinationalen der erdölexportierenden Länder geben. Es ist absolut logisch, daß deren Investitionsbanken und vielleicht auch einige ihrer Unternehmen die verfügbare ungeheure Summe an Petrodollar dazu benutzen möchten, ihre Aktivitäten und Beteiligungen international zu streuen. Natürlich können manche dieser Banken oder Unternehmen nicht als privat gelten, zumindest nicht im herkömmlichen Sinne dieses Wortes. Die Wahrscheinlichkeit spricht doch dafür, daß einige dieser Institutionen Ländern mit einer sozialistischen Wirtschaft, andere wiederum solchen Ländern gehören, wo der Staat direkt die Souveränität ausübt. Ebenso ist damit zu rechnen, daß gewisse sowjetische oder jugoslawische Staatsunternehmen zu »Multis« werden, womit die Theorie platzen würde, daß diese Sorte Unternehmen ein charakteristisches Produkt der neokapitalistischen Gesellschaft sei.

Allerdings ist der Begriff »multinational« unzutreffend und irreführend. Man hat viel debattiert und sich in Spitzfindigkeiten darüber verloren, wann ein Unternehmen als multinational zu gelten habe. Immerhin ist festzustellen, daß zur Definition eines jeden Unternehmens oder einer Bank eine spezifische Nationalität gehört, da sie eine juristische Person des Landes darstellt, in dem sie gegründet wurde. General Motors, SKF, Siemens, Fiat, Olivetti, Rhône Poulenc, Alcan, Ciba-Geigy, Nestlé, Hitachi, Toyota, ICI, Chase Manhattan Bank oder Royal Bank of Canada gelten gemeinhin als multinational; jedoch sind sie in vollem Sinne auch Unternehmen oder Banken einer bestimmten Nationalität, obwohl sie bedeutende Aktivitäten auch in anderen Ländern ausüben. Daß dies im allgemeinen über Tochtergesellschaften geschieht, die in den Ländern der Geschäftsausübung etabliert werden, ist wichtig, aber nicht entscheidend. Im übrigen sind die da oder dort angewandten Kriterien, nach denen eine Firma als multinational zu gelten habe oder nicht, im Grunde willkürlich, so zutreffend sie auch sein mögen.

Die Sünden der Multinationalen

Lassen wir die Wortklauberei: Die prinzipielle Kritik an den Firmen, die über die eigenen Landesgrenzen hinaus expandieren, ist wohlbekannt. Einmal heißt es, sie seien zu satt und zu mächtig geworden, um noch gute

Partner oder gute Bürger kleiner Länder sein zu können. Eine andere
Kritik besagt, daß selbst dann, wenn diese Firmen als gute Bürger in
allen Ländern ihres Geschäftsbereiches erscheinen möchten und ihnen das
auch gelingt (was schließlich auch in ihrem langfristigen Interesse liegt),
doch immer noch die Tatsache bestehen bleibe, daß die definitiven Entscheidungen für die gesamte Gruppe von einem einzigen Ort aus getroffen
werden. Dieser Ort sei das Stabsquartier des Stammhauses, das sich notwendigerweise nach der Politik des Landes zu richten habe, in dem es
seinen Sitz hat. Folglich, so wird weiter argumentiert, müsse im Fall von
Krisen oder Interessenkonflikten zwangsläufig die Multinationalität aus
den Multinationalen verschwinden. Man muß zugeben, daß es bei der
gegenwärtigen Weltordnung oder auch mit jener, die die Entwicklungsländer praktisch vorschlagen, nicht möglich ist, diese gordischen Knoten
zu zerschlagen, ohne den Beitrag, den dieser Typ Unternehmen zum modernen Leben leistet, drastisch einzuschränken.
Für eine vernünftige, meinetwegen auch nur vorübergehende Lösung muß
das Problem in seinem realen Zusammenhang gesehen werden, das heißt
in der Summe aller Produktivaktivitäten. Trotz der großen Bedeutung,
die diesen zu Recht beigemessen wird, sind sie gegenwärtig willkürlich
und irrational über den ganzen Erdball verstreut und werden mit unge-
heurem Aufwand, unsystematisch und mit geringem Nutzeffekt gesteuert.
Ich habe bereits auf die schweren Folgen einer derart konfusen, wider-
sinnigen Führung hingewiesen; jetzt muß ich hinzufügen, daß das gesamte globale Produktiv-Establishment – dieser Jahrhundertpfeiler der
menschlichen Gesellschaft – von Grund auf reformiert und rationalisiert
werden muß, wenn wir nicht erleben wollen, daß seine Führung nicht
mehr einfach nur schlecht ist, sondern ganz und gar Schiffbruch erleidet.
Man muß berücksichtigen, daß neue fundamentale Erfordernisse, die bisher nicht existierten oder nicht wahrgenommen wurden, nun mit Nachdruck in Erscheinung treten. Es genügt der Hinweis auf die Notwendigkeit, die Bedürfnisse und Erwartungen der vier Milliarden Menschen, die
die Erde heute bevölkern, und aller anderen, die morgen hinzukommen
werden, zu befriedigen. Da ist ferner die Notwendigkeit, allen Arbeits-
willigen eine Chance zu geben, sich als nützlich zu erweisen, die Notwendigkeit, mit den vielleicht schon morgen knapp werdenden Weltreserven
äußerst sparsam umzugehen, und die Notwendigkeit, die Natur und ihre
verwundbarsten Ökosysteme sehr viel wirksamer zu schützen. Dies alles
setzt eine grundlegende Revision unserer gesamten Produktivstruktur
voraus, angefangen bei ihren eigenen Prinzipien und Zielen.
Eines steht fest: Betrachten wir diese Materie noch einmal in ihrem ganzen
Umfang, so müssen wir uns sagen, daß das Produktivvorhaben der
Menschheit von nun an nur mehr im Weltmaßstab gesehen werden kann.
In der Praxis wird die uns durch die Lage selbst aufgezwungene Entwicklung zu diesem Ziel hin lang, umständlich und umstritten sein. Ich beab-

sichtige keineswegs, hier darüber zu diskutieren; jedoch möchte ich auf den schwerwiegenden Widerspruch hinweisen, der darin besteht, daß in der Epoche der Weltherrschaft des Menschen der Jahrhundertpfeiler der Gesellschaft nun urplötzlich auf einem nationalen oder regionalen fragmentarischen Fundament ruht. Wird an diesem Zustand nichts geändert, so wird es zur Befriedigung der Bedürfnisse einer an Zahl immer größeren und anspruchsvolleren Weltbevölkerung Mal um Mal mühsamerer Anstrengungen bedürfen, und die Wahrscheinlichkeit, daß diese zum Erfolg führen, wird immer geringer.

Die Vorzüge der Multinationalen
Optimale Ausnutzung der Reserven, Verlegung der einzelnen Produktionsvorgänge an Orte, wo sie am wirkungsvollsten gesteuert werden können, Operationen in der jeweils passenden Größenordnung, Standardisierung der Produkte, Wiederverwendung der Abfälle, auf größtmögliche Einsparungen ausgerichtete Verteilerorganisationen und vor allem kluger Einsatz der Arbeitskräfte und der Talente, wo immer diese verfügbar sind – all dies zusammen ist doch nicht mehr als das, was die bestorganisierten Multinationalen in ihrem eigenen Aktionsbereich sich zu tun bemühen; und man kann nicht einmal behaupten, daß es sich um ein Geheimnis handle; denn hier finden Prinzipien, Praktiken und Prozeduren Anwendung, die von den Multinationalen selbst ausführlich illustriert, ja propagiert werden. Das sind Organisationskriterien, die inzwischen zu einem unerläßlichen Bestandteil des globalen Produktivsystems geworden sind. Jede Verzögerung bei ihrer Anwendung macht dieses System nur noch komplizierter und unzureichender und erschwert damit die Lage der ärmsten Bevölkerungsgruppen.

Während jedoch die multinationalen Konzerne sich beeilten, diese Summe von Kriterien und Normen zu übernehmen (man kann sogar sagen, daß ihr Aufstieg eine direkte Folge davon ist), hat sich das politische System der auf sich selbst bedachten Nationalstaaten als unfähig erwiesen, das gleiche zu tun (es ist schon aus Verfassungsgründen nicht in der Lage, seine rettungslos veralteten motorischen Prinzipien, die ihm eine solche Flexibilität nicht gestatten, zu ändern). Es mißachtet nicht nur die durch die Verhältnisse geschaffene Globallogik, sondern spricht selbst langfristig auf keinerlei Motivierung an. Deshalb hat ein Mann, der sich mit dieser Materie befaßt, der Ökonom Peter F. Drucker, festgestellt, daß »zum ersten Mal in vier Jahrhunderten ... die politische Einheit, nämlich das Territorium, und die ökonomische Einheit nicht mehr deckungsgleich sind – was verständlicherweise als eine Bedrohung der nationalen Regierungen erscheinen muß«.* Kollisionen zwischen dem national gebliebenen

---

* Drucker, P. F., *Die Multinationalen und die Entwicklungsländer – Mythen und Realitäten.* Studie 1975, erschienen aus Anlaß des zehnjährigen Bestehens der Adela.

Staat und dem multinational gewordenen Unternehmen sind unvermeidlich, wie zahlreiche Debatten in jüngster Vergangenheit nachhaltig bewiesen haben.
Das Resultat solcher Kollisionen ist ungewiß. Einige Analytiker prophe-
zeien lauthals eine von ein paar hundert gigantischen Unternehmen be-
herrschte Welt – wobei vor meinem Auge das Zeitalter der Dinosaurier in
ökonomischer Version erscheint. Drucker dagegen nimmt an, daß die Multinationalen sich innerhalb eines Jahrzehnts in Schwierigkeiten befinden
und vielleicht sogar verschwinden werden – was nach meiner Meinung ein
Vakuum schaffen würde, das im Moment mit nichts aufzufüllen wäre.
Beide Hypothesen wären gleich verhängnisvoll, weil dem ohnehin schon
hartgeprüften Weltwirtschaftssystem weitere tiefe Wunden geschlagen
würden – und die Menschen, in erster Linie die ärmsten unter ihnen, neue
Entbehrungen und Leiden auf sich zu nehmen hätten.
Was ist also zu tun? Vor allem ist eine entschlossene Initiative notwendig,
um die Blockierung zu lösen, um in eine Phase der Evolution und des
konstruktiven Dialogs zwischen nationalem Staat und supranationalen
Unternehmen überzuleiten. Auf den Staat komme ich noch im weiteren
Verlauf zu sprechen; hier interessieren uns die letzteren. Seit nahezu zehn
Jahren bemühe ich mich, allerdings vergeblich, eine Lösung vorzuschlagen,
die mir wenigstens als vorübergehend akzeptabel erscheint. Es handelt
sich um folgendes: Die soziale Verantwortung eines modernen Produk-
tivunternehmens ist von solch entscheidender Wichtigkeit, daß sie nicht
einfach hinter der Gewinnmotivierung zurückstehen kann; gleichzeitig
muß diese jedoch ausdrücklich anerkannt werden. Das erste unabdingbare Attribut eines jeden Unternehmens ist also seine soziale Nützlichkeit, um die herum sodann die Rentabilität geplant werden muß – nicht
umgekehrt. Das bedeutet, daß ein Unternehmen, das in vielen Ländern
präsent ist, sich als fähig erweisen muß, in einer beliebigen Situation in
jedem dieser Länder sozial nützlich zu sein; das aber kann offensichtlich
dann nicht mehr der Fall sein, wenn es sich der Logik und den Befehlen
unterzuordnen hat, die vom Land des Stammhauses aus diktiert werden.

Von den Multinationalen zu den »Internationalen«
Eine Lösung zur Umgehung dieser aus doppelter Unterordnung entste-
henden heiklen Probleme könnte darin bestehen, daß ein supranationales
Statut und ein supranationaler Sitz für Unternehmen mit internationalem
Tätigkeitsbereich geschaffen werden, beispielsweise unter der Ägide der
Vereinten Nationen. Solche Unternehmen wären nicht mehr als nationale
getarnt, sondern sie wären echt anationale oder, wenn man so will, »internationale«, eine Definition, an die ich mich der Einfachheit halber halten
will. Wahrscheinlich würden sich die großen Länder mit freier Marktwirtschaft anfangs einer Umgestaltung widersetzen, da diese ihr Spiel auf
einem international so einflußreichen Instrument, wie es die auf ihrem

Territorium existierenden Multinationalen darstellen, beeinträchtigen könnte; so etwa könnte beispielsweise die Reaktion Großbritanniens, der Bundesrepublik Deutschland, Frankreichs, der Schweiz, Japans, Hollands, Schwedens und vor allem der Vereinigten Staaten aussehen, wo gegenwärtig die meisten dieser Gesellschaften ihren Sitz haben. Es ist jedoch ebenso wahrscheinlich, daß die Entwicklungsländer – von denen viele dringend die technologischen Kapazitäten und das Managertum benötigen, wie sie nur große internationale Gesellschaften zu liefern vermögen – diese Lösung voll unterstützen würden, eine Lösung, die die Multinationalen wenigstens zum Teil von ihrer Erbsünde freisprechen würde. Drucker hat recht, wenn er sagt, daß »das Geschick der Multinationalen, die Produktivprozesse über Ländergrenzen hinweg zu verteilen, wobei sie sich ausschließlich nach der Logik des Weltmarktes orientieren, ein wertvoller Verbündeter der Entwicklungsländer ist. Je rationeller und je globaler die Produktion verteilt wird, desto mehr können sie dabei gewinnen«. Die einzige Hilfsquelle, die ein Unternehmen mit internationalem Charakter nicht über die Grenzen hinweg verpflanzen kann, »ist die Arbeitskraft – und diese ist genau die Hilfsquelle, bei der die Entwicklungsländer im Vorteil sind«, fügt Drucker hinzu.

Ich sehe in der Tat kein anderes Instrument als das von mir vorgeschlagene internationale Konsortium, das imstande wäre, den im Aufstieg begriffenen Nationen einen relativ schnellen und sicheren Weg für die Entwicklung zu zeigen, die sie unbedingt benötigen.

Ich sehe bei diesem Schema auch keine größere Schwierigkeit, sondern eher Vorteile für alle interessierten Partner. Anfangs könnte für eine Mitbeteiligung an der Internationalität ein Optionsrecht eingeräumt werden. Das Statut und die internationalen Verhaltensvorschriften müßten für diese Unternehmen logischerweise gleich sein, ebenso die Richtlinien für die Kontrolle ihrer Einhaltung – sonst wäre wohl kein Unternehmen mit einer Umbildung einverstanden, oder aber es würde kein Land ihnen die Türen öffnen.

Die Zentraldirektionen der »Internationalen« könnten am günstigsten Ort verbleiben, doch wären sie keinen nationalen Pressionen mehr ausgesetzt. Steuern würden wie üblich dort entrichtet werden, wo Gewinn erzielt oder die Geschäftstätigkeit ausgeübt wird. Das multinationale Personal dieser Gesellschaften ohne Nationalflagge könnte sich vielleicht sogar wohler, direkter engagiert fühlen, wie jemand, der an einer von unerwünschten Fesseln befreiten Sache partizipiert. Im Endeffekt glaube ich nicht, daß die Industrieländer, wenn sie es sich genau überlegen, sich einer solchen Lösung ernstlich widersetzen würden; denn sie stellt vermutlich den einzigen Ausweg aus einer Pattsituation dar, die sonst lediglich wachsende internationale Reibungen und weitere Schwierigkeiten für die Weltwirtschaft nach sich ziehen – und damit diesen Ländern erst recht Schaden zufügen würde.

Wie mir scheint, ist also der Augenblick gekommen, daß jemand, der sich
dafür besser eignet als ich, eine gründliche Untersuchung vornimmt, um
die Machbarkeit dieser Idee zu prüfen.

Über eine Formel, die sich von der von mir vorgeschlagenen nicht allzu-
sehr unterscheidet, wird seit Beginn der sechziger Jahre im Hinblick auf
die Gründung europäischer Gesellschaften diskutiert. Vor kurzem hat die
EG-Kommission das Projekt eines Statuts zur einheitlichen Handhabung
solcher Gesellschaften in allen neun Ländern des Gemeinsamen Marktes
vorgelegt. Allerdings müssen noch verschiedene Schwierigkeiten überwunden werden. Dazu gehört das Prinzip der Mitbestimmung, also der Beteiligung der Arbeitnehmer an der Führung des Unternehmens, das als
eines der Hauptcharakteristika der europäischen Gesellschaften im Gespräch ist. Es wird von der Geschäftswelt, aber auch von einem Teil der
Gewerkschaften bekämpft, doch bin ich überzeugt, daß beide es letzten
Endes als ein unabdingbares politisches Erfordernis unserer Zeit akzeptieren werden. Wenn das Gemeinschaftsstatut erst einmal verabschiedet
ist, wird es den deutschen, französischen oder italienischen Gesellschaften
erlauben, europäisch zu werden, ohne daß sie – wie Royal Dutch Shell,
Agfa Gevaert, Pirelli-Dunlop und andere – gleich ein ganzes Labyrinth
durchlaufen müssen, um wenigstens binational sein zu dürfen. Es mag für
manches Unternehmen schwierig sein, die Vorteile einer Europäisierung in
Lire, Francs oder Pfund Sterling zu veranschlagen, doch sind offenbar
auch große Konzerne bereit, die Umbildung einzuleiten. Vor zehn Jahren, noch als Hauptgeschäftsführer bei Olivetti, war ich entschlossen, mich
am Vorabend der betreffenden Tagung auf die Stufen des EG-Palastes in
Brüssel zu setzen, um sicher zu gehen, daß Olivetti als erste Gesellschaft
mit Europa-Statut registriert würde. Leider ist dieser Tag noch nicht an-
gebrochen, wenngleich er nicht mehr fern ist.

Globale Verantwortung der großen Unternehmen

Ein beträchtlicher Teil der Schuld an der oben beschriebenen konfusen
und unbefriedigenden Situation geht zu Lasten der großen Unternehmen
selbst, egal ob private, staatliche oder gemischte. Schon früher hatten sie,
jedes im eigenen nationalen Bereich, nicht vermocht, ihre soziale, ökologische und erzieherische Verantwortung wahrzunehmen. Dieser Fehler
wäre irreparabel, wenn sie jetzt nicht begriffen, daß ihre Verantwortung
inzwischen eine supranationale geworden ist.

Da ist jedoch noch ein anderes Vakuum, das sie ausfüllen müssen, um ihre
Funktion in der gegenwärtigen Gesellschaft voll zu erfassen und entsprechend auszuüben. Wie nie zuvor sind heutzutage *kollektive, koordinierte Anstrengungen notwendig*. Die großen Unternehmen tendieren jedoch dazu, als Einzelgänger aufzutreten. Das ganze Universum schrumpft
für sie zu ihrer eigenen Bilanz zusammen. Es genügt nicht mehr, daß
jedes Unternehmen für sich allein prosperiert und gute Ergebnisse erzielt,

in der Erwartung, daß die anderen es ihm gleichtun. Diese introvertierte, kleinliche Art, die Dinge zu sehen, eignet sich schlecht für eine immer mehr integrierte Wirtschaft in einer immer unabhängigeren Gesellschaft. Der gesamte Erfahrungs- und Informationsschatz, ebenso das Programmierungsvermögen dessen, was ich als Jahrhundertpfeiler der Gesellschaft bezeichne, ist sehr viel größer, zeitnaher und vielfältiger als auf seiten der Regierung; man muß also Methoden und Mittel finden, damit diese Schätze nicht nur einem einzigen Sektor zur Verfügung stehen, sondern daß sie den weitverzweigten Interessen der gesamten Gemeinschaft gerecht werden können.

Es obliegt jedoch den Unternehmen selbst, gemeinsam zu erkennen, was sich bei ihnen intern und auch zwischen ihnen ändern muß, damit sie diesen Weg beschreiten können. Wenn ich sage, daß sich jedes Unternehmen so weit verändern muß, wie nötig ist, um sich den neuen Erfordernissen der Gesellschaft anzupassen, und daß alle für das gemeinschaftliche Wohl mehr zusammenarbeiten müssen, so meine ich damit, daß alle Teile, die das Unternehmen bilden, sich verändern und zusammenarbeiten müssen, Aktionäre genauso wie Geschäftsführer und Direktoren, und sie alle nicht weniger als die Angestellten und Arbeiter, deren Gewerkschaftsorganisationen wiederum nicht weniger als die anderen.

Als Direktor und Geschäftsführer habe ich selbst wiederholt versucht, meine Kollegen zu überzeugen, wie wichtig es sei, zu untersuchen, wie man diese Evolution steuern könne. Im Jahr 1967 wurde mir angetragen, den Vorsitz des Wirtschaftskomitees des Atlantic Institute for International Affairs in Paris zu übernehmen, eine Funktion, die mich ziemlich in Anspruch nahm, da ich sie sechs Jahre lang ausübte. Ich regte gleich zu Beginn an, eine bestimmte Anzahl bedeutender Finanzierungs- und Industrieunternehmen, amerikanische wie europäische, die eine breite Skala von Sektoren repräsentierten, zusammenzubringen mit dem Ziel, eine qualifizierte Studiengruppe zu schaffen, die den Regierungen für die Überwindung der Probleme der modernen Gesellschaft Ideen liefern und Beistand gewähren sollte. Ich wandte mich an einige der bedeutendsten Geschäftsleute der Welt; mir war klar, daß hierbei das Risiko bestand, eine Gruppe ins Leben zu rufen, die Druck ausüben konnte, doch meinte ich, daß das durch den doppelten Vorteil aufgewogen würde, den Behörden bei der Modernisierung ihrer Methoden der Problemanalyse zu helfen und gleichzeitig jenen, die politische Entscheidungen zu treffen hatten, die Geschäftswelt so ausführlich zu zeigen, wie sie sie eben für diesen Zweck kennen sollten. Der Vorschlag kam damals offensichtlich zu früh, er wurde nicht aufgegriffen. Jetzt kehrt er wieder, vielleicht schon ein wenig zu spät.

Nachdem ich so lange in diesem Milieu gelebt und gewirkt habe, möchte ich zusammenfassend sagen, daß die großen Unternehmen vielleicht rascher und mehr als jeder andere Darsteller auf der sozialen Bühne ihr

Selbstverständnis, ihre Rolle, ihre Existenz und Handlungsweise ändern müssen, wenn sie der Gesellschaft und ihren eigenen Interessen dienen wollen. Von einigen wenigen Ausnahmen abgesehen, haben sie die tiefgreifenden und dramatischen Veränderungen, die im Menschheitssystem stattgefunden haben und stattfinden, nicht begriffen oder begreifen wollen. Jedoch verfügen sie, wie ich meine, über außergewöhnliche Möglichkeiten der Innovation und Adaption. Gelingt es ihnen, diese klug einzusetzen, so können sie zu einem positiven Schlüsselelement der dynamischen Veränderungen der Gesellschaft in den bevorstehenden schwierigen Phasen werden. Deshalb sollte keine Mühe gescheut werden, um sie bei der Vollendung dieser Evolution zu unterstützen. Und der erste logische Schritt sollte wohl darin bestehen, zu gewährleisten, daß sich die Multinationalen in echte internationale Unternehmen umwandeln.

IIASA: Zivilisierung der Systemanalyse

Bei einer Reise nach Washington Anfang 1966 fand ich eine neue Gelegenheit, mein Betätigungsfeld zu erweitern. Kurz zuvor hatte ich eine Vortragsreihe über das Thema »Die Herausforderung der siebziger Jahre an die heutige Welt« begonnen, wobei ich auf Argumente einging, die damals keineswegs so selbstverständlich waren wie heute, beispielsweise die weltweite gegenseitige Abhängigkeit, die wachsende Bedrohung, wie sie sich in den Makroproblemen unserer Welt spiegelt, und der fatale Fehler, sie fragmentarisch und improvisiert anzugehen. Vor allem zwei Thesen wollte ich in diesem Zusammenhang hervorheben: Erstens, daß die Zukunft unserer Welt nur mit kollektiven Anstrengungen richtig erkannt und vorbereitet werden könne, wobei auch kommunistische Staaten und Entwicklungsländer in den Prozeß einzubeziehen seien, und daß man unverzüglich zu Taten übergehen müsse. Zweitens, daß die Verwendung von Systemanalysen und anderen modernen technischen Verfahren, bei denen Amerika die Vorhut bildete, absolut unumgänglich sei und daß sie so rasch wie möglich erfolgen solle, um von den umfangreichen und komplexen Problemen des Weltraums und der Verteidigung zu den nicht minder umfangreichen und komplexen, jedoch sehr viel wichtigeren Problemen des alltäglichen und internationalen Lebens überzugehen. Ich trug diese Ideen im State Department und im Weißen Haus vor und verfaßte eine Denkschrift, in der ich nachhaltig empfahl, ein internationales Projekt zur Untersuchung der praktischen Realisierbarkeit zu starten. Das Projekt sollte möglichst nicht politisch sein und unter der Schirmherrschaft von Nicht-Regierungsstellen stehen. Ich betonte, daß der unabhängige Charakter der Initiative gewährleistet wäre, wenn sie beispielsweise von der Ford Foundation gesponsort würde. Vizepräsident Humphrey unterstützte die Anregung nachdrücklich und schrieb an

McGeorge Bundy, den Ex-Berater der Präsidenten Kennedy und Johnson für nationale Sicherheitsfragen, der kurz zuvor zum Präsidenten der Ford Foundation ernannt worden war. Mir ist nicht bekannt, was in den folgenden Monaten geschah, doch hielt Bundy im Dezember des gleichen Jahres zu meiner großen Freude eine Pressekonferenz, in der er bekanntgab, daß Präsident Johnson ihn zu »seinem persönlichen Vertreter für die Untersuchung der Möglichkeiten zur Schaffung eines internationalen Studienzentrums für gemeinsame Probleme der entwickelten Gesellschaften« ernannt hatte. Diese Formulierung entsprach nicht exakt dem, was ich mir vorgestellt hatte, doch bedeutete der Auftrag zweifellos einen gewaltigen Schritt vorwärts.

Die schwere Geburt eines Instituts für internationale Recherchen
Der weitere Verlauf der Dinge zeigte jedoch mit aller Deutlichkeit, wie langsam die Menschheit auf Ereignisse von weltweiter Bedeutung, die ihrerseits mit atemberaubender Schnelligkeit vorankommen, zu reagieren pflegt. Es mußten sage und schreibe sieben Jahre vergehen, um das Organ zu schaffen, das sich heute IIASA nennt (International Institute for Applied Systems Analysis, Internationales Institut für angewandte Systemanalyse). Diese Institution wurde im Oktober 1972 gegründet. Gründungsmitglieder waren die USA, die Sowjetunion, Kanada, Japan, die Bundesrepublik Deutschland, die DDR, Polen, Bulgarien, Frankreich, Großbritannien und Italien.
Da ich – allerdings auf rein persönlicher Basis, ohne offizielles Mandat – während der gesamten Verhandlungen über die IIASA Italien vertrat, bin ich in der Lage, einige Bemerkungen zur Sache zu machen. Obgleich McGeorge Bundy unverzüglich ans Werk ging, indem er einige maßgebliche Persönlichkeiten in Westeuropa und in der Sowjetunion aufsuchte, kam es zu einem ersten vorbereitenden Treffen mit Kollektivcharakter erst im Juni 1968, und zwar in der Universität Sussex (England). Es kamen die Franzosen, noch ziemlich geschockt durch die Mai-Ereignisse, und auch die anderen Eingeladenen; dagegen ließen sich die Sowjets nicht blicken, vielleicht, weil von den beiden Deutschland nur »West« eingeladen worden war. Erreicht wurde jedoch nur sehr wenig, sieht man davon ab, daß ein englischer »Einberufer« zur Aktivierung der Dinge ernannt wurde. Innerhalb weniger Monate wurde deutlich, daß irgend etwas nicht funktionierte. Da ich mich besonders angesprochen fühlte und da ich wußte, daß selbst schwierige Hindernisse oft durch persönliche Kontakte besser überwunden werden können, bot ich mich an, die beiden wichtigsten Personen, nämlich Bundy und seinen sowjetischen Gegenspieler Dschermen M. Gwischiani, Vizepräsident des Staatlichen Komitees für Wissenschaft und Technologie, zu einem informativen und freundschaftlichen Gespräch zusammenzubringen. Die Begegnung fand im Dezember des gleichen Jahres in Wien statt und erbrachte positive Ergebnisse. Innerhalb weniger

Tage entwarfen wir zu dritt das Grundsatzprogramm der IIASA und
ein Funktionsschema; anschließend versandten wir ein Dokument, damit
die anderen es kommentieren und entsprechend vorgehen konnten.
Trotz alledem bewegten sich die Verhandlungen schon bald wieder im
alten Schneckentempo, schließlich blieben sie überhaupt stecken. Der britische »Einberufer« hatte überhaupt keine Vorstellung davon, wie er ein
Projekt vorantreiben sollte, das auf der einen Seite kreative Phantasie
und auf der anderen eine streng pragmatische Einstellung verlangte. Immer wieder tauchten neue Probleme auf, sehr oft Detailprobleme, die den
langen Weg der politischen und wissenschaftlichen Bürokratie in einem
Dutzend Länder durchlaufen mußten. Zum Streitfall wurde beispielsweise die Frage, wie man den Stimmenanteil unter den Teilnehmern befriedigend festlegen sollte, bei Verzicht auf das Vetorecht für den Fall,
daß Ost und West sich über die Prozedur nicht einigen konnten.

Ein Verständigungspunkt zwischen UdSSR und USA
Ich glaubte, im Juni 1971 erneut intervenieren zu müssen, als die IIASA-
Initiative wieder einmal stockte und viele drauf und dran waren, die
Nerven zu verlieren. Noch einmal konnte der kritische Moment durch persönliche Kontakte überwunden werden. Ich lud Gwischiani und sein
amerikanisches Pendant, diesmal Philip Handler, Präsident der Nationalen Akademie der Wissenschaften, nach Wien ein. Das neue Dreier-
treffen war auch herzlicher und konstruktiver als das erste und beseitigte
die restlichen Unklarheiten, die ein so wichtiges Projekt allzu lange hinausgezögert hatten. Es wurde ein neues Dokument verschickt, um be-
kanntzugeben, daß bei den das Statut betreffenden wesentlichen Fragen
Einvernehmen erzielt worden und somit jetzt eine ausreichende Basis vorhanden war, um die Gründungskonferenz der IIASA einzuberufen.
Noch war eine Klippe zu umschiffen, die Frage des Sitzes der Institution,
eine Klippe, an der schon andere wichtige internationale Projekte geschei-
tert waren. Da verschiedene Länder darauf bestanden, die IIASA mit
Sitz auf ihrem Territorium zu etablieren, mußte eine Gruppe zur Beurteilung der Vor- und Nachteile der verschiedenen vorgeschlagenen Orte
gebildet werden. Zahlreiche Besprechungen und detaillierte Besichtigun-
gen an Ort und Stelle waren erforderlich. Niemand wagte, eine Entscheidung zu treffen, die alles zunichte machen konnte – was mich an die Geschichte von Bertoldo erinnert, der, zum Tode durch Erhängen verurteilt,
den Baum für die Exekution selbst aussuchen durfte, sich aber wohl
hütete, einen passenden zu finden.
Schließlich wurde das von der österreichischen Regierung vorgeschlagene
Schloß Laxenburg in der Nähe von Wien akzeptiert. Dabei handelt es sich
um ein etwa gegen Ende des 18. Jahrhunderts im Auftrag der Kaiserin
Maria Theresia erbautes barockes Gebäude, das später den Habsburgern
als Sommerresidenz und Jagdschloß diente. Nach seiner Restaurierung

steht es jetzt für ein ambitiöses Projekt über die Zukunft der Menschheit
zur Verfügung. Der 1966 in Washington eingeschlagene lange, kurven-
reiche Weg war somit, wie gesagt, 1972 zu Ende. Die formelle Gründung
der Institution erfolgte mit einer gewissen Feierlichkeit in London. Damit
war die Aufgabe, die ich mir gestellt hatte, abgeschlossen.
Gegenwärtig verfügt die IIASA über einen Jahresetat von über drei Millionen Dollar – eine beachtliche Summe, wenn sie gut verwaltet wird –
und über eine »kritische Menge« erstrangiger Wissenschaftler aus verschiedenen Fachgebieten und Ländern. Von nicht geringerer Bedeutung
ist das Netz der Verbindungen, das die IIASA mit wissenschaftlichen
Instituten in vielen Teilen der Welt geknüpft hat. Zur Zeit laufen neun
Basis-Projekte, die zusammen ein System bilden, dessen Wechselwirkungen und Synergien ihrerseits Objekte von Analysen sind. Die ursprüngliche Bevorzugung von gemeinsamen Problemen der »fortgeschrittenen«
Gesellschaften wurde aufgegeben; auf der Tagesordnung der IIASA stehen jetzt Probleme von wirklich allgemeinem Interesse, darunter obenauf
die Untersuchung der Weltmodelle, die mit einer gründlichen Analyse
der beiden wichtigsten Projekte des Club of Rome begonnen wurde.
Was mich betrifft, freue ich mich sehr, an der Gründung und Organisation dieser hervorragenden Institution für die Kooperation zwischen den
Völkern teilgenommen zu haben, einer Institution, die den Auftrag hat,
die fortschrittlichsten Techniken, die die moderne Gesellschaft benötigt,
auch in praktischer Erprobung zu prüfen und zu vervollkommnen. Die
IIASA wird gewiß wachsen, ihr Nutzen wird in den nächsten Jahren
ohne Zweifel deutlicher erkennbar werden. Allerdings war ich mir schon
in der Periode ihrer Entstehung und der weiteren Entwicklung bewußt,
daß wir durch sie und mit ihr nur einige Aspekte der Wirklichkeit erkunden könnten, daß wir die erregende Komplexität der Wirklichkeit nur
zu einem Teil erleben würden. Wie viele Untersuchungen, wieviel Forschungsarbeit waren und sind noch erforderlich, wenn wir die grundlegenden Probleme der Menschheit wirklich verstehen wollen!

Dem Abgrund entgegen

Die Adela erfinden, die IIASA lancieren und auch den Multinationalen
ein bißchen auf den Füßen herumtreten, um sie wachzurütteln – das
waren stimulierende Aktionen, von denen ich hoffte, daß sie neue, positive Entwicklungen einleiten würden. Jedoch war mir klar, daß sie nicht
ausreichten, um gewissermaßen die Weltproblematik beim Schopf zu pak-
ken und ihr offen zu begegnen. Der Gedanke spornte mich an, auch nach
anderen Wegen Ausschau zu halten. Um neue Ideen zu testen, begann ich,
zunächst schüchtern, später dann entschlossener, in verschiedenen Ländern
Vorträge zu halten, wobei ich den Akzent auf die Weltordnung und

auf die Notwendigkeit einer weltweit abgestimmten Programmierung setzte.

Dank dieser neuen Aktivität kam ich mit interessanten Persönlichkeiten ins Gespräch, die ich sonst mangels Gelegenheit nicht kennengelernt hätte. Darunter waren beispielsweise eine Reihe internationaler Funktionäre, deren Aufgabe darin bestand, durchzusetzen, daß im Prinzip uneinige Länder recht und schlecht als Vereinte Nationen funktionierten, oder Wissenschaftler, die die Fähigkeit besaßen, Begriffe am Rand des Erfaßbaren verständlich zu machen. Unnötig zu betonen, daß ich die Hingabe und das Wissen meiner neuen Freunde bewunderte, obgleich ich den Eindruck hatte, daß ihnen oft der mir notwendig erscheinende Weitblick fehlte. Es genügt nicht, daß die sozio-politische oder die wissenschaftliche Forschung da oder dort Fortschritte erzielt oder einen bestimmten Aspekt der Wirklichkeit, einen kleinen verborgenen Winkel der menschlichen Dinge – wenn auch recht deutlich – erhellt; so nützlich dies alles sein mag, es läßt uns doch im Ungewissen über das, worauf es am meisten ankommt, über den Zusammenhang der Dinge, über Sinn und Richtung des Strudels, der den Menschen erfaßt hat und mit sich fortreißt. Die neuen Kontakte haben mich eines gelehrt: Oft ist die Liebe zum Detail und die Fähigkeit, sich mit ihm tiefgründig-wissenschaftlich auseinanderzusetzen, schuld daran, daß wir den Blick für das Ganze, für den großen Rahmen der Probleme verlieren, mit denen wir uns vergeblich abmühen. Das ist, wie mir scheint, der größte Vorwurf, der gegenüber der ältesten und ruhmreichsten Schule der Zukunftsforschung, der *Ecole française de prospective* des Gaston Berger und des Bertrand de Jouvenel*, den ich als meinen Mentor betrachte, erhoben werden kann.

Zu den kritischen Ungleichgewichten der modernen Gesellschaft rechne ich die Tatsache, daß einer Überzahl von Spezialisten und Analytikern ein Mangel an Synthetikern und Koordinatoren gegenübersteht. Die Unmenge an Kenntnissen, Informationen und Daten, über die wir auf jedem Fachgebiet und in jeder Branche verfügen, übersteigt jede Vorstellungskraft und wächst lawinenartig an, aber sie ist nicht einheitlich, nicht homogen und kann nur zu einem Teil ausgewertet werden. Sogar Spezialisten benötigen – um nicht von dem ununterbrochenen Strom, den sie produzieren, erdrückt zu werden – Synopsen, Auszüge, Zusammenfassungen und wer weiß was sonst noch, wenn sie sich, obwohl sie doch selbst über die Geschehnisse auf ihrem Spezialgebiet am besten informiert sind, auf dem laufenden halten wollen. Ganz allgemein ausgedrückt, kommen wir nicht umhin, ein neues Gleichgewicht zwischen der Kenntnis der Details und der Fähigkeit zur Synthese herzustellen. Nur so hat Wissen Sinn und kann fruchtbar sein. In unseren analytischen Bemühungen dürfen wir gewiß nicht nachlassen, wenngleich sie gezielter sein müs-

---

* Mitglied des Club of Rome.

sen; aber das Gros der Untersuchungen und Überlegungen muß so beschaffen sein, daß es uns eine Vorstellung vom Ganzen, von den einzelnen Zusammenhängen und insbesondere von den konvulsivischen Veränderungen unserer Epoche vermittelt.

Anwendungen der Systemanalyse auf das Weltsystem
Ich merkte, daß in der modernen, integrierten Welt, in der oft die Beziehungen zwischen den Komponenten wichtiger geworden waren als die Komponenten selbst, eine Annäherung der Systeme immer unaufschiebbarer wurde. Indessen wurde diese Notwendigkeit nicht deutlich erkannt. Selbst die eigens für diesen Zweck geschaffene IIASA konnte zwar zutreffende, doch leider stets nur Teilantworten geben. Andererseits war ich überzeugt, daß eine Übertragung der Systemanalyse auf Mikrosysteme – zum Beispiel auf eine Stadt, einen Einzelbetrieb, einen bestimmten Industriesektor – in der Hoffnung, auf diese Weise zu lernen, wie man sie auf übergeordnete Systeme anwenden könne, nichts taugte. Eine derartige »Eskalation«, die Überleitung vom Verständnis einer Stadt zum Verständnis der Welt, bleibt ein frommer Wunsch. Es gibt kein Schlupfloch: Die Realität muß so zur Kenntnis genommen werden, wie sie ist. Wir müssen erkennen, daß unsere globalen Probleme so dringlich und immanent geworden sind, daß wir sie direkt anpacken müssen; der Versuch, durch die Kontrolle über periphere oder zweitrangige Fragen (die nicht ausgeklammert werden sollen) ans Ziel zu gelangen, ist nichts weiter als eine gefährliche Zeit- und Energieverschwendung.
In diesen Sinne hatte ich bereits 1967 in der sibirischen Wissenschaftlerstadt Akademgorodok einen Vortrag gehalten, in dem ich für eine weltweite Programmierung eintrat. Anwesend war eine Gruppe namhafter Repräsentanten der vielen tausend junger Wissenschaftler, die meisten unter dreißig Jahre alt, welche die Entwicklung Sibiriens, dieser reichsten Schatzkammer an Naturvorkommen, die die Erde kennt, projektieren sollten. Ich sprach zu ihnen über die Notwendigkeit, die Ökosysteme und die gesamte Umwelt zu schützen, die Verschmutzungsprozesse rigoros zu kontrollieren, die Bevölkerungsexplosion zu unterbinden – und bei rein technisch-wissenschaftlichen Lösungen nicht sogleich in einen leichtfertigen Enthusiasmus zu verfallen. Meine jungen Freunde erwiesen sich als ein sehr aufmerksames, interessiertes Auditorium, obgleich in einem Umkreis von tausend Kilometern rings um Akademgorodok keine der von mir zitierten Gefahren existierte. Sie lebten weit weg von Moskau und waren vielleicht gerade deshalb für neue Ideen zugänglich; jedenfalls ließen sie mich unmißverständlich wissen, daß auch sie überzeugt wären, daß die Menschheit, um mit der Geschichte Schritt zu halten, nun einige entscheidende Probleme weltweit angehen müßte. Leider habe ich zu meinem großen Bedauern von ihnen nie wieder eine Nachricht erhalten.

Die Erklärung von Bellagio
Im darauffolgenden Jahr fand in Bellagio ein besonders bedeutungsvolles
Symposium statt, bei dem ich mich in eine Diskussion mit einigen hervorragenden Wissenschaftlern über langfristige Prognosen und Planun-
gen verwickelt fand. Wir stimmten völlig überein und formulierten eine
»Erklärung von Bellagio«, aus der hervorging, daß eine einfache Änderung der Politik nicht mehr genügte. Vielmehr sei es die Struktur der
Menschheitssysteme, die verändert werden müsse; da jedoch ihre Adaptionsfähigkeit bei den heutigen Spannungen nicht mehr ausreiche, müßten
die Veränderungen unserer Institutionen vorprogrammiert werden. Daneben wurde in der Erklärung zu meiner großen Befriedigung das blinde
Vertrauen in jegliche Art von Wissenschaft verurteilt, ein Vertrauen, das
inhärent schlechte Situationen zu effektiv schlechten Situationen machen
könne. Doch gerieten Bellagio und sein Dokument, für niemanden überraschend, bald wieder in Vergessenheit.

Die Welt der Stiftungen
Nun wandte ich mich an die Stiftungen. Ihre mythische Welt hatte ich
stets sehr hoch geschätzt, eine Welt, die, wie mir schien, allein von Ideen
im fleckenlosen Urzustand bestimmt wurde. Nun, da ich diese Ideen aus
der Nähe kennenlernte, erwiesen sie sich mehr von irdischer Natur, gestützt auf das Vermächtnis reicher Herren, die ihr Vermögen nicht gerne
dolce-vita-verdächtigen Nachfahren oder Industrie- und Finanzgruppen
überlassen mochten, die angesichts ihres guten Gedeihens gern nach den
Public Relations schielten. Ich schätze einige Verantwortliche dieser Abteilungen sehr, habe unter ihnen sogar ein paar gute Freunde. Das schließt
jedoch nicht aus, daß sich bei ihnen, wie bei allen Leuten, die mit Geld
und Meinungen zu tun haben, eine Art berufliche »Masche« im Umgang
mit Menschen herausgebildet hat, die sich mit vielen Ideen an sie wenden, dabei aber knapp bei Kasse sind – so ungefähr mögen sich einst die
Ritter gegenüber ihren Stallburschen verhalten haben. Die Leute gehören
zur gleichen Kategorie wie die Bankiers, die Kunstkritiker und die internationalen Funktionäre, die es verstanden haben, sich in unserer Formal-
gesellschaft einen höheren Rang zu verschaffen als die eigentlich Produzierenden, die Künstler und echten Internationalisten. Was die internationale Kooperation angeht, so habe ich festgestellt, daß Stiftungen
sogar sophistische Studien finanzieren, um die Zusammenarbeit zu fördern, später jedoch sich in ihr Schneckenhaus zurückziehen, ohne Auswertung der erworbenen Kenntnisse zwischen den Stiftungen.
Niemand schien das Drama des modernen Menschen in seiner ganzen
Tragweite zu bemerken, keine Gruppe oder Initiative schien imstande,
seine Dimensionen voll zu erkennen. Und doch kommt man um eine Totalsicht der die Welt bedrückenden Makroprobleme nicht umhin. Der seit
langem in New York ansässige Journalist Mario Rossi, ein persönlicher

Freund von mir und ein Mensch mit sympathischer Ausstrahlung, drängte mich, ein Buch über dieses Thema zu schreiben. Obgleich ich niemals an so etwas gedacht hatte und nicht so naiv war, mir vorzustellen, ich könnte einen Bestseller produzieren, fand ich die Idee verlockend: Vielleicht, sagte ich mir, tut mir so etwas gut, weil es mich zwingt, Klarheit in meine eigenen Gedanken zu bringen.

Jedoch kannte ich die amerikanischen Verleger noch nicht. Meiner war die Macmillan Company in New York. Ich war mit der Niederschrift des Textes bereits am *point of no return* angelangt, als man verlangte, ich möchte meine Ausführungen mit einer Analyse des technologischen Gefälles zwischen den Vereinigten Staaten und Europa verbinden. Der Verleger sagte mir nur, er sei vom Fach und wisse, daß das Buch eines Europäers in verantwortlicher Position ohne diesen Aspekt kaum Interesse finden werde, so daß höchstens ein paar tausend Exemplare verkauft werden könnten (was dann auch prompt der Fall war).

Nach zwei Jahren voller Mühen kam das Buch endlich 1969 mit dem Titel *The chasm ahead** heraus. Ich faßte darin meine Befürchtungen und meine Hoffnungen für die Zukunft zusammen, eine Zukunft, die nicht mehr uns gehört, sondern das wichtigste Gut der künftigen Generationen darstellt. Darum habe ich es meinen Kindern und Enkeln und deren jungen Freunden gewidmet. Ich habe mich bemüht aufzuzeigen, was wir tun sollten, um ihnen nicht die Möglichkeit zu nehmen, ein vielseitiges und erfülltes Leben zu leben, so wie wir es für uns einrichten konnten.

Das Buch schildert die große Weltdynamik, Kräfte, die das Menschheitssystem zerstören, indem sie ganze Länder und Regionen einem ungewissen Schicksal entgegentreiben, während andere Kräfte sich bemühen, es global in einer einheitlichen Welt zusammenzuschließen. Daneben untersucht es die Flut der die Menschheit beschäftigenden Makroprobleme, die nur mit einer gemeinsamen Anstrengung aller großen Bevölkerungsgruppen aufgehalten werden kann. Es zeigt auf, daß es im Interesse dieser Gruppen liegt, wenn die gesamte Menschheit gemeinsam die Zukunft für alle plant, während die Alternative dazu ganz einfach lautet: keine Zukunft. In meiner Naivität behauptete ich in dem Buch, ein solches Projekt müsse dringend in Angriff genommen werden, und ich nannte es sogar »Projekt 1969«. In Wahrheit mußten aber Jahre vergehen, ehe die Krise der Menschheit erkannt wurde und sich das Bewußtsein durchsetzte, ihr weltweit entgegenwirken zu müssen.

Eine Verbindung von Instituten für fortschrittliche Studien
Viele dieser Ideen wurden später vom Club of Rome übernommen. Ein paar Jahre später gaben sie auch den Anstoß zur Gründung der IFIAS

---

* Peccei, A., *The chasm ahead* (Dem Abgrund entgegen), New York 1969. Italienische Übersetzung mit dem Titel *Verso l'abisso*, Mailand 1970.

(International Federation of Institutes for Advanced Study), ein Nicht-Regierungsorgan ohne Gewinnstreben mit Sitz in Stockholm, das unter dem Patronat der Nobel- und der Rockefeller-Stiftung entstanden war. Ich habe an der Gründung der IFIAS teilgenommen und gehöre bis heute ihrem Lenkungsausschuß an, während mein Kollege Alexander King* gegenwärtig ihr Präsident ist.

Damit ist eine Verbindung zum Club of Rome hergestellt; tatsächlich darf man die IFIAS gewissermaßen als dessen verlängerten Arm auf dem Gebiet der multidisziplinären wissenschaftlichen Forschung betrachten. Ziel der IFIAS ist, ein Verbindungsnetz zwischen den wissenschaftlichen Instituten für fortschrittliche Studien in den verschiedenen Teilen der Welt zu knüpfen und auf diese Weise eine Arbeitsgemeinschaft zu schaffen, mit deren Hilfe Untersuchungen globaler Probleme vorgenommen werden sollen, bei denen eine Überlappung von Fachgebiet zu Fachgebiet stattfindet und damit die Mitwirkung verschiedener Spezialinstitute erforderlich wird. Die IFIAS verfügt gegenwärtig über rund zwanzig Mitglieder, darunter das Pasteur-Institut in Paris, das Tata-Institut für Grundlagenforschung in Bombay, das Karolinska-Institut in Stockholm, das Biophysische Institut in Rio de Janeiro, das Niels-Bohr-Institut in Kopenhagen und das Wissenschaftliche Weizmann-Institut in Rehovot (Israel). Auch die Akademie der Wissenschaften der UdSSR wirkt tatkräftig mit.

Grundsätzlich anerkennt die IFIAS den wissenschaftlichen Fortschritt nur in dem Maß, wie er Verbesserungen sozialen, wissenschaftlichen oder kulturellen Charakters für die Menschheit bringen kann. Unter den bisher von der IFIAS gesponserten Studien gibt es eine über den Einfluß klimatischer Veränderungen auf den Charakter und die Qualität des menschlichen Lebens; ich halte sie für besonders wichtig, wenn sich die Anzeichen dafür bestätigen sollten, daß die Erde eine bedeutsame Klimaveränderung durchmacht. Eine andere interessante Studie untersucht den gemeinsamen Einfluß von Gesundheitsfaktoren, Ernährungsdiät und Bildung auf die Entwicklung des Menschen. Ein drittes Studienprojekt befaßt sich mit den Auswirkungen der ständigen Schrumpfung von produktivem Ackerland, das offenbar jedes Jahr durchschnittlich um zwei Prozent vom Gesamtvolumen des in der Welt bebauten Landes abnimmt.

Wer immer dereinst die Geschichte der Sorge des Menschen um die Zukunft schreiben wird, er wird wahrscheinlich registrieren müssen, daß um die Mitte der sechziger Jahre ein neues Verantwortungsbewußtsein entstanden ist. Ich habe mich bemüht, meinen Beitrag zu dieser Gewissenserforschung zu leisten. In der Schaffung des Club of Rome manifestiert sie sich wahrscheinlich mit am unmittelbarsten.

---

* Mitglied des Club of Rome.

IV Der Club of Rome

Der Irrweg und die Problematik

Geschaffen, um die Lage des Menschen in der Epoche seiner Weltherrschaft zu erforschen und zu erkennen, ist der Club of Rome vor allem ein hinreißendes geistiges Abenteuer. Wir leben in einer Zeit, da das menschliche Wissen sich unaufhörlich erweitert, auf einigen Gebieten besitzen wir geradezu phantastische Kenntnisse, doch von unserer eigenen – veränderten – Situation wissen wir, wie ich schon angedeutet habe, unglaublich wenig. Wenn dem Club of Rome ein Verdienst zukommt, dann das, daß er sich als erster gegen diese selbstmörderische Unwissenheit aufgelehnt hat.

Wir wissen, daß die irdische Reise des *homo sapiens* ungefähr vor tausend Jahrhunderten begonnen hat und daß die Geschichte sie erst seit den letzten hundert Jahrhunderten registriert. Wenn wir nun an die Zukunft denken, vielleicht nur einige Jahrzehnte voraus, so besteht die einzige sichere oder vielleicht auch nur intuitive Erkenntnis darin, daß diese Reise an einem entscheidenden Wendepunkt angelangt ist. Seitdem man das Ende des ersten Jahrtausends der christlichen Ära mit Schrecken nahen sah, war es nicht mehr vorgekommen, daß große Menschenmassen ängstlich, mit stockendem Atem das Eintreffen von irgend etwas Unbekanntem erwarteten, das möglicherweise ihr gemeinsames Schicksal völlig verändern konnte. Heute spüren die Menschen, vielleicht nur andeutungsweise, daß das Ende einer Ära gekommen ist. Trotzdem ist offenbar noch niemand bereit, sich mit der Tatsache abzufinden, daß sich seine eigene Lebensweise, wie auch die seiner Familie und seines Landes, radikal verändern wird. Viele unserer Schwierigkeiten sind darauf zurückzuführen, daß sich eigentlich noch niemand gedanklich und in seinem Verhalten auf diese Notwendigkeit eingestellt hat.

Der Mensch versteht es noch nicht, ein wirklich moderner Mensch zu sein. Andere Lebewesen haben diese Probleme nicht. Ein Tiger weiß sehr gut, was er zu tun hat, um Tiger zu sein. Die Spinne lebt als Spinne. Eine

Schwalbe hat alles gelernt, was sie braucht, um Schwalbe zu sein. Indem
sie von ihrer angeborenen natürlichen Weisheit Gebrauch machen, modifizieren und adaptieren diese Arten ständig ihre Eigenschaften, denen sie
das Überleben verdanken, passen sie den Erfordernissen der Umwelt an.
Ihr Erfolg wird bewiesen durch ihre heutige Existenz, die das Endprodukt
einer durch viele Epochen gegangenen Entwicklung darstellt. Jetzt sind
sie gefährdet, weil ihr erbittertster Feind, der Feind und Tyrann der meisten Lebensformen, nämlich der Mensch, immer wütender gegen sie zu
Felde zieht. Die Geschichte vom bösen Drachen hat der Mensch erfunden,
aber wenn es auf Erden jemals einen bösen Drachen gegeben hat, dann ist
es der Mensch.

Die Störung des Gleichgewichts

Mit anderen Kreaturen hat er vieles gemein, jedoch fehlt ihm, wie es
scheint, die Weisheit des Überlebens. Seit den Uranfängen der Geschichte
hat der Mensch, um zu überleben, sich nicht nur auf seine natürliche
Adaptionsfähigkeit verlassen. Viel bequemer und sicherer schien es ihm,
auf seinen Verstand zu bauen, auf seine Fähigkeit, Mittel und Wege zur
Veränderung der Umwelt zu finden. Diesem in der Tat einmaligen Umstand verdankt er es, daß er es schließlich zum absoluten Primat in der
Welt gebracht hat. In einem Kampf, den er mit gleichen Waffen gegen
andere Gattungen hätte austragen müssen, wäre er rasch besiegt worden;
indem er die Wettkampfbedingungen zu seinen Gunsten abänderte,
wurde der Mensch unbesiegbar. Es gibt jedoch Grenzen für sein Bemühen,
die ganze Welt nach seinem Gutdünken zurechtzubiegen. Jedesmal, wenn
er bei seinem Aufstieg eine weitere Stufe genommen hatte, mußte er erst
lernen, auf dem neuen Niveau zu leben. Hierin liegt das Paradoxon des
Menschen: Er ist ein Gefangener seiner eigenen außergewöhnlichen Fähigkeiten und seiner Erfolge – so, als wären sie Wanderdünen; je mehr der
Mensch seine Macht gebraucht, desto mehr benötigt er sie, und wenn
er sie nicht richtig gebraucht, wird er immer mehr ihr Opfer – bis zum
Untergang.
Während der letzten Jahrzehnte hat er es dank einem extremen Einsatz
verstanden, außergewöhnliche technologische Fortschritte zu erzielen,
aber er hat nicht die Zeit gefunden, sie zu kontrollieren und sich ihnen
anzupassen. Damit hat er den Sinn für die Wirklichkeit verloren, ja er ist
sogar unfähig, zu begreifen, welche Position er in ihr einnimmt und
welche Rolle er spielt. Das gesamte, von den Vorfahren in früheren Epochen mühsam geknüpfte Netz mit all seinen Festpunkten, um das Menschheitssystem zusammenzuhalten und die Beziehungen des Menschen mit
der Natur zu regeln, hat keine Gültigkeit mehr. Seine traditionelle Auffassung von sich selbst und überhaupt von der Menschheit, von der Familie,
der Gesellschaft und vom Leben muß weltweit grundlegend revidiert
werden; doch er weiß nicht, wo beginnen.

Der Irrweg der Menschheit
Ich werde niemals aufhören zu betonen, wie unsinnig es wäre, die Ursache des gegenwärtigen besorgniserregenden, pathologischen Zustandes des gesamten Menschheitsgefüges in einer sich häufig wiederholenden oder konjunkturbedingten Krise zu sehen. Wenn wir uns jedoch in Ermangelung passenderer Vokabeln darauf versteifen, all dies als Krise zu bezeichnen, so ist es eine Krise, die nichts verschont, die alle Aspekte unseres Lebens erfaßt, die das Ende einer Epoche markiert. Der Club of Rome nennt sie den Irrweg der Menschheit.
Es ist ein Irrweg, gegen den wir mangels einer glaubwürdigen Diagnose kein Mittel verschreiben können. Außerdem wird er durch die Wechselbeziehungen und die gegenseitige Abhängigkeit aller Komponenten des Menschheitssystems noch zusätzlich erschwert. Seitdem der Mensch die Pandorabüchse der neuen Technologien geöffnet hat, die ihm später aus der Hand geglitten sind, zieht jede Veränderung, wo immer sie stattfindet, fast überall Auswirkungen nach sich. Dynamik, Tempo, Energie und Komplexität unserer künstlichen Welt haben eine Größenordnung erreicht, zu der es in der Vergangenheit nichts Vergleichbares gibt – und dasselbe gilt für unsere Probleme. Diese letzteren sind heute zugleich psychologische, soziale, wirtschaftliche, technische und politische; sie können nicht Stück für Stück gelöst werden, weil sie miteinander zusammenhängen und aufeinander einwirken, weil jedes einzelne Problem mit seinen Wurzeln und Verästelungen auch in die anderen hineinreicht.
Es genügt, sich nur einige wenige vorzustellen; viele andere, wo die Verbindungen weniger deutlich sichtbar sind, kann man sich hinzudenken: Bevölkerungswachstum, gesellschaftliche Unterschiede und Gegensätze, soziale Ungerechtigkeit, Hunger und Unterernährung, Armut, Arbeitslosigkeit, Wachstumsmanie, Inflation, Energiekrisen, effektive oder potentielle Rohstoffknappheit, Behinderungen des Welthandels, Protektionismus, Währungschaos, Analphabetentum, anachronistische Bildung, Aufstand der Jugend, Verfremdung, städtische Gigantomanie und Dekadenz, Kriminalität, Drogen, Gewaltexplosion, neue Formen von Polizeibrutalität, Mißhandlungen und Terrorismus, Mißachtung von Gesetz und Ordnung, nuklearer Wahnsinn, Verkalkung und Unvermögen der Institutionen, politische Korruption, Bürokratismus, Umweltverschmutzung, Verfall der moralischen Werte, Vertrauensschwund, ein Gefühl der Instabilität – plus mangelndes Verständnis für diese Probleme und ihre Zusammenhänge untereinander. Dieser erschütternde, unentwirrbare Knäuel an Schwierigkeiten ist das, was der Club of Rome die Problematik nennt.

Die globale Problematik
Es fällt schwer, innerhalb dieser Problematik Einzelprobleme herauszuschälen oder individuelle Lösungen vorzuschlagen: jedes Problem hängt mit einem anderen zusammen, jede scheinbare Lösung eines Problems

kann sich auf andere nachteilig auswirken; und kein Problem, auch keine
Kombination von Problemen kann mit den linearen und sequentiellen
Methoden der Vergangenheit angegangen werden. Doch es kommt noch
eine andere, übergeordnete Schwierigkeit hinzu. Die Erfahrung zeigt, daß
Probleme an einem bestimmten Punkt der Entwicklung unabhängig von
den politischen und sozialen Institutionen die Tendenz zeigen, die Grenzen zu überschreiten und sich wie Ölflecke auszubreiten, womit sie eine
globale Problematik schaffen.
Dieser internationale Übergriff bedeutet jedoch keineswegs, daß sich die
regionalen, nationalen und lokalen Probleme damit erledigen oder weniger dringlich werden. Im Gegenteil, sie sind sogar immer zahlreicher und
schwieriger zu bewältigen. Eines muß man hier unbedingt berücksichtigen:
Die größte Gefahr besteht darin, daß wir uns hartnäckig auf periphere
oder nur einen bestimmten Sektor betreffende Probleme konzentrieren,
die uns scheinbar näher liegen und daher größer erscheinen, während der
stählerne Griff der viel schlimmeren, weltweiten Problematik immer enger wird, ohne daß dies bemerkt oder gar etwas dagegen unternommen
wird. Regierungen und internationale Organisationen sind von Natur aus
unfähig, auf eine solche Situation genügend rasch zu reagieren. Ihre
Strukturen sind so angelegt, daß sie nur auf Erfordernisse einzelner Sektoren eingehen können, so als wären diese untereinander unabhängig. Ihre
Bürokratie widersetzt sich Veränderungen; sie selbst werden von den unmittelbaren Problemen voll beansprucht, auf die sehr viel schlimmeren
langfristigen Gefahren reagieren sie nicht.
Je mehr ich die Tragweite und den Charakter der Herausforderungen
und Bedrohungen für die Menschheit erkannte, desto klarer wurde mir,
daß etwas Grundlegendes geschehen müßte, ehe es zu spät war. Allein
konnte ich nichts tun. Vielleicht konnte aber ein Schritt in der richtigen
Richtung getan werden, indem sich eine kleine Gruppe von gleichgesinn-
ten Persönlichkeiten zusammenschloß, die entschlossen waren, irgendwie
zur grundsätzlichen Aufklärung über die Probleme der Welt beizutragen
und damit eine geeignete Basis für Untersuchungen darüber zu schaffen,
mit welchen neuen Methoden man ihnen begegnen könnte.

Die seltsame Geburt eines Clubs

Ich war auf der Suche nach Leuten, mit denen ich mich eigens für dieses
ein wenig bizarre Projekt zusammenfinden konnte, als sich im Jahr 1967
ganz von selbst eine unerwartete Gelegenheit bot. Indirekt nahm ich Kontakt mit Alexander King, dem Generaldirektor für wissenschaftliche Angelegenheiten der OECD*, auf. »Alles begann«, schrieb King in einem

---

* Organization of Economic Cooperation and Development = Organisation für wirtschaftliche Zusammenarbeit und Entwicklung.

Artikel, »als ein sowjetischer Wissenschaftler und Kollege von mir beim Durchblättern einer Zeitschrift in einem Flughafen-Warteraum ganz zufällig auf einen Bericht über eine Rede Aurelio Pecceis bei einer Industriellen-Tagung in Buenos Aires stieß. Beeindruckt von dem Artikel, schickte er mir über die OECD eine Kopie davon mit dem lakonischen Kommentar ›Damit sollten Sie sich befassen‹. Damals hatte ich den Namen Peccei noch nie gehört. Ich recherchierte ein bißchen über ihn und machte ihm unverzüglich schriftlich den Vorschlag, uns zu treffen. Etwa eine Woche danach hatten wir unser erstes Gespräch.«

Eine unerwartete Gelegenheit
Alexander King ist ein ungewöhnlich kultivierter Mann, bei dem sich eine solide wissenschaftliche Basis mit einem klaren, sachlichen Urteilsvermögen verbindet. Dank seiner auf vielen Gebieten aus erster Hand erworbenen Erfahrung kennt er sich vor allem in Bildungsproblemen und in Problemen der Wissenschafts- und der Technologiepolitik aus. Er interessiert sich leidenschaftlich für die gegenseitigen Beziehungen zwischen den technischen, wirtschaftlichen, menschlichen und ethischen Elementen innerhalb der Gesellschaft. »Unsere Institutionen müssen vollständig umstrukturiert werden«, sagte er, »weil sie vertikal aufgebaut sind, während die Probleme sich eher horizontal ausbreiten.« Ungeachtet seiner kernigen, optimistischen Persönlichkeit ist er, was die Menschheit betrifft, sehr viel kritischer und pessimistischer als ich, weil er glaubt, daß ihr Irrweg im wesentlichen auf den angeborenen Egoismus des Menschen zurückzuführen sei.
Wir unterhielten uns darüber, wie die Problematik im Weltsystem als Ganzes angegangen werden könnte, und beschlossen zunächst, eine bestimmte Anzahl Wissenschaftler, Ökonomen und Soziologen mit unseren Ideen bekanntzumachen. Es schien uns angebracht, bei einigen hervorragenden, weitsichtigen Europäern zu beginnen. Danach wollten wir allmählich auch Persönlichkeiten aus anderen Weltteilen einbeziehen. Das Leitmotiv unserer Überlegungen lautete: Gelingt es, etwa zehn Europäer verschiedener Nationalität und aus verschiedenen Fachgebieten auf einen Nenner zu bringen, dann muß es auch möglich sein, den Teufel mit Weihwasser zu versöhnen. Die Taktik schien uns richtig, um die Dinge in Fluß zu bringen, zumal man auch in Europa ein wenig den Spaß daran verloren hatte, hoffnungsfroh in die Zukunft zu blicken – jedenfalls gilt dies im Vergleich zu gewissen amerikanischen »Eierkopf-Siedlungen«.
Um unsere europäischen Kollegen zu aktivieren, benötigten wir ein gutes Basisdokument über die Weltproblematik. Wie in vielen anderen Fällen bestand die Schwierigkeit auch hier darin, jemanden aufzutreiben, der das Talent und die Zeit besaß, gute oder für gut gehaltene Ideen in eine überzeugende Sprache zu übertragen. Wir baten Erich Jantsch, es zu versuchen. Damals kannte ich Jantsch noch nicht, doch später sollte ich erfah-

ren, daß er außergewöhnlich gescheit war und genau wußte, wie er seinen
Verstand zu gebrauchen hatte, um die Zukunft mit strengem, skeptischem
Blick zu durchschauen. Als studierter Astronom war er gewohnt, das
Nahe bisweilen aus Sternenferne zu betrachten. Er verfaßte ein nicht
leicht lesbares, jedoch inhaltsschweres, gründliches Dokument mit dem Titel *A tentative framework for initiating system-wide planning of world
scope* (Gesamtschema für den Beginn einer allgemeinen weltweiten Programmierung). Ich bin Erich Jantsch persönlich sehr dankbar für den
Beitrag, den er mit seinen fortschrittlichen Ideen hier wie auch bei anderen Gelegenheiten zu unseren Reflexionen über Dinge von großer Tragweite geleistet hat.

Ein Resümée dessen, was Jantsch damals gesagt hat, fällt nicht leicht, aber
das folgende Zitat daraus könnte einen gewissen Eindruck vermitteln:
»Wir beginnen jetzt zu begreifen, daß die menschliche Gesellschaft und
ihre Umwelt als ein System dastehen, dessen unkontrolliertes Wachstum
zu beträchtlicher Unstabilität geführt hat. Das von diesem unkontrollier-
ten Wachstum erreichte absolute Niveau erzeugt eine weitverbreitete Trägheit in der Dynamik des Systems und schränkt deren Adaptionsfähigkeit
ein. Wir beginnen zu erkennen, daß das System nicht über eine eigene
Kybernetik verfügt, genauso wie die Makroprozesse keine ›Automatik‹
zur Selbstregelung besitzen. Das kybernetische Element in der Evolution
unseres Planeten ist der Mensch selbst dank seiner Fähigkeit, die eigene
Zukunft zu gestalten. Diese Aufgabe kann nur dann wirksam erfüllt
werden, wenn die komplexe Systemdynamik der menschlichen Gesellschaft zusammen mit deren Umwelt unter Kontrolle gestellt wird ... und
dies zu tun, könnte bedeuten, daß die Menschheit in eine neue Phase
psychosozialer Entwicklung eintritt.«

Erstes Treffen in der Accademia dei Lincei

Dank der finanziellen Unterstützung durch die Agnelli-Stiftung lud ich
etwa dreißig Personen aus Europa, darunter Wissenschaftler, Soziologen,
Ökonomen und Planungsfachleute, die ich im Einvernehmen mit King
ausgesucht hatte, für den 6. und 7. April 1968 nach Rom zu einer Diskussion über diese Probleme ein. In der Hoffnung, daß dieses Treffen zu
einem Meilenstein werden könnte, erschien mir die Accademia Nazionale
dei Lincei – 1603 gegründet, war sie die älteste aller heute existierenden
Akademien – als geeigneter Rahmen für unsere Pläne. Ich sagte das ihrem
Präsidenten, der meiner Bitte freundlicherweise entsprach und uns für das
Treffen die Villa Farnesina zur Verfügung stellte, einen architektonischen
Prachtbau des Rinascimento mit Dekorationen von Malern wie Raffael,
Sebastiano del Piombo und Sodoma, inmitten von Gärten mit Libanon-
Zedern, Zypressen, Bergamotte-Bäumen, Lorbeerbüschen und Immer-
grün.
Eine von der Akademie eigens für diesen Anlaß rasch zusammengestellte

Publikation informierte darüber, daß ihre Gründer junge Menschen waren, »alle erfüllt von einer glühenden Liebe für die Wissenschaft, die sich insbesondere an den berühmten Thesen und Versuchen Galileis entzündete. Ihr großer Wunsch war, in die Geheimnisse der Natur mit Augen so scharf wie Luchsaugen einzudringen. Darauf gehen auch das Wappen ihrer Vereinigung und der Name ›dei Lincei‹ (Luchs heißt auf italienisch *lince*) zurück.« Ich war überzeugt, daß ihre Vorsätze dreieinhalb Jahrhunderte später als Ansporn für unsere Arbeit dienen würden, um so mehr, als jene ersten Akademiker, die aus verschiedenen Studienfächern kamen, schon von internationaler Zusammenarbeit sprachen und »sich bemühten, ihre Tätigkeit in den Dienst der Naturwissenschaften zu stellen in der festen Absicht, das Wesen der Dinge aufzuspüren. Was jedoch nicht zum Nachteil der schönen Künste und der Philosophie geraten sollte.«

Während ich den Hauch dieses humanen und humanistischen Geistes noch in den Sälen der Akademie verspürte, schienen nicht alle unsere Gäste auf ihn anzusprechen. Einige widersetzten sich – was bei Koryphäen auf einem bestimmten Sachgebiet häufig vorkommt – der Zumutung, sich mit ihren eigenen Interessen fernliegenden, komplexen Fragen zu befassen, Fragen, die freilich trotzdem eine scharfe Konzentration erforderten, beispielsweise das Problem, die Welt als ein System mit dem Menschen als Lenker zu sehen. Ich will ehrlich sein und zugeben, daß die gezierte Sprache des vorbereiteten Dokuments die Aufgabe nicht gerade erleichterte. Die magische Ausstrahlung der Ewigen Stadt, der sanft-süße römische Frühling, dazu der Entspannungseffekt von Spaghetti und Frascatiwein verführten zusammen eher dazu, die enteilende Zeit zu genießen, als sich mit nüchternen Auslassungen über eine ferne Zukunft zu befassen.

Ein paar farbige Episoden belebten unsere Diskussionen. So kam es zum Beispiel über den Unterschied zwischen dem englischen Wort *system* und dem entsprechenden französischen Wort *système* zu Meinungsverschiedenheiten, die stundenlang Stoff für eine lebhafte sophistische, schillernde Debatte zwischen Gelehrten lieferten – was eigentlich nur beweist, daß auch unsere verschiedenen Sprachen, die doch gemeinsame Wurzeln in einer fernen Vergangenheit besitzen, nicht geeignet sind, die sich rasch entwickelnde Gegenwart präzise wiederzugeben. Hin und wieder kam es auch noch zu anderen peripheren Scharmützeln haarspalterischer oder theologischer Natur. Nach zwei Tagen wurde klar, daß es praktisch unmöglich war, die Anwesenden selbst dann auf einen gemeinsamen Nenner zu bringen, wenn es sich nur um Vorbemerkungen handelte. »Dieses Treffen war ein riesiges Fiasko«, gestand Alexander King hernach. Trotzdem waren einige von uns nicht bereit, sich geschlagen zu geben. Wir schlossen die Reihen dichter und beschlossen, unser Gespräch fortzusetzen und zu vertiefen.

Der erste Kern des Club of Rome

Im Anschluß an das Treffen bildeten wir darum bei mir zu Hause ein
»Fortsetzungskomitee«, bestehend aus Erich Jantsch, Alexander King,
Max Kohnstamm* (ein Holländer, der internationale Probleme erforscht,
die rechte Hand Jean Monnets in der Europa-Bewegung), Jean Saint-
Geours* (ein Ökonom und Finanzexperte, von der *Ecole française de prospective*), Hugo Thiemann* (damals Leiter des Genfer Battelle-Instituts)
und mir. Auch Dennis Gabor* (Nobelpreisträger für Physik und Humanist) und einige andere beschlossen, Kontakt zu halten. So entstand der
Club of Rome. Während King und ich, und mit uns Jantsch, Thiemann
und Gabor, die Problematik sehr deutlich erkannten, teilten einige unserer
anfänglichen Kollegen die Ansichten nicht: Sie hielten sie für zu weitschweifig und zu vage. Ihre Anregung, statt dessen eine bestimmte europäische Stadt herauszugreifen und im Detail zu untersuchen oder die Probleme des »Komplexes Stadt« ganz allgemein zu behandeln, wurde nicht
aufgegriffen, worauf sie das Interesse zunehmend verloren.
Wir meinten, es gäbe bereits genügend Organisationen, die sich mit Analysen der Erneuerungsprobleme des Städtewesens, der Landwirtschaft
und der Energiewirtschaft befaßten – obgleich man hinterher feststellen
mußte, wie oberflächlich und konventionell viele der betreffenden Studien
und Gedanken waren. Jedoch interessierte sich keine Gruppe für die gegenwärtigen Probleme in ihrer Gesamtheit. Eine bislang vernachlässigte
Aufgabe, die wir nun in Angriff zu nehmen für unsere Pflicht hielten,
bestand darin, die Problematik aus integraler, globaler Sicht zu verstehen,
um nicht nur einzelne Facetten, sondern auch deren Wechselwirkungen im
gesamten System zu erkennen und zu erforschen. So stand die Weltproblematik von Anfang an im Mittelpunkt des Interesses des Club of Rome.
Doch wußten wir nicht genau, was nach diesem römischen Treffen zu tun
war. Also beschritten wir den einfachsten Weg, indem wir uns bemühten,
unsere Kontakte zu erweitern und Menschen und Dingen in aller Welt
den Puls zu fühlen.

Wie verbreitet man eine Botschaft?

In dem sich unsere kleine Gruppe wie einst Diogenes auf die Suche nach
dem wahren Menschen begab, reiste sie nahezu zwei Jahre lang herum,
um tatkräftige Leute zu finden, die bereit waren, uns zu begleiten oder
zu helfen. Ich hatte mir für diesen Zweck genügend Zeit genommen und
besuchte allein oder gemeinsam mit anderen Moskau, Washington, Ottawa, Tokio und viele andere Hauptstädte in Europa und in unterent-
wickelten Regionen. Unsere Aktion hatte Erkundungscharakter. Um un-

---

* Mitglied des Club of Rome.

sere Vorstellungen besser beurteilen und präzisieren zu können, diskutierten wir über sie mit wissenschaftlichen Vereinigungen, Jugendgruppen, politischen Zirkeln, Industrieverbänden, Universitäten und Intellektuellen zahlreicher Länder. Bisweilen waren unsere Gesprächspartner skeptisch bezüglich der Möglichkeit, daß unsere Bemühungen zu einem Ergebnis führen könnten; sie wandten ein, daß die Probleme, mit denen wir uns befaßten, zu groß, zu schwierig seien. Wenn man uns schon irgendwo mit Sympathie und ermutigenden Worten begegnete, hatte alles doch nur rein platonischen Wert.

Somit erbrachte diese ganze intensive peripatetische Tätigkeit kein erkennbares Resultat – so, als würden die Weltprobleme, um die es uns ging, einen anderen Planeten betreffen. Die meisten von uns angesprochenen Leute geizten nicht mit Beifall für die Initiative des Club of Rome – sofern sie nicht mit ihrer eigenen Interessensphäre oder ihrer alltäglichen Beschäftigung kollidierte. Klar, daß niemand bereit war, einen namhaften Teil seiner Zeit, seines Geldes oder seines Einflusses für das langfristige zukünftige Wohl der Menschheit zu opfern – oder aber es fehlte die Überzeugung, daß ein solches Opfer produktiv sein könnte. Kurz, unsere Worte hatten keinen größeren Effekt als die Homilien des Papstes, die Warnungen des damaligen UNO-Generalsekretärs U Thant oder die mahnenden Aufrufe von Wissenschaftlern, die sich Sorgen über die Lage der Menschheit machten.

Alle diese Worte wurden vergessen, fast noch ehe man sie hörte. Ein Beispiel dafür ist die geradezu verzweifelte Botschaft*, die 2200 Wissenschaftler ungefähr zu jener Zeit an ihre Mitbürger auf dem Planeten Erde richteten: »Zwar durch Geographie und Kultur, durch Sprache und politische wie religiöse Überzeugung getrennt, sind wir jetzt dennoch durch eine beispiellose Gefahr vereint. Diese Gefahr, deren Natur und Ausmaß der Mensch noch nie zuvor erlebte, hat ihren Ursprung im Zusammentreffen einiger Phänomene. Jedes einzelne davon würde genügen, uns vor Probleme zu stellen, die fast nicht zu bewältigen sind. In ihrer Summe bedeuten sie nicht nur, daß sich die Leiden der Menschheit wahrscheinlich in der nahen Zukunft beträchtlich verschlimmern werden, sondern daß möglicherweise auch das menschliche Leben auf der Erde ausgelöscht oder so gut wie ausgelöscht wird. Soweit wir Biologen oder Ökologen sind, treten wir nicht für eine isolierte Lösung ein. Vielmehr äußern wir, ausgehend davon, daß solche Probleme existieren, daß sie globaler Natur sind und untereinander in Zusammenhang stehen, unsere Überzeugung, daß eine Lösung nur gefunden werden kann, wenn wir unsere engen egoistischen Interessen aufgeben und uns statt dessen für die Befriedigung der gemeinsamen Bedürfnisse einsetzen.« Jedoch schenkte niemand diesen Worten Gehör.

---

* Veröffentlicht in: *The UNESCO Courier*, Juli 1971.

Wir waren nicht so naiv zu glauben, daß unsere Reisen das Wunder einer Unterstützungsbewegung für den Club of Rome vollbringen könnten, doch hofften wir, aus unseren Kontakten manches Wesentliche zu lernen. So kam es auch. Wir begriffen, daß wir unsere Kommunikationsmethoden und -mittel radikal ändern mußten, wenn wir die Aufmerksamkeit der Menschen auf Probleme lenken wollten, die scheinbar so weit abseits ihrer unmittelbaren Lebensinteressen lagen.

Eine Bresche muß geschlagen werden
Wissenschaftliche Artikel, engagierte Reden, Erklärungen, Manifeste, Konferenzen und Zusammenkünfte sind kein fruchtbarer Boden für die Öffentlichkeit; im allgemeinen geschieht dort nichts anderes, als daß man ohnehin schon Überzeugten predigt. Das geeignete Objekt wären zweifellos die Massenmedien, doch pflegen sie ihr Publikum regelmäßig mit so vielen widersprüchlichen Informationen zu überschütten, daß der Konsument nicht imstande ist, das Wesentliche vom Zweitrangigen zu unterscheiden und daraus gescheite Schlußfolgerungen zu ziehen. In unserem Fall sollten alle vorhandenen technischen Mittel benutzt werden; um jedoch Aufmerksamkeit zu erregen, mußte die Botschaft des Club of Rome anders präsentiert werden – so, daß sie zum Nachdenken anregte. Nach meiner Meinung sollte sie die Leute wie eine Schocktherapie treffen. Solange die Menschen aller Bildungsgrade nicht in die Lage versetzt werden, die Wirklichkeit zu sehen, wie sie ist, und nicht, wie sie war oder wie man sie gern hätte, bleibt die Weltproblematik unverständlich. Es kam darauf an, daß alle einen großen Schritt des Verstehens machten.
Was sich der Club of Rome hier vornahm, war jedoch doppelt schwierig. Auf der einen Seite mußte – und zwar sehr rasch – eine neue Methode gefunden werden, um in eine psychologisch verworrene Situation eine Bresche zu schlagen, das heißt, unsere Botschaft durch jene Schicht von Selbstgefälligkeit, ungerechtfertigter Vertrauensseligkeit oder Fatalismus dringen zu lassen, die die Menschen gern als Schutzschild gegen unangenehme oder unverständliche Realitäten benutzen. Andererseits hatten wir der Welt kein fertiges Rezept zum Verlassen des Irrweges anzubieten; im Gegenteil, wir mußten unsere eigenen Ideen noch gründlich überprüfen und sie für uns selbst zusammenhängender und überzeugender machen. Die Botschaft mußte deshalb einfache, überzeugende Begriffe und Argumente enthalten, einen Keim, aus dem die Saat lebhafter Diskussionen und Reaktionen aufgehen und der den Boden für den späteren Übergang auf weiter vorgeschobene Positionen vorbereiten sollte.
Eine günstige Gelegenheit, einen Schritt auf dieses Ziel hin zu machen, bot sich uns bei einer Zusammenkunft im September 1969 im kleinen Tiroler Gebirgsdorf Alpbach. Alpbach ist ein traditioneller Konferenzort: seit 1945 pflegt eine Kulturorganisation, das österreichische Kollegium, jeden Sommer dorthin ein paar hundert Europäer (in der Regel junge Leute

überwiegend aus dem Westen, einige auch aus dem Osten) und ein paar
ausgesuchte Amerikaner zu Diskussionen über gemeinsame Probleme ein-
zuladen, wobei die Arbeit mit guter Musik und einem Kulturaustausch-
programm ergänzt wird. In jenem Herbst lautete das Generalthema »Die
Zukunft – Vision, Forschung, Programmierung«. Eine Veranstaltung war
dem Club of Rome vorbehalten: Hierbei ging es um die Verantwortung
der fortgeschrittenen Länder für die Probleme der Zukunft der Welt.
Dank einem glücklichen Zufall wohnte der damalige österreichische Bundeskanzler, Josef Klaus, unserem Treffen bei. Anschließend sagte er uns
im Gespräch, daß die von uns vorgetragenen Ideen seine Regierung stark
interessierten. Er lud einige von uns zu einer weiteren Diskussion mit
ihm und seinen Kollegen nach Wien ein. Ein paar Monate später folgten
wir der Einladung: Es war das erste organisierte Gespräch des Club of
Rome mit erstrangigen Spitzenpolitikern.
Eines Abends erörterten wir unsere Probleme im schneidenden Alpbacher
Bergwind auch mit einigen amerikanischen Freunden, deren Ansichten in
manchen Punkten unseren eigenen ziemlich nahekamen. Dabei waren
Erich Jantsch, Alexander King, Eduard Pestel* (auf den ich im weiteren
Verlauf noch zu sprechen kommen werde), Conrad Waddington* (ein
schottischer Biologe, vor kurzem verstorben), Paul Weiss* (gleichfalls ein
Biologe, der sich auch im Bildungswesen und bei der Popularisierung der
Wissenschaft Verdienste erworben hat), Detlev Bronk* (der ehemalige
Präsident der amerikanischen Akademie der Wissenschaften, inzwischen
verstorben) und Hasan Ozbekhan (auf den wir bald stoßen werden).
Nach Durchsprache verschiedener Alternativen stimmten wir alle überein,
daß die vielversprechendste Methode zur Erreichung unserer Ziele darin
bestand, die Weltproblematik durch systematische Präsentation von Weltmodellen aufzuzeigen und zu analysieren.

Die Idee der Weltmodelle
Nie zuvor waren die mathematischen Modelle benutzt worden, um die
gesamte menschliche Gesellschaft in ihrer irdischen Umwelt als – freilich
äußerst komplexes – einheitliches System zu beschreiben, dessen Verhalten
simuliert und untersucht werden kann. Es war in der Tat verlockend,
diesen neuen und in mancherlei Hinsicht vielleicht entscheidenden Weg
zu beschreiten, obgleich wir uns der Ungewißheit und der Schwierigkeiten, die er enthielt, voll bewußt waren; bei näherem Hinsehen war ein
Mißerfolg viel wahrscheinlicher als ein Erfolg. Doch wir spürten, daß dieses Risiko in Kauf genommen werden mußte, und wir trafen eine Entscheidung, die – obgleich in der üblichen informellen Art des Club of
Rome zustande gekommen – den Beginn eines neuen Kapitels der Zukunftsforschung und der Zukunftsbetrachtung markierte.

---

* Mitglied des Club of Rome.

Hasan Ozbekhan, Kybernetiker, Planwirtschaftler und Philosoph tür-
kischer Abstammung, damals Leiter eines Studienzentrums in Kalifornien, regte ein spezifisches Projekt an. Ihm ging ein guter Ruf voraus;
als ich ihn besser kennenlernte, beeindruckten mich seine hohe Kultur und
seine phantastische Vorstellungskraft – Eigenschaften, die für unsere Bemühungen absolut notwendig waren.
Bislang hatte er sich an unseren Aktivitäten noch nicht beteiligt, doch war
er, was die Ideen und Absichten des Club of Rome angeht, auf dem laufenden. Schon in Alpbach, später dann noch detaillierter, schilderte Ozbekhan die Techniken, die er für erforderlich hielt – manche waren noch
nicht einmal weit genug entwickelt –, um die Komplexität der Welt in
einem oder mehreren verständlichen Weltmodellen zu komprimieren.
Zwar waren die verschiedenen Phasen dieses schwierigen Unternehmens
logisch konzipiert, doch konnten sie nicht präzise umrissen werden, weil
sie von noch laufenden Untersuchungen abhängig waren, deren Resultate
man nicht einfach vorwegnehmen konnte. Jedoch vertraute Ozbekhan
darauf, daß ein richtig durchgeführtes Forschungsprojekt letztlich das Instrument liefern mußte, um – wie gewünscht – den Sinn der gegenwärtigen Situation einer breiten Öffentlichkeit begreiflich zu machen.
Ich hielt Ozbekhans Vorschlag für gut und unterstützte ihn rückhaltlos.
Jahrelang hatte ich den Standpunkt vertreten, daß die supermoderne
Technik in erster Linie dazu verwendet werden müßte, die soziale Problematik zu analysieren, zu synthetisieren und zu überwinden, anstatt nahezu exklusiv militärischen Zwecken zu dienen. Die Gründung der IIASA
schien damals zum rechten Zeitpunkt zu kommen, jedoch war mir, wie ich
schon sagte, bald klar, daß diese neue Institution im Endeffekt nur das
Ziel hatte, die Technik für die Lösung umfassender, komplexer Probleme
oder Problemgruppen der Gesellschaft, nicht jedoch der Problematik als
Ganzes einzusetzen. Gerade diese jedoch, wie auch die Situation des
Menschheitssystems in seinem globalen Umfang, liefen Gefahr, in allen
Zukunftsstudien vergessen zu werden, obgleich sie den gemeinsamen
Nenner unserer sämtlichen Mißstände und Interessen bilden.
Es gab in unserer Gruppe allerdings Vorbehalte hinsichtlich der Methode
Ozbekhans, vor allem, weil man ihr eine technokratische Inspiration
nachsagen zu müssen glaubte; schließlich wurden aber auch diese Vor-
behalte ausgeräumt. Niemand von uns erlag den Verlockungen der
Computer, der mathematischen Modelle oder den entsprechenden Techniken. Wir wußten genau, daß es sich hierbei nur um Instrumente handelte, die auf bestimmten Gebieten hervorragende Dienste leisten konnten – wie etwa das Flugzeug oder das Telefon bei der Abkürzung von
Entfernungen, die Audiovision bei der Ausbildung oder der Herzschritt-
macher in der Kardiologie. Und es war uns ferner klar, daß die Anwendung dieser Instrumente vollkommen vom Menschen abhing, daß Beurteilung, Erfahrung und Auswertung allein bei ihm verblieben. Der Club

of Rome hat niemals daran gedacht, daß dieses Vorrecht des Menschen auf noch so perfekte Maschinen oder Apparate übertragen werden könnte. Wir hatten im übrigen die Absicht, eine ganze Studienreihe unter dem Sammeltitel *Projekt über den Irrweg der Menschheit* zu fördern. Für diesen Zweck sollte ein breites Spektrum technischer und intellektueller Mittel sowie philosophischer Methoden eingesetzt werden mit dem Ziel, die Mißstände der Gesellschaft von verschiedenen Gesichtspunkten aus zu diagnostizieren, ehe man über die am besten geeignete Therapie entschied. Im Prinzip war nicht viel dagegen einzuwenden, wenn das erste Projekt der Reihe weitgehend auf der Computer-Technologie basierte. Wir erklärten uns also einverstanden, daß Ozbekhan weitermachen sollte, um möglichst rasch einen resümierenden Vorschlag auszuarbeiten und uns zu unterbreiten.

Es verging jedoch noch einige Zeit, ehe Ozbekhan ungefähre Fristen nennen und den Generalplan des Projekts ausarbeiten konnte, um uns alles zur Billigung vorzulegen. Inzwischen wurde die Finanzierung zu einem bedrohlichen Problem, einmal weil die veranschlagten Kosten ständig stiegen, zum anderen, weil es immer schwieriger wurde, Unterstützung für Initiativen mit ungewissem Ausgang zu finden. Schließlich legte Ozbekhan das Gros seiner Arbeit vor; sie trug den Titel *Suche nach strukturierten Erwiderungen auf die wachsenden globalen Komplexitäten und Unsicherheiten.* Nach meiner Meinung enthielt das Dokument eine zutreffende, ausführliche Darstellung sowohl des Problems wie auch der Ziele, obgleich es vielleicht ein wenig zu akademisch formuliert war und nicht genügend auf die Realitäten einging.

Die Konzeptstruktur mußte mit dem Fortschreiten des Projekts weiter entwickelt werden. Ozbekhan ging es darum, »ein oder mehr grobmaschige Anfangsmodelle der dynamischen Weltsituation zu entwickeln, in der Erwartung, daß diese Modelle die kritischsten Systemkomponenten und die für die Zukunft gefährlichsten Wechselwirkungen aufdecken werden«. Auf diese Weise würde man »eine *Norm*-Konzeption entwickeln können, um die Auswirkungen der Aktionen – das heißt die politischen, sozialen, ökonomischen, technologischen und institutionellen Konsequenzen – zu erkennen, die eine solche Zukunftsanalyse nahelegen und rechtfertigen könnte«.

Dieses Verfahren war im Prinzip vernünftig. Natürlich verfolgte Ozbekhan das Ziel, ein neues Niveau für das Verstehen der Mißstände dieser Welt zu erreichen und somit die Problem- und Lösungsdetails besser definieren zu können, um danach aufgrund neuer, gründlicherer Studien auszusagen, welches Verhalten und welche neuen Maßnahmen am geeignetsten wären, um die allgemeine Lage des Menschheitssystems zu verbessern.

Falls dieses Ziel erreicht werden konnte, würde das Projekt einen riesigen

Fortschritt bedeuten, doch mußte erst noch geprüft werden, ob alles realistisch war. Vor allem hatten wir Zweifel, ob die solchermaßen abgesteckte Phase selbst bei Mobilisierung der besten verfügbaren Experten innerhalb einer angemessenen Zeitspanne hätte abgewickelt werden können. Mehrere Monate lang diskutierten wir darüber im Club of Rome intern unter allen erdenklichen Aspekten. Der Reiz des Projektes als Wegbereiter nahm in dem Maß ab, wie unsere Zweifel wuchsen, wem es anzuvertrauen sei. Zum erstenmal überhaupt ein beschreibendes Weltmodell zu entwickeln, war an und für sich schon eine äußerst schwierige Aufgabe, doch ging das uns vorgeschlagene Programm noch darüber hinaus. Es enthielt auch die Forderung, im Modell wenigstens annähernd die Politik aufzuzeigen, mit der bestimmte, eventuell im Modell genannte Ziele erreicht werden könnten. Wir waren der Ansicht, daß dies einen so enormen Fortschritt in der Technik der Systemanalyse voraussetzte, daß niemand voraussehen konnte, ob und wann er hätte erzielt werden können. Zu allem Unglück wurde uns auch mitgeteilt, daß das Projekt in diesem Stadium nicht finanziert werden könnte.

Niemand war enttäuschter als ich, als ich zusehen mußte, wie diese Gelegenheit allmählich dahinschwand. Vielleicht war Ozbekhan zu ungeduldig gewesen. Das erinnerte mich an die Geschichte von dem orientalischen Prinzen, der den Fortschritt für seine Untergebenen wollte: Er redete den Ulemas ein, daß die Frauen auf den Schleier verzichten sollten, und den Kaufleuten, daß sie mehr Steuern für die Kanalisierung der Stadt zu zahlen hätten. In seinem Eifer erließ er jedoch die beiden Verordnungen zur gleichen Zeit. Das unselige Ergebnis war, daß die Ulemas gegen die Steuern waren und die Kaufleute gegen die Abschaffung des Schleiers bei den Frauen. So blieb alles beim alten – ausgenommen der Herrscher, der seinen Thron verlor.

Nach fast einjährigen Untersuchungen und Diskussionen kamen wir schweren Herzens zu der Überzeugung, daß der Vorschlag Ozbekhans wohl eine gute Basis für Überlegungen abgab und nützliche Empfehlungen für zukünftige Aktivitäten darstellte, jedoch in zwei Punkten nicht den präzisen Vorstellungen des Club of Rome entsprach. Das war einmal der Auftrag, Gedanken und Schlußfolgerungen einfach und klar zu formulieren; um Beachtung zu finden und Wirkung zu erzielen, mußte der Club of Rome schwerverständliche, komplexe Sachverhalte in einer möglichst leichtfaßlichen Sprache erklären. Der große Europäer Jean Monnet pflegte zu erzählen, daß er seine Sätze immer wieder schrieb und nochmal schrieb, bis auch seine Frau sie verstand – was dieser Dame sicherlich eher ein gesundes Empfinden als etwa zu geringe Auffassungsgabe bescheinigt. Leider wurde diese goldene Regel in unserem Fall nicht beherzigt, denn im Entwurf war alles zu hoch und zu gespreizt konzipiert und ausgedrückt.

Der zweite Punkt betraf den Faktor Zeit, der aus meiner Sicht schon damals von enormer Bedeutung war und es auch heute ist. Die Ereignisse eilen in raschem Tempo dahin, sie bleiben nicht stehen und warten nicht auf uns. Die Menschheit muß bereits viel verlorene wertvolle Zeit aufholen, um mit den zukünftigen Entwicklungen Schritt zu halten. Wir konnten also nicht das Risiko von Verzögerungen in Kauf nehmen, deren Dauer nicht voraussehbar war. Ein Risiko, das die uns vorgeschlagene Experimentiermethode unbestreitbar mit sich brachte. Deshalb mußten wir zu unserem eigenen Leidwesen nach einem anderen Weg für die Realisierung unseres Projekts mit den Weltmodellen suchen.

In der Erinnerung an jene Periode bin ich jedoch Ozbekhan sehr dankbar, daß er sich der Mühe unterzogen hat, neue zuverlässige Wege in die Zukunft aufzuzeigen. Ich bin sicher, daß viele meiner Kollegen vom Club of Rome meine Wertschätzung für den wertvollen Beitrag teilen, den er in Form einer Generalschau und eines weiten Ideenspektrums zum Start unserer Arbeit geleistet hat.

Wie organisiert man eine Nicht-Organisation?

Nach dem Versuch Ozbekhans gab der Club of Rome im Juli 1970 grünes Licht für ein Unternehmen, das später zum wohlbekannten Bericht über *Die Grenzen des Wachstums* führen sollte. An dieser Stelle soll kurz die interne Entwicklung unserer Gruppe geschildert werden. Wir hatten einige Normen festgesetzt, die zwar nicht schriftlich fixiert wurden, dennoch aber ziemlich bindenden Charakter für den Club und seine Aktivitäten besaßen – und die auch respektiert wurden.

Neue Formel, strenge Normen
Der Club of Rome sollte relativ klein bleiben (nicht mehr als hundert Mitglieder), um eine bessere Kommunikation untereinander zu ermöglichen – was keine leichte Aufgabe war. Er mußte eine Nicht-Organisation sein – schließlich existierten in der Welt schon genügend Organisatonen aller möglichen Schattierungen, die er hätte benutzen können, ohne eine weitere gründen zu müssen. Er mußte mit ganz wenigen Unterstützungsgeldern auskommen, um nicht im mindesten von irgendeinem Spender abhängig zu sein. Er mußte einen wahrhaft transkulturellen Charakter haben – das heißt, alle Fachgebiete, Ideologien oder Wertsysteme erfassen–, ohne sich mit einer bestimmten Tendenz zu identifizieren. Er mußte – in dem Sinne, wie ich es gleich erklären werde – apolitisch bleiben. Er mußte absolut informell sein und versuchen, den freien Meinungsaustausch zwischen seinen Mitgliedern zu fördern. Er mußte schließlich bereit sein, sich aufzulösen, wenn seine Zeit abgelaufen war – es gibt nichts Schlimmeres als Ideen oder Institutionen, die länger existieren, als sie nützlich sind.

Im übrigen war der Club nicht als Debattierverein, sondern als eine auf Aktion bedachte Gruppe konzipiert. Grob gesagt, waren es zwei Hauptziele, die er stufenweise erreichen wollte. Erstens: *die Durchsetzung und Verbreitung eines gründlicheren und sicheren Verständnisses des Irrweges, auf dem sich die Menschheit befand.* Dieses Ziel beinhaltet selbstverständlich die Untersuchung der immer geringeren und ungewisseren Aussichten und Möglichkeiten, die der Menschheit verbleiben, wenn die gegenwärtigen Verhältnisse in der Welt nicht rasch geändert werden. Das zweite Ziel besteht – unter Berücksichtigung der verfügbaren Kenntnisse und Erfahrungen – darin, *zur Anwendung neuer Verhaltensweisen, einer neuen Politik und neuer Institutionen anzuspornen, die imstande wären, die gegenwärtige Situation in Ordnung zu bringen.*

Ein Musterbeispiel fortschrittlicher Humanität
Die Mitglieder des Clubs sind hervorragende Gelehrte, Wissenschaftler, Bildungsexperten und Direktoren öffentlicher oder privater Institutionen aus über dreißig Ländern. Sie haben unterschiedliche Ausbildung, Erfahrungen, Überzeugungen, leben unter verschiedenen Verhältnissen. Die Namensliste reicht von Biologen wie Carl-Göran Hedén (Stockholm) und Aklilu Lemma (Addis Abeba) zum marxistischen Philosophen und Soziologen Adam Schaff, vom brasilianischen Politologen Helio Jaguaribe zum US-Senator Claiborne Pell, zum kanadischen Senator Maurice Lamontagne und zu Nello Celio, dem Expräsidenten der Schweizer Eidgenossenschaft, von Adeoye Lambo, früher Professor für Psychologie an der Universität Ibadan (Nigeria), gegenwärtig Vize-Generaldirektor der Weltgesundheitsorganisation, zu dem Polen Jozef Pajestka, Vizepräsident der Planungskommission, zum japanischen Städteplaner Kenzo Tange, von Mohammed Kassas, Naturwissenschaftler an der Universität Kairo, zu Gus Nossal, Leiter des australischen Hauptinstituts für medizinische Forschung, zu John Platt vom Institut für Geisteskrankheiten in Ann Arbor, Michigan, zum Anthropologen und Forschungsreisenden Thor Heyerdahl und zu den Italienern Adriano Buzzati-Traverso, Umberto Colombo und Altiero Spinelli. Diese Männer vereinigt ein tiefes Humanitätsempfinden und das Interesse für die Lage der Menschheit in unserer Zeit. Wie immer ihre Meinung aussehen mag, sie haben selbstverständlich jede Freiheit, diese in einer beliebigen, ihnen angebracht erscheinenden Form zu äußern. In der Regel werden Mitglieder von Regierungen nicht eingeladen, sich dem Club of Rome anzuschließen.
Unabhängig von allen Meinungsunterschieden glauben diese hundert verschiedenen Personen, daß die menschliche Gesellschaft einer tiefgreifenden Erneuerung bedarf, die nur durch gemeinsame Anstrengungen aller Völker ersonnen und in Gang gesetzt werden kann und die sich im übrigen auf Toleranz, gegenseitiges Verständnis und Solidarität gründen muß. Sie sind sich dessen bewußt, daß keine noch so mächtige Gruppe von Men-

schen und keine noch so richtige Philosophie die Welt ohne Mitwirkung der übrigen Gruppen und der übrigen Philosophien wieder in Ordnung bringen kann. Manche Mitglieder des Clubs haben vielleicht etwas noch Grundsätzlicheres gemeinsam, teilen wahrscheinlich die – vorerst noch nicht deutlich genug ausgesprochene – Erkenntnis, daß die von ihnen bisher vertretenen Doktrinen und philosophischen Richtungen irgendwie überholt und nun nicht mehr in der Lage seien, die Menschheit zu lenken. Sie hoffen, daß jeder, ohne der eigenen ideellen Anschauung zu entsagen, in den leidenschaftslosen Debatten des Club of Rome Gelegenheit findet, seine Erkenntnisse zu vertiefen und in bessere Übereinstimmung mit den Realitäten unserer Zeit zu bringen.

Schon von seiner Natur her versteht sich der Club nicht als Vertreter irgendeines Interesses, sei es nationaler, politischer, parteipolitischer oder ideologischer Art. Wegen seiner heterogenen Zusammensetzung kann er bei Meinungsverschiedenheiten auch nicht als Gruppe Stellung beziehen und für ein bestimmtes Wertsystem oder eine spezifische Lebensauffassung optieren. Es ist die simple und reine Wahrheit, daß der Club nicht mit einer einzigen Stimme sprechen kann: Die Meinungen und Schlußfolgerungen, die in den unter seinen Auspizien entwickelten Projekten geäußert werden, stammen von den am jeweiligen Projekt beteiligten Gelehrten und Wissenschaftlern, ohne damit die Meinung des Clubs zum Ausdruck zu bringen. Dessenungeachtet ist der Club of Rome in der Tat politisch, und zwar im rein etymologischen Sinne des Wortes. Die von ihm betriebene Analyse und Erkundung der langfristigen Interessen der Menschheit verfolgen tatsächlich den Zweck, eine neue und breitere Beurteilungsbasis zu schaffen, damit sich die Öffentlichkeit besser zurechtfindet und damit die Personen, die Entscheidungen von größter Tragweite zu verantworten haben, diese mit Sachkenntnis treffen können.

Die Mitglieder des Clubs werden durch Kooptation gewählt. Da die Gruppe sich im Lauf der Jahre nach und nach ergänzt hat, erscheint ihre Zusammensetzung insgesamt nicht so ausgeglichen, wie wir es gern hätten. Es gibt manche Persönlichkeiten, die wir gern in unseren Reihen sehen würden, die wir jedoch wegen der Regel des *numerus clausus* nicht einladen können; und auf letzteren können wir nicht verzichten, ohne den eigentlichen Charakter des Clubs zu verändern. Andererseits »schlafen« einige der gegenwärtigen Mitglieder; so sehr wir ihnen für ihre moralische Unterstützung dankbar sind, meine ich doch, daß sie versuchen sollten, aktiver zu werden. Unser vielgesichtiger Club erinnert mich an eine Inschrift am Eingang zu einer Irrenanstalt in Spanien, wo es heißt: »*no todos los que están son; no todos los que son están*«, was man etwa so übertragen könnte: »Nicht alle, die hier sind, sind es; nicht alle, die es sind, sind hier.«

Wegen seiner Mini-Dimension wird der Club of Rome häufig als eine den Problemen der Durchschnittsmenschen weit entrückte elitäre Gruppe

angesehen. Diese Meinung ist jedoch völlig unbegründet. Der Zweck des
Clubs besteht im Gegenteil gerade darin, die Wurzeln der realen Probleme der Welt aufzuspüren, von denen viele leider zu Weltproblemen
und somit zu Problemen jedes einzelnen geworden sind. Um das zu erreichen, darf man sich nicht – wie es heutzutage vielfach geschieht – darauf beschränken, in erster Linie die Symptome und die Konsequenzen
der uns bedrückenden großen und kleinen Probleme anzupacken, und
noch viel weniger darf man sich vordringlich nur mit jenen Problemen
beschäftigen, die uns am nächsten liegen und am unmittelbarsten betreffen, weil der Mann auf der Straße und wir alle sie am meisten zu spüren
bekommen. Wer das tut, treibt eine Politik der Bequemlichkeit, kann
damit aber nicht verhindern, daß man von Krise zu Krise schlittert. Es
kommt eben darauf an, zu begreifen, welche Probleme am schwersten
wiegen, welche die schwierigsten sind, wo ihr Ursprung liegt – oft ist er
weit entfernt von den Merkmalen, die wir wahrnehmen, – und dann den
Mut aufzubringen, die Ursachen beim Namen zu nennen und zu prüfen,
wie sie, auch unter Opfern, beseitigt werden können. Der Club of Rome
ist überzeugt, daß unser aller Schicksal, das unserer Kinder und der Kinder unserer Kinder, letztlich viel mehr davon abhängt, wie wir uns gegenüber der gesamten Weltproblematik verhalten, als von der Lösung einiger
spezifischer Probleme, mögen diese noch so dringlich und wichtig sein.
Das ist es, worauf wir unsere gesamten Energien verwenden wollen, selbst
um den Preis der Unpopularität.

Wer kümmert sich um die Welt?
Für lokale und nationale Probleme und Situationen gibt es Bürgermeister,
Minister, Gesetzgeber, Abgeordnete, Senatoren – auch Generale – und
eine ganze Reihe sonstiger Autoritäten, dazu alle möglichen Institutionen
und Organismen, von denen man annimmt, daß sie sich darum kümmern.
Jedoch ist – oder fühlt sich – niemand wirklich verantwortlich für den
Zustand der Welt, und das ist einer der Gründe, weshalb wir immer
weiter ins Übel hineinschlittern. Niemand fühlt sich für die Welt zuständig, deshalb ist niemand bereit, für sie etwas mehr zu tun als die anderen;
im Gegenteil: Jeder bemüht sich, die anderen zu übertreffen, wenn es
darum geht, den größten Vorteil aus ihr zu ziehen. Der ganze Planet
liefert auf diese Weise ein typisches Beispiel für das, was Garrett Hardin
die Tragödie der gemeinschaftlichen Güter nennt: das hoffnungslose
Schicksal der Dinge, die der Gemeinschaft gehören und die ein jeder sich
auszubeuten bemüht, mehr oder früher als die anderen, ohne sich im mindesten um das gemeinsame Interesse zu kümmern.
Die Beschränkung der Zahl der Clubmitglieder ist letzten Endes auch
dadurch bedingt, daß man sich ein besseres Funktionieren erhofft. Wir
waren von allem Anfang an gegen die Bildung einer Organisation gewesen, weil wir befürchteten, daß interne Dinge einen guten Teil unserer

knappen Energien beanspruchen würden. Wir zogen also vor, in geringer Zahl zu bleiben und nicht in der Bürokratie aufzugehen; tatsächlich benötigt die Produktion von Ideen ein Klima, das demjenigen, in dem die Bürokratie gedeiht, diametral entgegengesetzt ist. Der Club of Rome hat sich deshalb entschieden, als *Katalysator* zu wirken.

Aus operativen Gründen mußte sich der Club of Rome dennoch als Körperschaft konstitutionieren. Man entschied sich dafür, ihn als zivile Vereinigung ohne Gewinnstreben und mit einem denkbar einfachen Statut im Kanton Genf eintragen zu lassen. Es war nicht zu umgehen, daß das Statut auch die Ernennung eines Präsidenten vorsah; nachdem meine Kollegen mich schon vorher dafür ausersehen hatten, bat ich, meine Wahl nicht zu formalisieren, damit wir unserem Geist der Nicht-Organisation treu bleiben konnten. Nebenbei bemerkt, ist meine Nichternennung – da bei unseren Konferenzen kein Protokoll geführt wurde – einfach ein nicht registriertes Faktum. Jedoch besitzt der Club ein Exekutivkomitee, dem außer King, Pestel, Thiemann und mir gegenwärtig der Holländer Frits Böttcher vom Wissenschaftlichen Rat für Regierungspolitik, der Ökonom und Programmierer Saburo Okita, Direktor des japanischen Fonds für Auslandshilfe, sowie Victor Urquidi, Präsident des Mexikanischen Kollegiums für die Weiterbildung nach Universitätsabschluß, angehören.

In der Regel kommt der Club of Rome einmal im Jahr zu einer Vollversammlung zusammen, manchmal setzt er auch Sondertagungen an; während der übrigen Zeit funktioniert er durch Verständigung, wie ein »unsichtbares Kollegium«, dessen Mitglieder ideelle Verbindung halten und sich in verschiedener Form, in *ad-hoc*-Gruppen, zusammenfinden, wann immer es sich als notwendig oder möglich erweist. Die ersten sechs Jahresversammlungen wurden in Wien, Bern, Ottawa, Paris, Tokio und West-Berlin abgehalten (die für 1975 in Algier vorgesehene Versammlung konnte leider nicht stattfinden); sie boten Gelegenheit, auf hohem Niveau über Themen von allgemeinem Interesse zu diskutieren, wobei auch Experten, Intellektuelle und verantwortliche Politiker verschiedener Länder in die Debatte eingriffen.

Insgesamt gesehen meine ich, daß der Club of Rome und seine ungewöhnliche Formel die Probe bestanden haben. Abgesehen von seinen direkten Aktivitäten, auf die ich bald zu sprechen kommen werde, hat er mehrere seiner Mitglieder oder Freunde inspiriert, in zahlreichen Ländern Arbeitsgruppen zu bilden, und er hat in vielen engagierten Menschen den Wunsch geweckt, ihm nachzueifern oder es besser zu machen. Ich wünsche mir von Herzen, daß diese Versuche erfolgreich sein mögen. Der Club hat aber auch bewirkt, daß neue Ideen verbreitet wurden und daß die Bewegung für eine bessere Welt Impulse und eine Richtung bekommen hat.

Jetzt denke ich an die Herausforderungen der kommenden Jahre, die wahrscheinlich entscheidend sein werden, und ich hoffe, daß es dem Club of Rome gelingen wird, sie wie bisher mit Weisheit, Sachverstand und

ungehemmter Wirkungskraft anzupacken – sonst ist es besser, er löst sich
auf. Was mich angeht, werde ich auch weiterhin tun, was ich für meine
Pflicht halte – solange es mir vergönnt ist, den infernalischen Arbeits-
rhythmus durchzuhalten, der sich aus meiner Stellung im Mittelpunkt
so verschiedenartiger Aktivitäten ergibt. Ein solches Unterfangen erfor-
dert wahrhaftig große persönliche Hingabe. Bei dieser Gelegenheit darf
ich bemerken, daß der Club of Rome, so wie er konzipiert wurde und
welche immer die Qualitäten seiner Mitglieder sein mögen, ohne die auf-
opferungsvolle und brillante Arbeit meiner beiden Sekretärinnen, Anna
Maria Pignocchi und Elena Battistoni, nicht hätte funktionieren können.
Ihnen gebührt darum mein besonderer Dank.

V Die Probleme des Wachstums

Forrester bricht das Eis

Professor Jay W. Forrester* beteiligte sich an den Aktivitäten des Club of Rome erstmals im Juni 1970 in Bern. Auf unserer Jahresversammlung lief die Diskussion über den Ozbekhan-Vorschlag mit all seinen Vorzügen, aber auch mit den Zweifeln, die einige seiner Aspekte erweckten. Forrester sagte, er wäre innerhalb kurzer Zeit in der Lage, ein mathematisches Modell zur Simulierung der Welt zu projektieren und in Gang zu setzen, das den Vorstellungen des Clubs – die wir gerade damals einer kritischen Revision unterzogen – entspräche. Anfangs war es so, daß wir vielleicht zuviel sagen wollten, doch mittlerweile hatten wir gelernt, daß man nicht zuviel auf einmal sagen darf, wenn man Gehör finden will. Eine Entscheidung mußte fallen, allein schon deshalb, weil wir beabsichtigten, so rasch wie möglich ein weltweites Gespräch herbeizuführen, das heißt schon für 1971 oder 1972 und keinesfalls erst drei oder vier Jahre später.
Es gab nur wenige Grundideen, von denen ich überzeugt war, daß sie unbedingt propagiert werden müßten. Die wichtigste war natürlich die, daß in den Menschheitssystemen jede Angelegenheit in Wechselwirkung mit einer anderen steht und daß unter allen Faktoren diejenigen, die direkt mit dem Menschen zu tun haben, allmählich eine grundlegende Bedeutung erlangt hatten. Überzeugend vorgetragen, mußte diese Idee die logische Frage herausfordern: Welche menschlichen Verhaltensweisen haben die gegenwärtige weltweite Krise verursacht, und wie kann man sie korrigieren? Nüchterne Überlegungen müssen zu dem Resultat führen, daß die Mittel zur Abhilfe nicht außerhalb der menschlichen Reichweite liegen, sofern der Mensch auch wirklich gewillt ist, sie zu suchen und einzusetzen. Alles dies konnte sicherlich in wohlgesetzten, allgemein verständlichen Worten gesagt werden. Vorerst mußte jedoch der Club of Rome beim Aufgreifen komplizierter Probleme, wie etwa der Definition von Endzielvorstellungen und der Methoden zu ihrer Durchsetzung, bei

---

* Mitglied des Club of Rome.

der Reform veralteter Institutionen oder beim Versuch, ein nicht mehr ganz taufrisches Wertsystem mit den heute oft wechselnden Realitäten in Einklang zu bringen, Zurückhaltung üben.

Unsere ersten Schritte sollten so direkt und so pragmatisch wie nur möglich sein; ferner sollten sie auf quantitativen Argumenten fußen, die erfahrungsgemäß sehr viel leichter verstanden werden als jede qualitative Spekulation. Die aus jüdisch-christlicher Tradition hervorgegangene industrielle Zivilisation war als Modell nahezu in der gesamten Welt übernommen worden – mit Begeisterung oder Abscheu, je nachdem. Sowohl in ihren neokapitalistischen, wie auch in den sozialistischen Versionen und den dazwischenliegenden Formen sind ihre Ansprüche weitgehend materieller Natur. Kulturell waren also die Menschen darauf vorbereitet, etwas über diese Thematik zu hören, obwohl das Projekt, das wir zu fördern beabsichtigten, letzten Endes wohl ergeben mußte, daß die Ansprüche eingeschränkt werden sollten. Alles in allem erschien mir jedoch die Notwendigkeit, das materielle Wachstum zu regulieren, um daraus eine Komponente der allgemeinen Entwicklung des Menschen zu machen, als ein gutes Terrain für das Debüt des Club of Rome.

Die Dynamik des Weltsystems
Die praktische, betont ingenieurmäßige Einstellung Forresters und seine früheren Arbeiten waren für uns eine gewisse Garantie dafür, daß Struktur und Logik des Modells, das er im Kopfe hatte, unseren Zielen entsprachen. Wir wußten, daß er beim Entwurf des Modells nach der Methode der Systemdynamik verfahren wollte, an deren Entwicklung er jahrelang gearbeitet hatte. Nachdem wir ihm bei unserem Treffen in Bern unser vorläufiges Einverständnis erteilt hatten, bewies er sogleich, daß er die Sache mit Engagement anpacken wollte: In der unglaublich kurzen Zeit von vier Wochen entwickelte er ein mathematisches Modell, das natürlich nicht ins Detail ging, jedoch die Weltlage in genügend repräsentativer Form simulierte.

Für seinen Zweck hatte Forrester fünf wesentliche, untereinander abhängige Parameter benutzt: *Bevölkerung, Kapitalinvestitionen, Abbau nicht regenerierbarer Rohstoffe, Umweltverschmutzung, Nahrungsmittelproduktion.*

Forrester ging von der Annahme aus, daß eine systematische Analyse der dynamischen Tendenzen dieser Variablen – deren Charakteristikum ein rasches, häufig exponentielles Wachstum ist – und ihrer Wechselwirkungen ein ziemlich zutreffendes Bild vom Funktionieren des Systems unter verschiedenen Bedingungen vermitteln mußte. Zur Quantifizierung der Werte dieser fünf Basisfaktoren hatte er einige Daten aus *Dem Abgrund entgegen* und aus Artikeln, die ich über die Makroprobleme der Welt publiziert hatte, übernommen; sodann hatte er eine leicht verständliche Serie von Beziehungen zwischen ihnen und durch sie berührten Phänomenen gewählt, um ihre gegenseitigen Überschneidungen zu untersuchen. Nachdem die analytische Technik des für die Simulierung des Weltverhaltens konstruierten Modells aus seinen früheren Studien über industrielle und städtische Systeme abgeleitet werden konnte, bestand der echte große Sprung nun darin, ihre Anwendung von solchen Mikrosystemen auf das globale Makrosystem zu übertragen. Deshalb erhielt die solchermaßen entwickelte Technik die Bezeichnung *World Dynamics*.

Erste Modelle: World I und World II
Das entscheidende Treffen fand Ende Juli 1970 im Massachusetts Institute of Technology (MIT) in Cambridge (USA) statt. Als wir dort eintrafen, um ein auf zehn Tage angesetztes intensives Arbeitsprogramm zu absolvieren – Forrester bestand darauf, uns in diesem Rahmen auch in die Anwendung seiner Systemtechniken einzuweihen –, stellten wir fest, daß er sein mathematisches Weltmodell bereits einem Vortest im Computer unterzogen hatte. Forrester nannte seine Ausarbeitung World I: Er hatte über vierzig nicht-lineare Gleichungen angesetzt, die eine Verbindung zwischen den ausgesuchten Variablen herstellten, und ihren Zusammenhang mit einer Reihe von Computeroperationen analysiert, ein Verfahren, das ihm gestattete, unbefriedigende Ansätze und Materialfehler zu erkennen. Danach hatte er das Modell neu formuliert, womit World II entstanden war, das sich bei unserer Ankunft im Stadium der Prüfung befand. *So war die erste Generation Computermodelle über die langfristigen Tendenzen der Welt entstanden.*
An dieser Stelle muß etwas klargestellt werden. Man sollte den Modellen nicht mit Mißtrauen begegnen – auch jenen nicht, die mit Computerhilfe zustande gekommen sind –, so als wären sie etwas Unmenschliches oder Feindseliges. Wir alle benutzen regelmäßig Denkmodelle, um die Wirklichkeit zu vereinfachen, um an Personen und Situationen zu erinnern oder sie zu beurteilen und um untereinander Verbindung zu halten. Außer den Denkmodellen gibt es auch Formmodelle, wie etwa Reiseführer, die dem Touristen in Beschreibungen, Fotos und Mini-Landkarten ausführliche oder komprimierte Informationen über Sehenswürdigkeiten und Panoramalandschaften geben. Zeichnungen und Pläne von Häusern oder Flugzeugen, ein Planetarium, ein Mini-Auto, ein Foto, eine Karikatur, ein Identikit – sie alle sind Formmodelle; als solche muß man aber auch die mathematischen Modelle ansehen, nur wurde bei ihrer Erarbeitung eine andere Technik angewandt.
Die Wirklichkeit ist zu komplex, als daß unser Verstand sie voll erfassen könnte. Die mathematischen Modelle werden sozusagen dazwischengestellt: sie synthetisieren die Wirklichkeit und erweitern zugleich die Fähigkeiten unseres Verstandes, bis er jene endlich begreifen kann. Ein Modell ist immer nur so gut, wie es ihm gelingt, dieser Funktion gerecht zu werden. Kein Modell jedoch, ob Denk- oder Formmodell, kann allen

Elementen der Wirklichkeit, für die es erstellt wurde, gerecht werden. Die mathematischen Modelle haben, obwohl sie die Wirklichkeit natürlich nur in der subjektiven Deutung ihres Autors widerspiegeln, gegenüber den Denkmodellen den Vorzug, daß sie die benutzten Hypothesen und Konventionen ausdrücklich nennen, so daß diese angefochten und modifiziert werden können; der Computer sagt dann innerhalb weniger Sekunden, welche Konsequenzen solche Veränderungen nach sich ziehen. Deshalb können in sehr komplexen Situationen nur solche Modelle eine unmißverständliche Ausgangsbasis für einen Dialog zwischen vielen Gesprächsteilnehmern und für einen objektiven Vergleich zwischen ihren Meinungen liefern.

Wir müssen Jay Forrester für seine Pioniertat dankbar sein. Schon in jenem Vorstadium war die Simulation der Dynamik der realen Welt, wie sie seine Modelle vornahmen, trotz allen Unzulänglichkeiten und Ungenauigkeiten überzeugend und lebendig. Die Prognosen für die gewählten fünf kritischen Parameter und ihre Wechselwirkungen auf immer höherem Niveau ließen deutlich erkennen, daß schwere Katastrophen unvermeidlich sein würden, falls nicht ganz rasch etwas geschah, um die gigantische materielle Entwicklung des Menschheitssystems aufzuhalten. Im Verlauf seiner Arbeit sah Forrester diese Ergebnisse zweifellos voraus, was wahrscheinlich seine bis dahin demonstrierte Überzeugung abschwächte, daß Modellresultate im allgemeinen »kontraintuitiv« seien, das heißt entgegengesetzt dem eigentlich Erwarteten. Was mich betrifft, war ich schon lange überzeugt, daß der kombinierte Effekt ungezügelter, sich in gigantischem Ausmaß entwickelnder Phänomene unausweichlich zu unkontrollierbaren und unhaltbaren Situationen führen mußte.

Von unserem Exekutivkomitee waren in Cambridge nur Pestel, Thiemann und ich anwesend, also mußten wir drei eine Entscheidung treffen. In der Annahme, daß eine Weiterentwicklung von World II uns das gesuchte Instrument liefern könnte, beschlossen wir, dieses Modell zu wählen und das entsprechende Projekt in vollem Tempo voranzutreiben. Was die Aktivität des Club of Rome angeht, waren wir damit an einem seit langem angepeilten, wichtigen Wendepunkt angelangt. Wahrscheinlich war unsere Entscheidung jedoch von noch größerer Tragweite, weil die globale Modellierung – wie bereits angedeutet – de facto eine neue Phase der Zukunftsforschung einleitete, indem sie diese auf ein objektiveres, rationaleres Fundament stellte.

Meadows betritt die Szene

Einer Anregung Forresters folgend, baten wir noch während der Sitzung Professor Dennis L. Meadows*, seinen sehr jungen, uns damals noch völlig

---

* Mitglied des Club of Rome.

unbekannten Assistenten, die Arbeitsgruppe zu übernehmen, die World II entwickeln sollte, um sodann zu dem Modell überzuleiten, das später als World III bekannt werden sollte. Dieses Projekt wurde zwar vom MIT realisiert, finanziert jedoch wurde es von der Stiftung Volkswagenwerk, die vorher den Vorschlag Ozbekhans abgelehnt hatte. Es geschah hier zum erstenmal, daß eine finanzielle Unterstützung durch eine Stiftung in entgegengesetzter Richtung über den Atlantik gewährt wurde, das heißt von Europa in die USA. Jay Forrester betätigte sich lediglich als oberster Leiter des Projekts; wenige Monate später veröffentlichte er sein Werk *World Dynamics**, das ein Resümee seines Beitrags zur Entwicklung der ersten Computermodelle für die Analyse des Weltsystems darstellt.

Die Forschungsarbeit und die Realisierung oblagen nunmehr Dennis Meadows, der sich seiner Aufgabe gut entledigte, dabei Intelligenz und Tatkraft unter Beweis stellte. Wahrscheinlich ist auch er an diesem Projekt gewachsen, bei dem ihm eine multinationale Gruppe junger Wissenschaftler (ihr Durchschnittsalter lag unter 30 Jahre) zur Seite stand.

Getreu meinen Programmiergewohnheiten war ich gegenüber Meadows und dem MIT ziemlich anspruchsvoll. Das gesamte Projekt sollte natürlich nach den Normen des MIT und unter voller Respektierung der wissenschaftlichen Kriterien des MIT für Unabhängigkeit und hervorragende Qualität realisiert werden. Ich mußte jedoch immer wieder betonen, daß es sich hier nicht um eine akademische Pflichtübung, sondern um einen dringenden Beitrag zum globalen Verständnis des Menschen handelte und daß das Projekt aus praktischer Sicht als ein Durchbruchsprogramm anzusehen war, das innerhalb eines Jahres vollendet werden mußte, selbst um den Preis des Verzichts auf alle sonstigen, nicht absolut notwendigen Studien und Verbesserungen. Ich machte klar, daß unser Vorhaben darin bestand, einen »Kommandoeinsatz« zu organisieren, der in die Mauer der Selbstgefälligkeit, hinter der sich die Gesellschaft törichterweise verschanzt hatte, eine Bresche schlagen sollte. Dafür mußte möglichst rasch eine populär formulierte Version der Schlußfolgerungen des Projekts erstellt werden, noch bevor die technischen Kontrollen abgeschlossen waren. Von dem fertigen Manuskript verschickten wir vorsichtshalber zahlreiche Kopien an verschiedene Wissenschaftler in vielen Teilen der Welt, um es kritisieren und kommentieren zu lassen, bevor es veröffentlicht wurde.

Die Grenzen des Wachstums: ein Projekt mit vielen Rekorden
Die einjährige Frist, die ich gesetzt hatte, erwies sich als viel zu kurz; sie mußte verlängert werden. Doch drängte ich Meadows weiter – bis zum 12. März 1972, an dem zum Abschluß des Projekts das Buch *The Limits*

---

* Forrester, J. W., *World Dynamics*. Cambridge, Mass. 1971. Deutsch: *Der teuflische Regelkreis*. Stuttgart 1972.

*to Growth – A report for the Club of Rome** in den Räumen der Smith-
sonian Institution in Washington öffentlich vorgestellt wurde. Rein zeitlich wurde es trotzdem ein Rekord, waren doch seit der ersten Begegnung
in Cambridge erst 21 Monate vergangen. Als die Achaier an den Mauern
Trojas kämpften, dauerte es zehn Jahre, bis ihnen die Idee kam, daß ein
hölzernes Pferd, wie man es nie zuvor gesehen hatte, ihnen die Tore der
Stadt öffnen konnte; zum Glück benötigte der Club of Rome sehr viel
weniger Zeit, um sein Trojanisches Pferd zu finden und die erste strategische Position in der eben erst begonnenen großen Schlacht zu erobern.
Das Projekt ist aber auch noch durch eine andere Besonderheit bemerkenswert, nämlich durch die geringe Finanzierungsmittel, mit denen es
bis zum Abschluß auskommen mußte: 250 000 US-Dollar. Das bedeutet,
daß dieses Unternehmen weniger als den hunderttausendsten Teil dessen
gekostet hat, was die USA alljährlich in Forschungs- und Entwicklungs-
aktivitäten investieren. Noch verblüffender wirkt ein Vergleich mit den
Rüstungsausgaben: Paradoxerweise waren die Gesamtkosten dieses Projekts, das vor den Gefahren auf dem von der Menschheit beschrittenen
Weg warnt, niedriger als der Betrag, den die Militärs in aller Welt *alle
vierzig Sekunden* (Tag und Nacht, Jahr für Jahr!) ausgeben, um diesen
Weg nur noch gefährlicher zu machen. Jeder kann sich seinen Reim auf
diese verblüffenden Vergleiche machen, die im übrigen beweisen, daß man
mit Geld weder Weisheit kaufen noch die Kreativität beflügeln kann und
daß gute Ideen nicht unbedingt großer Summen bedürfen, um sich durchzusetzen.
Was den Inhalt des Projekts betrifft, so hat der Bericht Meadows' die vorausgegangenen Feststellungen Forresters und meine eigenen Erwartungen
bestätigt und erweitert. Die sich aufdrängenden Schlußfolgerungen liefen
im wesentlichen auf folgendes hinaus: Falls die gegenwärtigen Tendenzen
des materiellen (demographischen und ökonomischen) Wachstums anhal-
ten, wird die Expansion der Menschheit auf unserem endlichen Planeten
innerhalb weniger Generationen ein Ausmaß erreichen, bei dem unser
System immer schwerere Krisen und schließlich den Kollaps nicht mehr
verhindern kann. Im Bericht hieß es aber auch, daß es noch nicht zu spät
sei, die definitive Katastrophe zu verhindern, falls es gelinge, das Wachstum zu bremsen und zu steuern und seine Ziele zu ändern, daß aber diese
Veränderungen, je länger man zuwarte, um so schmerzlicher und die Aussichten auf Erfolg um so geringer sein würden.
Selbstverständlich waren sowohl Dennis Meadows als auch ich weit davon
entfernt, uns prophetische Gaben anzumaßen. Das Projekt erhob keinen
Anspruch darauf, die Zukunft vorauszusagen oder gar konkrete Aktionen zu empfehlen; es wollte vor allem erzieherisch wirken und wachrüt-

---

* Meadows, D. L., und andere, *The Limits to Growth*. Washington D.C. 1972. Deutsch:
Die Grenzen des Wachstums. Stuttgart 1972.

teln. Sein unmittelbares Ziel bestand darin, aufzuzeigen, welche katastro-
phalen Folgen sich ergeben würden, falls man die gegenwärtige Tendenz
beibehielt, und darüber hinaus zu erreichen, daß diese Folgen durch eine
Änderung der Verhaltensweisen und der Politik vermieden wurden.
Wenn wir die Leute warnten und ihnen die Augen über den Charakter
unseres gemeinsamen Wettrennens zum Abgrund öffneten, so dachten wir,
müßten sie zu einer vernünftigen Richtungsänderung bereit sein. Allerdings sagte der Bericht nichts darüber aus – er hätte es auch gar nicht können –, welche spezifischen Veränderungen notwendig sind. Die Totalsicht
auf den Planeten, die er gewährte und die man sonst vielleicht nur von
einem Satelliten aus haben kann, war zu allgemeiner Natur, um operative
Fingerzeige geben zu können. Die notwendige Aggregierung der Bevölkerung und der Produktion auf Weltebene, die Durchschnittswerte der Umweltverschmutzung, der Nahrungsmittelkonsum, der Abbau der Naturschätze – das alles vermittelte eine recht genaue Vorstellung vom Gesamt-
zustand des Menschheitssystems, reichte aber natürlich nicht aus, um
bestimmten Ländern zu sagen, welche praktischen Maßnahmen sie im
einzelnen zu ergreifen hätten. Dessenungeachtet lasen viele Leute aus dem
Bericht des MIT viel mehr heraus, als er aussagte, was zu übertriebenen
Hoffnungen oder aber Kritiken Anlaß gab.

Gegen den Mythos des ewigen Wachstums
Der Begriff von der Erde als endlichem Körper ist sicherlich nicht neu.
Die im Bericht enthaltene These, *daß auch das menschliche Wachstum
Grenzen haben müsse, wenn schon die Dimensionen unseres Planeten
nicht unbegrenzt seien*, richtete sich jedoch ganz klar gegen die in der
Welt vorherrschende Kultivierung der Expansion. Mehr noch: Sie wurde
zum Sinnbild einer neuen Denkweise, wild attackiert oder leidenschaftlich
verteidigt. Die Erfolge der materiellen Revolution haben diese Kultivierung arrogant werden lassen, die Kultivierung einer Quantitätszivilisa-
tion, die Qualität geringschätzt und dabei die Grenzen der realen biologischen Kapazität unseres Planeten übersieht – Grenzen dort, wo sie zur
sicheren Weiterführung des Lebens gezogen sind. Diese Kultivierung tut
sogar noch mehr: Sie beutet die lebensnotwendigen Reserven in ver-
schwenderischer, willkürlicher Weise aus, während sie gleichzeitig von den
menschlichen Kapazitäten nur ungenügend und sporadisch Gebrauch
macht.
Verlassen wir für einen Augenblick das Bevölkerungswachstum und wenden wir uns dem Wachstum der Produktion und des Konsums zu. Wo man
kein Mittel gegen die Krankheiten der Gesellschaft findet, behilft man
sich mit dem Glauben an die Entwicklung, wobei das Wirtschaftswachstum direkt als Supermedizin gilt: mit Überproduktion könne man alle
Bedürfnisse und jede Nachfrage befriedigen; und wo diese fehle, könne
man sie entwickeln, bis ein neues Gleichgewicht hergestellt ist – und das

alles auf immer höherem quantitativem Niveau, was gut für die Wirtschaft und folglich auch für die Gesellschaft sei. Lange hat niemand gewagt, echte Zweifel an der These zu äußern, ein solches materielles Wachstum besitze in der Tat Wunderkraft und das Wirtschaftswachstum als solches sei ein Segen. Erst in jüngster Zeit wurde deutlich, daß eine Politik des Überflusses zwar einige Probleme lösen und andere mildern kann, daß sie jedoch oft nur ein Notbehelf ist und gewisse Ursachen der Nicht-Befriedigung menschlicher Bedürfnisse nicht beseitigt werden können, indem man sie unter einer Lawine von Produkten versteckt. Doch selbst wenn man annehmen wollte, daß das Wachstum sämtliche Probleme lösen könne, hat der Bericht nachgewiesen, daß *materielles Wachstum nicht ewig dauern kann.*

Ausgehend von diesem zentralen Argument, zeigt der Bericht auf, daß einige der analysierten Faktoren – erschöpfbare Rohstoffe, beharrlicher Wachstumsglaube, langes Zaudern bei Entscheidungen, kurzfristige Planungshorizonte – Ursachen für Instabilität, für Überproduktion und schließlich für den Kollaps sein können. Es ist zum Teil der Wirkung des Berichts zu verdanken, wenn der Wachstumsmythos zu schrumpfen begann wie ein Luftballon, in den man mit einer Nadel hineinpikt.

Man braucht sich nicht zu wundern, daß die Reaktionen auf eine so unorthodoxe Meinung widersprüchlich ausfielen. *Die Grenzen des Wachstums* war in einer einfachen und klaren Sprache geschrieben, ein Verdienst Donellas, der feinfühligen, intelligenten Gattin von Dennis Meadows. Die Öffentlichkeit hatte das Buch gut aufgenommen. Die amerikanische Ausgabe war von Potomac Associates in Washington hervorragend angekündigt worden, einer unabhängigen Gruppe zur Förderung öffentlicher Interessen, die die Erörterung kritischer Probleme unserer Zeit ohne Parteinahme betreibt. Ich ließ es mir persönlich angelegen sein, die Herausgabe der nicht in englischer Sprache erscheinenden Ausgaben zu organisieren. Inzwischen ist der Bericht insgesamt in etwa dreißig Sprachen übersetzt und in vier Millionen verkauften Exemplaren verbreitet – eine beachtliche Auflage für ein Werk ohne Erzählungscharakter. Mindestens tausend Universitäts- oder Oberschulfachgruppen benutzen das Buch als Text, was beweist, daß es auch in die akademische Welt eine Bresche geschlagen hat.

Auf der anderen Seite stehen die Verfechter des Wachstums um jeden Preis, insbesondere bestimmte traditionalistisch eingestellte Ökonomen und lupenreine Technologen, die eine immer weiter wachsende Gesellschaft verheißen haben. Sie schießen unaufhörlich Pfeile gegen den MIT-Bericht ab. Glücklicherweise ist es heutzutage nicht mehr üblich, Ketzer dem Scheiterhaufen zu übergeben. Aber alle, die es gewagt hatten, den zum Denken und Handeln der menschlichen Gesellschaft gewordenen Wachstumsmythos anzukratzen, wurden zumindest im Geist an den Pranger gestellt und geviertteilt. Manch einer unter den erbittertsten Befürwortern einer ungezügelten Expansion, dieser heiligen Kuh, macht sich lächerlich, wenn er beharrlich abstreitet, daß es enge Grenzen für das Wachstum gebe; gewisse Leute greifen sogar zur Waffe des intellektuellen Terrorismus, indem sie dem Bericht Meadows' und dem Club of Rome vorwerfen, das *Nullwachstum* zu predigen. Offenbar haben sie gar nichts verstanden – weder den Club noch das Wachstum. Der Begriff »Nullwachstum« – wie auch der Begriff des unbegrenzten Wachstums – ist so primitiv und so unpräzise, daß es ein glatter Nonsens wäre, ihn in einer lebendigen, dynamischen Gesellschaft zu gebrauchen. Diese Beschuldigung verdient also nicht einmal eine Erwiderung.

Alles in allem betrachtet, bin ich der Meinung, daß dieses erste Projekt des Club of Rome seinen Zweck voll erfüllt hat. Zu den Faktoren, die seinen Erfolg bedingt haben, muß man sicher auch den Reiz der Pioniertat zählen: Der Wagemut einer kleinen Gruppe junger Forscher, die zum ersten Mal und überdies mit einer recht ungewöhnlichen Technik versucht haben, den Mechanismus der gesamten Welt des Menschen aufzudecken und zur Schau zu stellen, hat in der Öffentlichkeit genauso imponiert, wie er in wissenschaftlichen Kreisen überrascht hat. Vielleicht noch mehr Beachtung fand der Umstand, daß die hier gezeigte Vision des Menschheitssystems auf einem Modell, World III, fußte, das lediglich ein Prototyp mit allen für einen solchen unvermeidlichen Fehlern und Ungenauigkeiten war, aber auch mit der Aussage, daß der neuentdeckte Weg sehr weit führen kann.

Der Mensch hat bereits erlebt, daß einige Angehörige seiner Gattung den Fuß auf den Mond gesetzt und von dort aus die Erde als totale Einheit gesehen haben. Nun konnte dank den jungen Wissenschaftlern jedermann gewissermaßen mit eigenen Augen die Labyrinthe der Welt mit ihren gewaltigen Problemverstrickungen beobachten, in denen der Mensch sich zu verlieren im Begriff ist; und man durfte hoffen, daß diese jungen Leute – mit Hilfe anderer Computer und anderer Techniken – schließlich etwas für unser irdisches Wohlergehen tun würden. Das ist wohl der Grund – jedenfalls meine ich es –, weshalb Menschen aus allen Gesellschaftsschichten zu dem Schluß gekommen sind, daß der Bericht über die Grenzen des Wachstums – den sie wahrscheinlich nur vom Hörensagen kennen – mehr Hoffnungskeime enthält als Drohungen mit dem Jüngsten Gericht, wie es einige studierte, aber oberflächliche Kommentatoren wahrhaben wollen. Eine rechtzeitige Warnung gereicht bekanntlich zum Guten, nicht zum Schlechten.

Die Diskussion über die Grenzen hat eben erst begonnen
Im übrigen begann sich das Gewissen der Menschen zu regen. Zweifellos besitzen das Wirtschaftswachstum und ein höherer Lebensstandard in vielen Teilen der Welt immer noch absoluten Vorrang, aber die These des Club of Rome, daß diese Ziele nur mit koordinierten Anstrengungen aller

Länder und bei einem allgemeinen Gleichgewicht erreicht werden können,
gewannen allmählich an Glaubwürdigkeit. Der gewisse Limits überschrei-
tende Überfluß gilt heute nicht mehr ohne weiteres als Synonym von
Fortschritt und Glück, als Basisfundament von Frieden und Ordnung,
als das A und O aller Dinge. Kein vernünftiger Mensch glaubt mehr, daß
die alte gute Mutter Erde jedes menschliche Wachstum schlucken, jede
menschliche Laune befriedigen könne. Jedermann weiß, daß es Grenzen
gibt, auch wenn *erst noch festgestellt werden muß, wie sie beschaffen sind
und wo sie liegen.*
Diese Evolution der Ideen hat die Phantasie beflügelt und den Wortschatz
bereichert: man verweist auf die Notwendigkeit, das *Wachstum zu huma-
nisieren* oder von der Konsumgesellschaft zur *Bewahrungsgesellschaft*
überzugehen, oder man spricht von einem ausgeglichenen Wachstum. Eine
häufig auftauchende Frage lautet: *Wachstum ja – aber wofür?* Oder: Ist
eine Gesellschaft in *stationärem Stadium* wünschenswert oder möglich?
Mit der Zeit gewinnen die Auseinandersetzungen an Qualität, sie werden
ergiebiger und greifen in andere Bereiche über. Der Begriff Entwicklung
ersetzt allmählich den Begriff Wachstum.
Der Bericht Meadows' und der Club of Rome haben diese Bewegung
eingeleitet, aber es wird erst in den nächsten Jahren möglich sein zu beurteilen, wieviel sie wirklich für die Veränderung getan haben, die der
Bericht in der Denkweise der Menschen bewirkt hat. Inzwischen zwingen
uns die Ereignisse, einen dramatischen Kampf gegen den Hunger und
andere Notsituationen zu führen, was vorher niemand in diesem Ausmaß
ahnen konnte.

Überall Grenzen

Wie wesentlich die Probleme des Wachstums und seiner Grenzen für die
menschliche Existenz und die Gesellschaft sind, ist ein Fragenkomplex,
mit dessen Erforschung wir eben erst begonnen haben, und dies auch nur
fragmentarisch, kaum systematisch. Das Dogma des Wachstumskultes,
obgleich in vollem Widerspruch zur Wirklichkeit, beeinflußt unser All-
tagsleben immer noch so sehr, daß auch die Verwirrung in uns selbst
ständig wächst. Darum sind einige Klarstellungen notwendig.
Die von Meadows in seiner Studie genannten Grenzen beziehen sich im
wesentlichen auf die nicht regenerierbaren Rohstoffe, beispielsweise auf
Mineralvorkommen und Lagerstätten organischer Materialien, die sich in
Milliarden Jahren angesammelt haben und nun zu fossilen Brennstoffen
geworden sind, aber auch auf den Boden, auf Luft und Wasser, die auf
der Erde alle verfügbar sind, jedoch nur in einer bestimmten Menge.
Präzise gesagt: Meadows stützte seine Überlegungen auf die verfügbaren
Daten über die *physische Menge der abbaufähigen, nicht regenerierbaren*

Rohstoffe und auf die Prognosen über ihre Abnahmeraten infolge Verbrauchs. Später vorgenommene Schätzungen haben die anfänglichen Annahmen modifiziert, wobei sich die Erde als etwas freigebiger erwies, als Meadows sie eingestuft hatte. Außerdem hatte Meadows auch den Einfluß des Preismechanismus nicht genügend berücksichtigt; dieser kann in der Tat das Verwendungsspektrum peripherer Rohstoffe erweitern, indem er deren höhere Kosten aufgrund einer vergleichenden Analyse mit anderen Lösungen gerechtfertigt erscheinen läßt.

Trotz der Berechtigung eines Teiles dieser Kritiken bleiben die Schlußfolgerungen Meadows' in ihrem Kern bestätigt. Zwar ist die Erdrinde gut bestückt mit allem, was wir brauchen, doch kommen einige Minerale weniger häufig vor als andere, oder sie sind sogar ganz selten. Auf jeden Fall steigt der Preis für die primäre Verwendung dieser Rohstoffe oder für ihre Erhaltung beziehungsweise Wiederverwendung rasch an, ja er droht, selbst zu einem Begrenzungsfaktor zu werden. Sicherlich werden fortschrittlichere Technologien zu Hilfe kommen, aber das setzt wiederum einen größeren Energieverbrauch voraus, wodurch sich die Grenzen oder die Hauptlast auf ein anderes Gebiet verlagern.

Was die physischen Rohstoffe angeht, zögere ich nicht zu behaupten, daß die Menschheit vor allem erleben wird, wie Probleme im Zusammenhang mit der Erdrinde und mit lebenswichtigen Substanzen wie Wasser und Luft immer akuter werden, akuter jedenfalls als reine Materialprobleme. Wollte man die drei klassischen physischen Sphären nach den Schwierigkeiten einstufen, die sie verursachen dürften, so halte ich die unbelebte Lithosphäre für weniger besorgniserregend als die Hydrosphäre oder die Atmosphäre.

Äußere Grenzen: Auspowerung der physischen Reserven

Selbst die optimistischsten Thesen über die Verfügbarkeit von Rohstoffen und Energie schließen nicht die Notwendigkeit aus, über die physischen Reichtümer der Erde, mit denen wir rechnen können, mehr zu erfahren, sowohl was ihre Menge und ihre Charakteristika als auch ihre Verteilung angeht. Ohne solche Kenntnisse ist eine kluge Verwendung und die Erhaltung dieser Naturschätze nicht möglich. Außerdem müssen wir viel mehr über die Gefahren wissen, die aus dem Umfang unserer Aktivitäten im Bereich der physischen Umwelt entstehen, und wir müssen wissen, welche nicht wieder gutzumachenden Veränderungen wir ungewollt hervorrufen können: zum Beispiel wie lange wir noch ohne Gefahr an die Atmosphäre Wärme durch Produktion von Energie abgeben können, oder wie nahe wir bereits einer Gefährdung des Lebens durch Zerstörung des Ozongürtels der oberen Schichten der Atmosphäre sind. Es ist gut, daß man vor kurzem mit grundlegenden Untersuchungen begonnen hat, um ein besseres Verständnis der *äußeren Grenzen* zu erzielen, das heißt der maximalen oder optimalen Kapazität des irdischen Lebensraumes zur

Erhaltung des Lebens; jedoch müssen diese Untersuchungen erweitert und vertieft werden.

Eines steht jedoch fest: *Die realen Grenzen des Wachstums der Menschheit sind nicht so sehr physischer wie ökologischer, biologischer und vor allem kultureller Natur.* Leider kann eine wissenschaftliche Wertung oder eine auch nur einigermaßen zuverlässige Abschätzung dieser Grenzen oder Beschränkungen vorerst noch nicht vorgenommen werden. Milliarden Dollar wurden für die Erkundung von Rohstoffvorkommen aufgewendet, jedoch ist man sich bis heute nicht einig und bleibt auf Schätzungen darüber angewiesen, wie groß die Weltreserven an Erdöl, Phosphaten oder Eisenerzen wirklich sind. Man braucht sich daher nicht zu wundern, wenn wir auch auf anderen Gebieten, die von der Forschung und Erkundung bislang nahezu ständig vernachlässigt wurden, völlig im dunkeln tappen. Es ist ganz klar, daß diese Mängel so rasch wie möglich beseitigt werden müssen.

Zum Teil sind die geschilderten Grenzen durch die Tatsache bedingt, daß sich das Leben allein in der Biosphäre abspielt, das heißt in jener dünnen Schicht aus Erdboden, Luft und Wasser, die den Globus umhüllt und im Durchschnitt nicht dicker als zehn Kilometer, in den Polar-, Wüsten- und Gebirgszonen sogar noch dünner ist. Die Gattung Mensch ist lediglich eine Komponente in der Summe der Lebenssysteme, von denen es dort wimmelt und die sich gegenseitig beeinflussen. Während die für unsere Existenz wesentlichen physischen Grenzen materiell und quantifizierbar sind, ist es unmöglich, die uns durch unsere Zugehörigkeit zur Biosphäre gesetzten Grenzen abzusehen. Sie hängen eng mit dem Zustand der sogenannten regenerierbaren Rohstoffe zusammen, jener also, von denen wir annehmen, daß sie sich automatisch erneuern, obgleich wir massiv in ihren Prozeß eingreifen. Vom korrekten Funktionieren ihrer Zyklen und ihrer Mechanismen hängt ganz wesentlich die Ökologie der Menschheit ab; werden einige davon gestört, und sei es nur für kurze Zeit, so kann der Mensch in tödliche Gefahr geraten.

Ich muß es noch einmal sagen: Als Mutter Erde vor ungefähr hunderttausend Jahren den *homo sapiens* gebar – niemand weiß wirklich, ob es ein Glücksfall oder eine Irrsinnstat war –, betrat dieser das Flußbett des Lebens unter ökologischen Bedingungen des Austausches (das heißt des Wettbewerbs, der Ergänzung und gegenseitigen Anpassung) mit allen anderen Gattungen, die die Biosphäre bevölkerten. Er kann sich aus diesem natürlichen Zustand der reziproken organischen Abhängigkeit vom globalen Ökosystem, das er entscheidend beeinflußt, nicht herauswinden, da er gleichzeitig von diesem selbst nicht minder entscheidend, und zwar in tausend verschiedenen Arten und in stetig wachsendem Umfang, beeinflußt wird.

Äußere Grenzen: die verwüstete Biosphäre
Trotzdem sind wir offensichtlich völlig unfähig, diesen einfachen, unbestreitbaren Sachverhalt zu begreifen. In dem Bestreben, uns bei der Eroberung unserer Weltherrschaft immer weiter vorzuwagen, haben wir das Lebensgeflecht über der Erde verletzt und makroskopisch verändert – mit dem Ergebnis, daß wir damit unsere eigene Existenzbasis eingeengt und ärmer gemacht haben. Selbst der Laie erkennt mindestens drei Aspekte der Verwüstung der menschlichen Ökologie, die wir in beschleunigtem Tempo betreiben.

Erstens: Mit der Explosion unserer künstlich geschaffenen Welt belegen wir immer größere Flächen, füllen sie mit Bauten und Straßen aus, werfen überall in ständig wachsenden Mengen Abfälle und Giftstoffe weg und zerstören damit Hunderte und Tausende Arten und die natürliche Umwelt vieler anderer. Dank unseren Aktionen ist die genetische Masse der Biosphäre umstritten, komprimiert, reduziert.

Zweitens: Wir sind im Begriff, das Gleichgewicht zwischen den Gattungen verheerend zu stören und damit die Qualität der biologischen Plattform zu verändern. Man weiß, daß in einem Ökosystem die Unterschiedlichkeit der Lebensformen deren Widerstandsfähigkeit gegen äußere Einflüsse stärkt und zur Evolution und kontinuierlichen Regeneration beiträgt, während das Übergewicht einer beliebigen einzelnen Gattung Abwehrkräfte erzeugt, die dahin tendieren, den Usurpator in Schranken zu halten.

Drittens: Um unsere Bedürfnisse und unsere Launen zu befriedigen, haben wir die hochentwickelten Gattungen, beispielsweise die großen Säugetiere – dieses Meisterwerk der Natur, ehe der Mensch kam – besonders empfindlich geschädigt; wir sind im Begriff, sie systematisch zu vernichten, sie zu dezimieren oder in entwürdigender Gefangenschaft zu halten. Prozesse, für die ganze Epochen nötig gewesen waren, wurden durch unser Verschulden urplötzlich unterbrochen.

Wir sehen schlicht und einfach über die Folgen hinweg, die diese Verkümmerung, Deformierung und Rückbewegung des genetischen Potentials der Natur nicht nur für die Ökologie, sondern auch für die menschliche Psyche haben kann. Wir wissen noch nicht einmal, ob es Sicherheitsgrenzen gibt, innerhalb derer wir unsere gegenwärtigen Praktiken ungestraft fortsetzen können, oder welchen Preis wir für ihr Überschreiten zu zahlen hätten. Zwar waren wir imstande, eine allgemeine Theorie der Materie zu formulieren, doch gebricht es uns vollständig an einer allgemeinen Theorie des Lebens.

Es gibt auch noch andere, nicht meßbare, unantastbare Grenzen, die sich dem materiellen Wachstum des Menschheitssystems entgegenstellen, nämlich die biopsychischen oder *inneren Grenzen*, die durch die Natur des Menschen selbst bedingt sind. Nicht einmal das edle Reich des Intellekts, wo die besten Eigenschaften des Menschen angesiedelt sind – diejenigen,

von denen wir mit anthropozentrischer Parteilichkeit annehmen, daß sie
ihn unter allen anderen Lebewesen klar hervorheben –, entzieht sich dieser Regel. Zwar sind wir nicht mit Nachdruck auf dieses Problem eingegangen, doch besteht kein Zweifel, daß *auch die psychischen und zerebra-
len Fähigkeiten des Menschen mehrere Typen von Grenzen aufweisen.*
Unser Gehirn ist wahrscheinlich unser größtes Gut, aber wie schlecht
machen wir von ihm Gebrauch! Was für ein Ende könnte diese Gabe der
Natur nehmen! Wir haben keinerlei geistige Disziplin walten lassen. Im
Gegenteil – wir haben uns einer wachsenden Dosis entnervender Spannungen, immer größeren Beschleunigungen, dem Schock der Übervölkerung
ausgesetzt, die uns erdrückt und entpersönlicht. Wir haben uns weder
gefragt, ob unsere Sinne diesen Traumata widerstehen können, noch ob
sie tatsächlich darauf vorbereitet sind, sich den neuen Dimensionen des
Intellekts anzupassen, die erforderlich sind, wenn wir nicht von der modernen Problematik überwältigt werden wollen.

Innere Grenzen: Nachlassen unserer psychophysischen Fähigkeiten
Niemand kann mit Sicherheit sagen, ob der heute dominierende Fort-
schrittstyp und die heutige Lebensweise unsere innere Adaptionsfähigkeit
bereits überholt oder welchen Schaden sie an uns vielleicht schon angerich-
tet haben; und es kann auch niemand sagen, ob und wie unsere innere
Adaptionsfähigkeit entwickelt werden kann oder aber ob die gegenwärtigen Tendenzen andauern können und was schließlich ihr Andauern für
unsere psychische und soziale Gesundheit bedeuten kann. Was wir in den
Großstädten und in den Großindustrien, die ein Symbol unserer Zivilisation darstellen, aber auch bei den jungen Menschen sehen, die bereits
unsere Zukunft reflektieren, ist jedoch recht besorgniserregend. Dasselbe
gilt für das scheinbar unheilbare Phänomen der Unterentwicklung, dieses
andere Gesicht des Fortschritts. Haben wir nicht schon genügend Beweise,
daß der Durchschnittsmensch überall auf der Welt Mühe hat (aus verschiedenen, oft gegensätzlichen Gründen), die psychophysische Kapazität
zu erlangen, die er braucht, um nicht von den allzu großen und allzu verflochtenen Dingen erdrückt zu werden, die wir alle miteinander in die
Welt setzen?
Das alles hat sehr viel mit Wachstum zu tun, zumal die Komplexität
unserer künstlich geschaffenen Systeme rascher zunimmt als ihre Dimensionen. Wenn also die Menschheitssysteme sich weiterhin ausdehnen und
man immer kompliziertere und raffiniertere Technologien, Prozesse und
Prozeduren anwenden muß, um sie funktionieren zu lassen, laufen unsere
ohnehin schon schwergeprüften Kapazitäten Gefahr, endgültig überfor-
dert zu werden. Eine weitere Expansion sollte demnach nicht nur durch
äußere Zwänge, sondern auch durch unsere eigenen inneren Grenzen gebremst werden.
In der Gesamtsicht ist aber das Problem der Grenzen des Wachstums und

überhaupt der Entwicklung des Menschen im wesentlichen kulturbedingt.
Es ist doch so, daß die Menschheit eine Phase der beispiellosen materiellen
Expansion durchmacht und entscheidende Macht über ihre eigene Umwelt
errungen hat; sie hat jedoch nicht gelernt, selbstsicher vorzugehen und
dabei sowohl die begrenzte Belastbarkeit unseres Planeten als auch die
begrenzten biopsychischen Fähigkeiten des Menschen zu respektieren. Es
ist ein schwerwiegender Fehler unserer kulturellen Evolution, daß die
Menschheit nicht vermocht hat, diese äußeren und inneren Grenzen zu
erkennen und richtig zu beurteilen.

Kulturbedingte Grenzen: Die unzureichenden sozio-politischen Systeme
Die kulturbedingten Mängel schränken die Manövrierfähigkeit der Menschen auch in anderer Weise ein, oder aber sie hindern diese, klug zu
handeln. Die für unser gesamtes Menschheitssystem typische Verwirrung,
wie ich sie bereits beschrieben habe, ist in erster Linie auf unsere kulturelle
Unreife zurückzuführen; sie behindert auf verschiedene Weise die Möglichkeiten des Wachstums, ganz zu schweigen von den sonstigen Übeln, die
sie verursacht. Derartige Feststellungen haben viele Wissenschaftler zu
der Behauptung veranlaßt, die engsten und schroffsten Grenzen des
Wachstums seien politischer und sozialer Natur und würden durch unser
Unvermögen verursacht, die komplexen Systeme unserer Zeit zu steuern.
Ich will mich nicht näher über diese These auslassen, die mir im übrigen
etwas vereinfachend erscheint und offensichtlich den Dingen nicht auf den
Grund geht. Der Zustand allgemeiner Unordnung, in dem wir zu leben
gezwungen sind, und folglich alle sich daraus ergebenden Konsequenzen
sind tatsächlich nur das Resultat der Lücke, die zwischen der kulturellen
Entwicklung der Menschheit und ihrem technologischen Fortschritt klafft.
Deshalb möchte ich diese verschiedenen Kategorien kulturbedingter Grenzen einer näheren Betrachtung unterziehen.
Man kann unschwer erkennen, daß – abgesehen von allen anderen Grenzen – *die Strukturen und die sozio-politischen Philosophien* des gesell-
schaftlichen Konglomerats der heutigen Welt nicht imstande sind, mit
einem immer weiter angekurbelten Wachstum fertig zu werden. Ist aber
das Menschheitssystem so anarchisch, von so vielen internen Barrieren
und Hindernissen zerschlissen und von so schweren Funktionsstörungen
befallen, wie ich bereits erwähnt habe, so ist leicht zu begreifen, daß es
ihm niemals gelingen wird, jenes materielle Wachstumsniveau zu erreichen, das eine vernünftige, wirksame Anpassung an die äußeren Grenzen
der Erde und an die inneren theoretischen Grenzen des Menschen gestatten würde. Bei der gegenwärtigen Struktur der Gesellschaft kann kein
globaler Plan für einen rationellen Umgang mit den Naturschätzen, ob
regenerierbaren oder nicht, und für deren künftige Erhaltung und Handhabung aufgestellt werden; Konflikte und Krisen, die sich aus der Ausbeutung der Rohstoffreserven und aus den Rohstoffpreisen ergeben, sind

also unvermeidbar: Das alles zwingt das gesamte System, mit sehr niedriger Effizienz zu operieren. Zugleich damit verursachen das ununterbrochene Wachstum, die schlechte Verteilung und die verbreitete Unwissenheit der Bevölkerung – auch ein Zeichen der Kluft zwischen Kultur und realer Welt – weiterhin große Schwierigkeiten, da sie eine geordnete wirtschaftliche Expansion stark in Frage stellen.

Selbst die bestorganisierte Sektion dessen, was ich mit »Jahrhundertpfeiler« der Gesellschaft bezeichnet habe, nämlich das *industrielle Welt-Establishment*, schränkt das Wachstum des Menschheitssystems indirekt durch Zwänge ein. Seine räumliche Aufgliederung und seine Struktur, die im wesentlichen aus der Logik und dem Lauf der Geschichte hervorgegangen sind, stehen nicht mehr in einem angemessenen Verhältnis zur geographischen Verteilung der heutigen Bevölkerung und der heute wichtigsten Rohstoffe oder zum Gebot der Beschäftigung und der Entwicklung. Außerdem ist das Leitmotiv des raschen Gewinns und der raschen Amortisation der Investitionen, das die heutigen wirtschaftlichen Aktivitäten bestimmt, genau das Gegenteil eines vernünftigen Umgangs mit den Naturschätzen, unabhängig davon, ob wir deren viel oder wenig besitzen. Ich habe bereits angedeutet, daß eine Rationalisierung des gesamten Produktivbereichs und eine Umverteilung der Industrie auf der Erde unumgänglich geworden sind. Dem möchte ich hinzufügen, daß auch das – sonst noch mögliche – materielle Wachstum ernsthaft gefährdet wird, wenn dies nicht rasch geschieht.

Kulturbedingte Grenzen: Rohstoffverschwendung, schlechte Steuerung
Nun hat unsere chaotische und turbulente Gesellschaft mit ihrer ungezügelten Betonung materieller Ziele einen unglaublichen Hang zur Verschwendung entwickelt, der jede Aussicht auf ein nützliches Wachstum schmälert. Die Ursachen dieser Verschwendung sind in der Hyperentwicklung und im üppigen Wohlstand einiger Regionen, die Anlaß für die Ausartung des Konsums waren, sowie in der Untauglichkeit der globalen Produktions- und Verteilungssysteme zu sehen. Ferner kann ich nicht umhin, auch hier noch einmal an die Rüstungsprogramme zu erinnern, die jedes Jahr enorme Reserven verschlingen und sie den Produktivaktivitäten entziehen, ohne im geringsten die Situation der Menschen zu verbessern; ja, ihretwegen schwebt über der Menschheit sogar ständig das Damoklesschwert von Zerstörung, Leiden und Tod.

Eine noch größere Verschwendung stellen indessen jene ungeheuren menschlichen Ressourcen dar, die ungenutzt bleiben oder moralisch und materiell vernachlässigt werden. Bei der gegenwärtigen Tendenz steigt die Zahl der Menschen, die das System nicht aktivieren kann oder will, beträchtlich: Allein in den nächsten zehn Jahren wird das Heer der arbeitslosen Männer und Frauen um mehrere hundert Millionen anwachsen. Selbst wenn es uns gelingen sollte, unsere moralische Empörung über diesen Zustand zu unterdrücken, müssen wir dennoch etwas gegen diese Absurdität unternehmen.

Als Resümee bleibt die Feststellung, daß das Menschheitssystem – das doch so sehr am Wachstum hängt – in Wahrheit einen Weg eingeschlagen hat, der ihm praktisch Wachstums- oder Entwicklungsgrenzen auferlegt, die sehr viel enger als theoretisch möglich gezogen sind. Angesichts der gegenwärtigen kulturellen und funktionellen Verwirrung der Gesellschaft wäre es sogar völlig unrealistisch, neue ehrgeizige Ziele einer globalen Expansion ins Auge zu fassen. Die Menschheit hat sich in eine Sackgasse manövriert. Das Trommelfeuer der Werbung, die Aufforderung zum Konsum und die Propagierung des Wachstums erwecken bei den Menschen immer wieder neue Hoffnungen und Erwartungen. Das wiederum zwingt die Regierungen, die Entwicklung des Systems um jeden Preis anzukurbeln. Aber jede weitere Expansion – angenommen, sie sei überhaupt möglich – setzt in der Regel neue, beträchtliche soziale und politische Kosten voraus; um sie aufzufangen oder zu decken, kennt die gegenwärtige Industriegesellschaft nur ein Mittel – den Einsatz einer noch größeren Dosis an Technologie und das Besteigen einer weiteren Stufe auf der Treppe des Wachstums; und so immer fort. Anstatt auf diese Weise eine Expansion ohne Ende zu genießen, von der sie stets geträumt hatte, unternimmt diese Gesellschaft einen immer riskanteren Aufstieg zu schwierigeren und unstabilen Zielen, bis schließlich die Kontrolle verlorengeht und ihr nur noch der Absturz in die Katastrophe verbleibt.

Diesen Teufelskreis muß die Menschheit sprengen. Aber sie kann es nur, wenn sie das *menschliche Potential*, diese fundamentale Hilfsquelle, in kluger Weise einsetzt, wobei unter diesem Begriff nicht nur die Arbeitskraft, sondern überhaupt die Summe der Kreativität und des Einfallsreichtums zu verstehen sind. Von den Grenzen, die wir haben Revue passieren lassen – physische, ökologische oder biologische, selbstverständlich auch menschliche und kulturelle – ist keine starr; der richtige Einsatz aller übrigen Ressourcen ist jedoch nur durch den Menschen möglich. Der Punkt, auf den die äußerste Anstrengung zu richten ist, heißt daher: Entwicklung der menschlichen Fähigkeiten und des Willens, sich selbst und seine Welt zu regieren. Wir kehren also immer wieder zu dem Kernproblem zurück: Wenn die Qualität des Menschen unter den gegebenen Verhältnissen die gleiche bleibt wie bisher, wird es niemals gelingen, für irgendeines der wesentlichen Probleme eine Lösung zu finden. Wenn sie jedoch verbessert werden kann, wird plötzlich eine ganze Reihe von Zielen, die wir bislang nicht einmal in Betracht gezogen haben, in unsere Reichweite rücken.

Es erscheint kaum glaublich, daß ein so weitschweifiges Panorama fundamentaler Fragen und beängstigender Perspektiven aus der Analyse eines Zustandes hervorgehen kann, der noch vor wenigen Jahren als unproblematisch galt, nämlich des Antriebs zum Wachstum der Gesellschaft. Es ist das Verdienst des Projekts *Die Grenzen des Wachstums*, daß es seine Mission erfüllt hat, das heißt, daß es der Menschheit die Augen über ein ungeheures Feld vitaler Probleme geöffnet hat, die man praktisch beiseite geschoben hatte, während viele andere Probleme von zweitrangiger Bedeutung Gegenstand ununterbrochener Aufmerksamkeit waren.

VI Neue Strategien, neue Ordnung
   - welche Ziele?

Unterwegs zu anderen Etappen

Nachdem ich alle Wechselfälle des Projekts über die Grenzen des Wachstums von Anfang an mit Meadows miterlebt hatte, war ich mir sicher, daß es an hinterhältigen und böswilligen Kritiken nicht mangeln würde, doch dachte ich, daß sie letztlich nur eine vorüberziehende Wolke sein würden. In Holland wurde sogar ein Buch mit dem Titel *The anti-Club of Rome* herausgebracht. Einige meiner Kollegen fühlten sich durch diese Attacken schockiert und baten mich, sie nicht unerwidert hinzunehmen, sondern sie zurückzuweisen. Da ich aber von Natur aus kein Freund von Polemiken bin und überdies meinte, daß der Club of Rome nicht sehr klug handelte, wenn er seine beschränkten Energien und seine Zeit verwandte, um guten oder schlechten Argumenten unserer Gegner hinterherzulaufen, war ich dafür, abzuwarten, bis die Kritiken sich von selbst totgelaufen hätten und in Vergessenheit geraten wären.

Immerhin war der beabsichtigte Effekt eingetreten. Die Diskussion breitete sich aus, die Öffentlichkeit stand ratlos-naiv vor einigen Aspekten des Wachstums und seiner möglichen Folgen. Nahezu überall wurden Hunderte Vorträge und Seminare, Round-Table-Gespräche, öffentliche Aussprachen und Fernsehdiskussionen abgehalten. Tausende Artikel wurden gedruckt, Parlamentsfragen eingebracht. Das materielle Wachstum und seine Grenzen wurden in vielen Ländern zu einem Streitobjekt zwischen den politischen Parteien und zu einem Spaltfaktor zwischen Mitgliedern der EG-Kommission. In Japan, Kanada, Australien, in den Aufsichtsräten der großen multinationalen Konzerne erörterte man die Probleme lebhaft.

Hier ein paar Beispiele. Im April 1972 eröffnete Königin Juliana von Holland im Zentrum von Rotterdam eine den Ideen des Club of Rome gewidmete Ausstellung. Kurz danach organisierte Valéry Giscard d'Estaing, damals noch Finanzminister der französischen Republik, eine Reihe »Internationale Begegnungen« unter Beteiligung hervorragender Persönlichkeiten aus der ganzen Welt über das Thema »Wohin führt uns das

Wachstum?« Im gleichen Jahr verfaßten Manfred Siebker* und ich im
Auftrag des Europarats eine Abhandlung über *Die Grenzen des Wachs-
tums in der Vorausschau,* um den europäischen Parlamentariern eine Zu-
sammenfassung der laufenden Debatten in Frage- und Antwortform in
die Hand zu geben. 1973 wurde der Friedenspreis des Börsenvereins des
Deutschen Buchhandels in der historischen Frankfurter Paulskirche dem
Club of Rome in Anerkennung seiner »internationalen und ökumenischen
Aktivität« verliehen; damit sollte das Verständnis der Menschen für die
Lebensbedingungen und die Voraussetzungen für den Frieden gefördert
werden. Erst vor kurzem haben die französischen Volksbanken als Beitrag
zur Öffentlichkeitsarbeit einen eindrucksvollen Fernsehfilm über die
Nachteile des Wachstums produziert, der auch vor ausgewählten Audito-
rien in der gesamten französischsprachigen Welt vorgeführt wurde, um
als Leitfaden für Diskussionen über den Komplex zeitgenössischer Probleme zu dienen.
Ich könnte mit der Aufzählung von Beispielen noch lange fortfahren,
doch möchte ich hier nur noch an die große Konferenz über »Die Grenzen
des Wachstums 1975« erinnern, die im Oktober jenes Jahres in Houston
(Texas) stattfand und zu der mehrere hundert Wissenschaftler und aktive
Persönlichkeiten aus verschiedenen Teilen der Welt zusammenkamen, um
nach drei Jahren ein Resümee der im Buch vorgetragenen Gedanken zu
ziehen und neue Ziele ins Auge zu fassen. Bei dieser Gelegenheit wurden
den Gewinnern eines Wettbewerbs für die besten Essays über diese Thematik – es waren 300 Einsendungen eingegangen – die Mitchell-Preise
verliehen. Schließlich nenne ich *Dear Club of Rome***, ein anderes in Holland erschienenes, besonders intelligent geschriebenes Buch, das sich mit
der Frage befaßt, wie man eine bessere Zukunft bauen könne.
Noch zwei andere wesentliche Konsequenzen zeichneten sich ab. Das Projekt hatte vor allem die Bedeutung der Wechselwirkungen zwischen den
verschiedenen Elementen der Problematik herausgestellt, so daß es jetzt
nicht mehr möglich war, Probleme wie Bevölkerung, Ernährung oder
Energie losgelöst voneinander zu betrachten. Sodann hatte die Unzuläng-
lichkeit des ursprünglichen Modells einige Wissenschaftler und auch
manchen Ökonomen, der es scharf verurteilt hatte, zu weiteren Untersuchungen angespornt, um Anwendung und Struktur des Modells zu verfeinern, zu vertiefen, zu verbreitern, zu differenzieren und neue Methodologien für den gleichen Zweck zu entwickeln.

Ausdehnung der Debatten über die Grenzen des Wachstums
Auf jeden Fall war das gesamte Problem des Wachstums, seiner Grenzen
und seiner Folgen zu einem derart vordergründigen Diskussionsobjekt

---

* Mitglied des Club of Rome.
** Stadiarchos, W. H., *Dear Club of Rome.* Naarden, Bussum 1975.

geworden, daß wir uns veranlaßt sahen zu betonen, man dürfe nicht wie gebannt nur auf die materiellen Fragen starren, weil es daneben noch viele andere dringliche Probleme gab und weil andere menschliche Werte sogar noch mehr bedroht waren. Deshalb brachten wir Anfang 1973 eine Abhandlung mit dem Titel *Die neue Schwelle* heraus, zu der vor allem Alexander King wesentlich beigetragen hatte. Einer eingangs gegebenen freimütigen Beurteilung der Stärken und Schwächen der Aktionen des Club of Rome folgte in der Schrift die Aufzählung einiger problematischer Bereiche, die nach unserer Meinung der dringenden Analyse und Reflexion bedurften. Da sich die Anwendung anderer mathematischer Modelle immer noch als notwendig erwies, bemühte sich das Dokument um die Klarstellung, daß man in ihnen lediglich – sicherlich sehr nützliche – Instrumente, jedoch keine Fetische zu sehen hätte.

Gleichzeitig bemerkten wir, daß die Intensivierung der Suche nach Lebensqualität den Weg zu einem neuen Wertsystem vorbereitete. Hierzu unterstrichen wir die Wichtigkeit der sozialen Faktoren wie auch der sozialen Symptome im Bereich der Problematik und betonten, daß sie lediglich »wegen höherer Gewalt nicht im ursprünglichen vom MIT erarbeiteten Weltmodell berücksichtigt wurden. Jedoch wird die Bedeutung der sozialen Faktoren und ihrer Folgen – selbst wenn man annimmt, daß dieser Mangel nicht abgestellt werden kann, solange entsprechende soziale Indikatoren nicht zuverlässiger ermittelt werden können – niemals richtig herausgestellt werden«.

Kulturkrise oder biologische Krise?
Wir planten eine Studienserie, um endlich ins Herz der Weltkrise vorzustoßen, die ja eine Krise des Menschen ist. Um sie richtig zu verstehen, sind gründliche Untersuchungen erforderlich, mehr als die Soziologen, einschließlich der Verhaltensforscher, bisher anzustellen Gelegenheit hatten. Meine These – ich habe darauf bereits hingedeutet – lautet, daß wir nicht einer in der Natur des Menschen selbst begründeten Krise, einem unheilbaren biopsychischen menschlichen Unvermögen ausgeliefert sind, sondern einer Zivilisations- oder sogar noch eher einer Kulturkrise, die zu einer weitgehenden Verwirrung in der Denkweise und im Verhalten des Menschen gegenüber der sich kontinuierlich entwickelnden realen Welt führt – ein wegen seiner Bedeutung überaus alarmierendes, allerdings immer noch zu bewältigendes Phänomen.

King, mit dem ich über diesen Punkt sehr lange diskutiert habe, ist der Ansicht, daß der Irrweg der Menschheit eher auf einer schweren biologischen Krise beruht: Nach seiner Meinung ist der Mensch deshalb zur herrschenden Gattung auf der Erde geworden, weil er eine Härte besitzt, die ihn in die Lage versetzt, im Verlauf dieses Prozesses nicht nur andere Gattungen, also Tiere, sondern auch schwächere Rassen und weniger intelligente Vertreter der eigenen Gattung zu verdrängen. Zu den wichtigsten

Charaktermerkmalen der Entwicklung des Menschen gehören solche, die wir auch heute noch als negativ ansehen, wie Egoismus, Habgier, Herrschsucht, Besitzerstolz und andere. Hierbei erhebt sich natürlich die Frage, ob gerade solche Eigenschaften für die nächste Phase der menschlichen Entwicklung geeignet seien, eine Phase, die nicht mehr in den langen Zeitabschnitten natürlicher Prozesse ablaufen wird, sondern ganz bewußt vom Menschen selbst bestimmt werden muß. Kings Schlußfolgerung, die sich im übrigen nicht sehr von der meinigen unterscheidet, besteht darin, daß unsere einzige Hoffnung in einem besseren Erkennen des Irrweges der Menschheit liegt, was uns veranlassen müßte, unseren Blick über die nächste Generation hinaus zu richten und ein echtes Interesse für die Zukunft und all das zu bekunden, was zu geschehen hat, damit unsere Gattung weiterlebt.

Die neue Schwelle gibt einige dieser Überlegungen wieder; so mahnt sie, daß die Menschheit zu einer besonderen Überlebens-Ethik der menschlichen Gattung finden müsse, wobei sie genau abzuwägen habe zwischen allem, was sich bei Alternativentscheidungen positiv oder negativ auf die Überlebenschancen auswirken könne. Ein halbes Jahr später sollten unsere wiederholten Warnungen leider rasch an Glaubwürdigkeit und Dringlichkeit gewinnen: Die plötzliche Anhebung des Preises für Erdölprodukte und die Manipulierung der Versorgung mit diesen Produkten verdüsterte die Zukunftsaussichten vieler Länder.

Aus Tokio: »Eine globale Vision der Probleme der Menschheit«
Wenig später, im Oktober 1973, trat der Club of Rome in Tokio zu seiner Jahresversammlung zusammen. Zahlreiche Probleme waren akuter, bedrohlicher geworden; auf unsere Diskussionen wirkten sich unverkennbar die neue Stimmung und die in der Welt vorherrschenden Besorgnisse aus. Wir baten unsere Kollegen Manfred Siebker und Yoichi Kaya, diese in einem *Bericht aus Tokio*[*] zu interpretieren, der in verschiedenen Sprachen erschien.

Aus ihren Kommentaren greife ich diese Stelle heraus: »Die Untersuchungen des Club of Rome haben ergeben, daß ein globaler Zusammenbruch der Menschheit unvermeidbar ist, wenn ihre gegenwärtige Orientierung nicht radikal verändert wird. Es wurde festgestellt, daß es noch lange vor Erreichen der physischen Grenzen zu sozio-ökonomischen und politischen, aus derselben Wurzel stammenden Krisen kommen werde. Die Energiekrise ist nur das erste einer Reihe voraussehbarer Ereignisse. Wenn auch ihre Elemente eher zufällig und folglich temporär sind, kann es doch keinen Zweifel an der prinzipiellen Natur dieser Krise geben. Nichts wird mehr wie früher sein. Und es gibt auch keine Entschuldigung mehr für

---

[*] In italienischer Sprache veröffentlicht in: *Scienza e Tecnica 74, EST-Jahrbuch.* Mailand 1974.

die Vortäuschung einer Verkennung der über uns schwebenden Gefahr und der völlig falschen Richtung, in der sich die Menschheit entweder aus Trägheit oder aus Mangel an Motivationen bewegt. Die neue Wende, die die Weltereignisse nahmen und die sich viel früher zeigte, als man hätte erwarten können, machte uns deutlich, daß das direkte Gespräch mit den politischen Entscheidungsverantwortlichen – das zu den Zielen des Club of Rome gehört – nicht mehr länger hinausgeschoben werden durfte. Wir merkten, daß unser von vorgefaßten Meinungen und politischen Dogmen freier, kleiner Club einen wesentlichen Beitrag leisten konnte und daß die Politiker aus einem solchen Gespräch, wenn es sachlich und mit Zurückhaltung geführt wurde, viel Nützliches erfahren konnten.

Politiker pflegen oft zusammenzutreffen, jedoch meist bei Verhandlungen, wo sie dann eine Haltung einnehmen, die schon vorher gemeinsam mit ihren Beratern und Mitarbeitern festgelegt wurde, um möglichst große Vorteile für ihr Land herauszuholen, ohne sich dabei viel um die anderen zu sorgen. Außerdem drängt es sie, Reden für ihre Wähler daheim zu halten. Sie finden also nur selten Gelegenheit, im privaten Kreis frei und ungezwungen über die langfristigen Weltprobleme, die uns allen zu schaffen machen, oder über die globale Situation unseres Planeten zu sprechen. Um ihnen eine solche Gelegenheit zu geben, drängte sich zum Beispiel die Schaffung eines Politiker-Weltforums als Äquivalent zum Club of Rome auf: Dieses wichtige Ziel mußten wir im Auge behalten. Die Idee dazu wurde bereits in *Dem Abgrund entgegen* und in *Die neue Schwelle* geäußert; sie fand in zahlreichen Kreisen Unterstützung.

Zusammen mit King hatte ich vom österreichischen Bundeskanzler Bruno Kreisky die prinzipielle Zusage erhalten, daß er ein in seinem Land zu veranstaltendes, begrenztes und informelles Treffen führender politischer Persönlichkeiten zwecks Erörterung der Lage und der Perspektiven für die Welt unterstützen würde. Als Ort der Begegnung wurde Salzburg, diese Stadt mit einer großen musikalischen und kulturellen Tradition, gewählt. Ich glaube, daß die Menschen eher geneigt sind, Lösungen für die Probleme unserer nüchteren Gesellschaft zu suchen, wenn sie dies in einer kultivierten Atmosphäre des Schönen und Ästhetischen tun können.

Die Last der Vorbereitungen ruhte auf meinen Schultern. Es waren drei hektische Monate, angefüllt mit ständigen Reisen von Canberra nach Ottawa, von Dakar nach Algier und Stockholm und selbstverständlich nach Wien. Ich verbrachte ungezählte Stunden am Telefon und am Fernschreiber in dem Bemühen, Staatsoberhäuptern oder Regierungschefs klarzumachen, warum sie die Einladung einer privaten Gruppe namens Club of Rome annehmen sollten. Meine Argumentation lief im wesentlichen darauf hinaus, daß es in einem Augenblick der tiefen Besorgnis aller Völker die Pflicht der Auserwählten sei, ein Beispiel zu geben und zusammenzukommen, nicht um wie sonst üblich rein nationale Standpunkte und Interessen zu vertreten, sondern Überlegungen anzustellen, wie man die Menschheit von ihrem gegenwärtigen Irrweg abbringen könnte. Einige waren überrascht, zeigten jedoch Interesse – dank unserer Standhaftigkeit. Bei anderen mußte ich dagegen alle meine Trümpfe ausspielen und Formulierungen gebrauchen wie »Sie können nicht ein guter Premierminister Ihres Landes sein, wenn Sie nicht zuvor ein guter Weltbürger sind« – wovon ich übrigens voll überzeugt bin. Geduld und Beharrlichkeit führten schließlich zum Erfolg des Unternehmens.

Das Treffen von Salzburg
Das Treffen fand im Februar 1974 im historischen Schloß Kleßheim statt, das bereits Schauplatz anderer Begegnungen auf höchster Ebene gewesen war. Neben dem Gastgeber Bruno Kreisky nahmen teil: die Präsidenten Leopold Senghor von Senegal und Luis Echeverría von Mexiko, die Premierminister Olof Palme (Schweden), Pierre Trudeau (Kanada), Joop den Uyl (Niederlande), ebenso Nello Celio, Ex-Präsident der Schweiz – alle als Privatleute, als Weltbürger. Ferner waren anwesend die persönlichen Vertreter des algerischen Präsidenten Houari Boumedienne sowie der Premierminister Ali Bhutto (Pakistan) und Liam Cosgrave (Irland), schließlich zehn Mitglieder des Club of Rome. Vier weitere Premierminister, die die Einladung angenommen hatten, waren im letzten Moment durch dringende Staatsgeschäfte am Erscheinen verhindert worden. Doch auch so war es eine bemerkenswerte Gruppe.
Die Diskussion war sehr freimütig; ihr hohes Niveau zeugte von der guten Kenntnis der Weltprobleme. Uns ging es darum, den politischen Führern einzuhämmern, daß sie mehr als jeder andere eine *globale kollektive Verantwortung* trugen, daß nationale Ziele, die von den langfristigen Weltinteressen abwichen, nicht nur zu verurteilen, sondern auch immer schwerer zu erreichen waren. Wie zu erwarten war, spielten immer wieder wichtige Themen von unmittelbarem Interesse in diese niveauvolle Unterhaltung hinein; jedoch konnten solche Unterbrechungen nicht verhindern, daß die Weltproblematik sich selbst mit Nachdruck als eine grundsätzliche Frage mit dem Ziel des Zusammenschlusses aller Völker stellte. Man darf sagen, daß in Salzburg das Fundament für ein Round-Table-Gespräch zwischen Politikern und gewöhnlichen Bürgern wie wir (oder andere) gelegt wurde, die das Gewissen der Menschheit repräsentieren können – der erste Schritt zu unserem Ziel, eines Tages ein Weltforum zu gründen.
Wir wären keine Realisten gewesen, wenn wir von diesen nach Werdegang und Anschauungen so verschiedenartigen politischen Exponenten am Ende der Konferenz die Unterzeichnung einer gemeinsamen Erklärung erwartet hätten. Das Treffen von Salzburg war, wie ein britischer Journalist schrieb, allein schon deswegen wichtig, weil es überhaupt stattfand. Wir selbst dokumentierten unsere Auffassung von diesem ungewöhn-

lichen Ereignis durch die *Salzburger Erklärung*. In ihrem Schlußteil wird
unterstrichen, daß »ohne Zweifel ein neuer Geist der Solidarität und der
Zusammenarbeit zwischen allen Völkern und Ländern – wir werden ihn
fortan den ›Geist von Salzburg‹ nennen – erforderlich ist, damit die
Menschheit die Herausforderungen unserer Zeit annehmen kann«.

Von West-Berlin aus: »Einer gerechteren Weltgesellschaft entgegen«
Der Samen war gesät. In Salzburg bat der mexikanische Präsident den
Club of Rome, ein ähnliches Treffen 1975 in seinem Land zu veranstalten.
Inzwischen begannen unsere Ideen, sich in einer Richtung zu bewegen,
die mir als die richtige erschien. Unsere sechste Vollversammlung hielten
wir im Oktober 1974 in West-Berlin ab. Das gewählte Thema spiegelte
unsere Absicht wider, die Bresche auszuützen, die wir dadurch geschlagen
hatten, daß wir das unkontrollierte Wachstum anprangerten, um systematisch politische und soziale Elemente in die Debatte einzuführen. Ich
hatte die Initiative ergriffen und zehn repräsentative Humanisten aus
verschiedenen Kulturbereichen zu einem gemeinsamen Gespräch mit uns
über Grundlagen und Ziele der Weltgesellschaft eingeladen; dies sollte
dann auch die wichtigste Konferenz während unserer bisherigen Tätigkeit
werden.
Während sich die Situation in der Welt rasch verschlechterte, stellte ich
fest, daß in weiten Schichten der Öffentlichkeit vieler Länder ermutigende
Anzeichen einer psychologischen Evolution oder zumindest einer Auf-
nahmebereitschaft anzutreffen waren, die es dem Club of Rome ermöglichen mußten, seinen Aktionen mehr Nachdruck zu verleihen. Die
menschlichen und humanistischen Werte wiederzuerwecken – was in dieser so materialistischen Welt unerläßlich war –, erschien jetzt nicht mehr
als ein so schwieriges Unternehmen wie einst. Aus diesen Gründen kon-
zentrierte ich meine Bemühungen in West-Berlin auf die revolutionären
und heilenden Effekte einer humanistischen Wiedergeburt – ein Thema,
das ich auch in einem Essay* behandelte und das ich in den nächsten Jahren
noch ausführlich darzustellen beabsichtige.
Es hatte auch Tendenzen gegeben, den Club of Rome als Kassandra oder
gar als Unheilbeschwörer (was immer dies bedeuten mag) einzustufen,
während wir uns doch selbst als Hoffnungsbringer sahen. Wie ich bereits
bemerkte, war das Anprangern des Wachstumssyndroms nichts anderes
gewesen als ein Alarmzeichen, das nach einer ersten Untersuchung des
Gesundheitszustandes der Menschheit gegeben – und das glücklicherweise
von vielen Menschen gehört wurde. Die Öffentlichkeit war wachgerüttelt
und begann, sich bewußt zu werden, daß die Lage unseres Planeten heute
besorgniserregender ist, als sie vor drei oder fünf oder zehn Jahren ge-

---

* Peccei, A., *Obiettivo Uomo* (Der Mensch als Ziel), erschienen in: *Successo*, Januar
1975.

wesen war, und daß es riskant wäre anzunehmen, sie könnte sich innerhalb eines voraussehbaren Zeitraums bessern. Damit war auch der Zeitpunkt gekommen, zu sagen, daß die Dinge in ihrer Summe nicht hoffnungslos waren – wenn wir nur begriffen, was zu tun war.

Persönlich habe ich eine prinzipielle Schlußfolgerung gezogen, die sich in vier Punkten ausdrückt. Erstens: Die Weltlage ist wirklich ernst, sie entgleitet uns erkennbar oder unmerklich immer mehr. Zweitens: Sie kann jedoch unter Kontrolle gebracht werden, sofern die für ihre Gesundung erforderlichen Radikalmaßnahmen rasch ergriffen werden. Es gibt keine Schonzeit: Die Menschheit muß darüber innerhalb weniger Jahre entscheiden. Drittens: Der Weg zur Rettung muß durch vereinigte Anstrengungen aller Völker und Länder gefunden und bestimmt werden. Der schlimmste Fehler, den die Machthaber begehen könnten, wäre, zu glauben, daß sie auch hierzu die Macht besitzen. Jedoch ist es nicht notwendig, daß der neue Kurs ganz plötzlich eingeschlagen wird; er kann auch allmählich gesteuert werden. Im Augenblick ist nur wichtig, daß unverzüglich einige echte Schritte in der richtigen Richtung gemacht werden. Viertens: Während einerseits diese ersten Schritte notwendigerweise von den gegenwärtig etablierten Mächten beschlossen werden müssen, damit der neue Kurs auch wirklich verfolgt wird, muß dieser andererseits vom Volk anerkannt und gebilligt werden. Die Menschen in aller Welt kommen nicht umhin, sich auf diese Veränderung vorzubereiten. Das ist der Kernpunkt, auf den wir unvermeidlich immer wieder zurückkommen müssen – und den ich in den nächsten Kapiteln behandeln werde.

Der Club of Rome selbst muß sich gleichfalls auf eine neue Phase vorbereiten. Im Jahr 1976, acht Jahre nach seiner Gründung, sieht die Bilanz seiner Leistungen recht befriedigend aus; was er jedoch jetzt noch zu tun versuchen muß, ist wesentlich schwieriger und wichtiger. Einige seiner Aktivitäten lassen sich schon gut an, andere dagegen müssen erst noch programmiert und entwickelt werden, wenn der Club of Rome wirklich den Zielen dienen will, die er sich gesetzt hat. Sonst wäre es besser, er löst sich auf – eine Möglichkeit, an die wir übrigens vom Augenblick der Gründung an stets gedacht haben.

Überlebensstrategien

Der zweite Bericht an den Club of Rome wurde von Mihailo Mesarović* und Eduard Pestel* während der Vollversammlung im Oktober 1974 in West-Berlin als Buch mit dem Titel *Menschheit am Wendepunkt*** vor-

---

* Mitglied des Club of Rome.
** Mesarović, M., Pestel, E., *Mankind at the turning point*. New York 1974. Deutsch: *Menschheit am Wendepunkt*. Stuttgart 1974.

gelegt. Er schildert die Lage der Menschheit gegen Mitte der siebziger Jahre und stellt uns vor eine dramatische Alternative: Entweder wir schaffen eine wahrhaft globale Gesellschaft auf der Basis von Solidarität und Gerechtigkeit, von Vielfalt und Einheit, von gegenseitiger Abhängigkeit und Vertrauen in die eigenen Fähigkeiten, oder wir stehen alle – günstigstenfalls – vor einem Zerfall des Menschheitssystems, vor regionalen Katastrophen, ja vielleicht sogar vor einer globalen Katastrophe. Zu diesem Ergebnis sind die Gruppen von Mesarović und Pestel nach dreijähriger wissenschaftlicher Untersuchung der Perspektiven der Menschheit gelangt.

Die technologischen Details finden sich in den Akten des von der IIASA veranstalteten internationalen Treffens*, bei dem über hundert Wissenschaftler eine ganze Woche lang die Arbeit prüften. Die Akten wurden von der IIASA selbst in sechs Bänden unter dem Titel *Multilevel computer model of world development system* (Mehr-Ebenen-Computermodell des Entwicklungssystems der Welt) veröffentlicht. Hier möchte ich weder das Buch noch die Dokumente untersuchen; der Leser kann dieses interessante Material, das reich an Beispielen und Abrissen anderer, sich auf verschiedenen Gebieten abzeichnender Alternativen ist, selbst einsehen.

Dagegen möchte ich die Bedeutung und Wichtigkeit des Projekts Mesarović-Pestel als Ganzes hervorheben, weil ich es für einen Meilenstein auf der Suche nach geeigneten Mitteln für den Beginn der Attacke auf die Weltproblematik halte.

Im Jahr 1971 beschlossen diese meine beiden Kollegen, zum Werk des Club of Rome durch Entwicklung neuer Techniken und neuer Modelle beizutragen, mit denen die Zukunft, die sich dem modernen Menschen in einer großen Vielfalt möglicher Alternativen eröffnete, gründlich analysiert werden sollte. Ihre Bemühungen verdienten unsererseits jede denkbare Unterstützung; nachdem ich später Gelegenheit hatte, ihre Arbeit aus der Nähe zu beobachten, bin ich glücklich über unseren damaligen Entschluß, ihnen zu helfen. Im Labyrinth der heutigen Situationen benötigt man in der Tat neue praktische Planungsinstrumente für eine objektive Einschätzung der Richtigkeit und der Folgen verschiedener Politiken und Strategien. Man kann nicht nachdrücklich genug betonen, daß wir einerseits mit großer Geschwindigkeit der Zukunft entgegenrasen, andererseits jedoch unsere Entscheidungen, selbst die allerwichtigsten, nach zufälligen, isolierten, unabgestimmten und rückständigen Methoden treffen, deren Ablösung durch rationale, abgesicherte Prozesse fällig ist. Wir entscheiden als Amateure, während diese Materie nicht nur nach Experten, sondern nach Profis verlangt. Auch müssen unsere Entscheidungsmethoden genügend klar und glaubhaft sein, sowohl für die anderen Entscheidungszentren als auch für die gewöhnlichen Bürger, damit sich eine Atmosphäre

---

* IIASA, *Multilevel computer model of world development system.* Laxenburg 1974.

des gegenseitigen Vertrauens und Verstehens als Basis der so bitter nötigen Zusammenarbeit entwickeln kann, damit das Menschheitssystem nicht
auseinanderbricht.

Wichtig: eine gute »Datenbank«
Die theoretische Grundlage für das Projekt Mesarović-Pestel war durch
die vorausgegangenen Arbeiten Mesarović' geliefert worden, der sinnvolle
Methodologien für die Analyse und die Simulation komplexer Systeme
erarbeitet hatte. Pestel dagegen brachte gründliche Kenntnisse von der
Welt, die Methoden des Club of Rome und sein scharfes germanisches
Auge für die Präzisierung des Details mit. Beide Autoren, die einander
perfekt ergänzten, organisierten – einmal mehr mit finanzieller Unterstützung durch die Stiftung Volkswagenwerk – in Cleveland (Ohio) und
in Hannover zwei Arbeitsgruppen aus tüchtigen jungen Wissenschaftlern.
Bei der Erarbeitung des Modells wurde der Suche *nach Daten, das heißt
nach den verfügbaren präzisesten Informationen über die Lage in jedem
Teil der Welt* besondere Aufmerksamkeit geschenkt. Immer wieder wurden ihre Stichhaltigkeit und die Beziehungen zwischen verschiedenen Elementen überprüft, wobei zahlreiche Spezialinstitutionen und Fachleute
aus den verschiedenartigsten Bereichen der Wissenschaft hinzugezogen
wurden. Es muß nicht eigens betont werden, wie wichtig es ist, daß ein
solches Planungsinstrument sich auf ein absolut objektives Fundament
und auf möglichst korrekte Zahlenwerte stützen kann. Deshalb muß die
so geschaffene »Datenbank« regelmäßig revidiert, das heißt ergänzt, ver-
einheitlicht, auf den letzten Stand gebracht werden; immerhin bildet sie
bereits jetzt den Kern einer soliden Informationsbasis, die auch für andere
Zwecke einer Welt- oder Regionalmodellierung zur Verfügung steht.

Regionalisiertes Mehr-Ebenen-Modell
Zur besseren Darstellung einer heterogenen, uneinheitlichen Welt wurde
das Weltsystem in zehn regionale Komplexe gegliedert. Dabei handelt es
sich, wohlgemerkt, nicht um selbständige, geschlossene Einheiten, sondern
um Regionen, die untereinander in organischer Abhängigkeit stehen.
Dynamik und Verhalten des globalen Menschheitssystems hängen in der
Tat von der Dynamik und dem Verhalten jeder einzelnen dieser Regionen und mehr noch von ihrer gegenseitigen Verästelung ab. Die Aufstellung der einzelnen Regionen war daher ein sehr wichtiges Problem, das
die Studie gelöst hat, indem sie so weit wie möglich berücksichtigt, was die
betreffenden Territorien an Traditionen, Geschichte, Lebensart, ökonomischen Entwicklungsstadien, sozio-politischen Bedingungen und grundlegenden Problemen gemeinsam haben. Es überrascht sicher nicht, daß die
zehn Regionen wie folgt aussehen: USA und Kanada; Westeuropa;
Japan; Sowjetunion und übrige osteuropäische Staaten; Lateinamerika;

Nordafrika und Mittlerer Osten; restliches Afrika (ausgenommen Südafrika); Süd- und Südostasien; China; schließlich als zehnte eine *regio omnibus*, bestehend aus Australien, Neuseeland und Südafrika. Diese Regionalisierung verfolgt im Augenblick lediglich ein vereinfachendes, didaktisches Ziel, zumal die meisten kritischen Entscheidungen heutzutage ja bekanntlich auf nationaler Ebene getroffen werden. Um tatsächlich wirksam zu werden, muß daher ein jedes Hilfsinstrument für die Entscheidungszentren auch auf nationaler Ebene anwendbar sein: eine Bedingung, die das Modell Mesarović-Pestel zu erfüllen vermag, sofern die erforderlichen zahlenmäßigen Daten verfügbar sind.

Zur Ergänzung dieser Horizontalteilung des Weltsystems sehen die angewandten Techniken eine vertikale Schichtung vor, wobei eine jede Schicht mit allen anderen in Verbindung steht und die spezifische Funktion hat, das gesamte System unter verschiedenen Aspekten und unter Verwendung unterschiedlicher Disziplinen zu repräsentieren. Die unterste Ebene reflektiert die biophysische oder natürliche Basis unseres Planeten; darüber liegen die technische, sodann die demographische, die ökonomische und die soziale Ebene; schließlich kommt der Mensch mit seinen Werten, seinen Ansprüchen und seinem Verhalten. Auf dieser höchsten Ebene, ich betone es nochmals, befindet sich das Zentrum der gegenwärtigen Krise, nur dort kann sie irgendwie gelöst werden. Für jede der erwähnten Ebenen müssen spezifische Submodelle entwickelt werden; später, nach ihrer Vereinigung in einer hierarchischen Struktur, kann eine integrierte Einheit erstellt werden, die die reale Welt ziemlich getreu wiedergibt.

In *Menschheit am Wendepunkt* von Mesarović-Pestel wurde nach diesen beiden Ausgangspunkten – einer brauchbaren zahlenmäßigen Informationsbasis und des Systems der Simulationsmodelle – ein angemessener begrenzter Zeitraum für die systematische Untersuchung der zukünftigen Alternativen festgesetzt. Unter Berücksichtigung der Dauer der Zyklen einiger Phänomene und der häufigen Verzögerung der Effekte menschlichen Eingreifens entschied man sich für eine Periode von fünfzig Jahren; sie dauert bis 2025. Selbstverständlich kann niemand so weit in die Zukunft schauen. Ja, mit den uns gegenwärtig zur Verfügung stehenden Mitteln können wir nicht einmal die Ereignisse in den allernächsten Jahren voraussehen. Da wir jedoch auf einem sehr gefährlichen Kurs mit Höchstgeschwindigkeit dahinrasen, ist es andererseits ungeheuer wichtig, rechtzeitig festzustellen, was selbst in einer fernen Zukunft geschehen kann, damit wir eingreifen können, ehe es zu spät ist.

Die Technik der Szenarios

Natürlich vermögen wir nicht zukünftige Entwicklungen oder technologische Entdeckungen vorauszusagen, noch viel weniger individuelle oder soziale, von menschlicher Unberechenbarkeit beeinflußte Entscheidungen. Jedoch sind wir imstande, uns mögliche zukünftige Situationen vorzustellen, die aus dem Zusammenwirken unterschiedlicher Faktoren entstehen können. Eine solche Kombination möglicher Ereignisse und möglicher zukünftiger sozio-politischer Entscheidungen nennt man Szenario. Wir wissen, daß keines der alternativen Szenarios, die wir uns vorzustellen vermögen, tatsächlich die zukünftige Realität darstellt; gleichzeitig dürfen wir aber annehmen – sofern unsere Vorbereitungsarbeit gewissenhaft war –, daß die reale Zukunft wahrscheinlich im Schwerpunkt dieser Hypothesen liegen wird.

Um ein Beispiel zu demonstrieren, nehmen wir an, daß die Menschheit in ihrem Bestreben, den künftigen Generationen ein besseres Leben zu garantieren, endlich beschließt, ihre Politik und ihre Institutionen zu ändern. Das ist natürlich rascher gesagt als getan. Praktisch wird es so sein, daß viel Zeit vergehen muß, ehe irgendeine nennenswerte Veränderung stattfinden kann, eine Zeit, während der die gegenwärtigen Tendenzen weiterhin bestehen bleiben, vielleicht mit geringfügigen Korrekturen. Auf die außerordentliche Bedeutung, die heute dem Faktor Zeit zukommt, habe ich bereits aufmerksam gemacht. Nun haben Mesarović und Pestel nachgewiesen, daß in Anbetracht der gegenwärtigen, überaus dynamischen und instabilen Verhältnisse ein Hinauszögern von Entscheidungen horrende Kosten nach sich ziehen kann. Einerseits sind wir also unschlüssig, was praktisch zu tun sei, weil wir nicht mit Sicherheit wissen, welche Wege offenstehen, und weil wir auch nicht beurteilen können, welche die geeignetsten sind oder welcher Augenblick der günstigste ist, sie zu beschreiten. Andererseits wissen wir nicht, welche effektiven Folgen eine zu verschiedenen Zeitpunkten, beispielsweise heute, in fünf Jahren oder in zehn Jahren getroffene Entscheidung hätte, verglichen etwa mit einer, die erst in zwanzig Jahren gefällt wird.

Kurz, wir müßten alle diese Möglichkeiten abwägen und zudem bei unserer Analyse mehrere – günstige oder ungünstige – Kombinationen von Ereignissen berücksichtigen, die während der gesamten Periode, die für das Erreichen unseres Zieles veranschlagt werden muß, eintreten können. Wir würden also vor der Notwendigkeit stehen, ein breites Spektrum zukünftiger alternativer, logischer und möglicher Situationen in Betracht zu ziehen, das heißt eine Reihe von Szenarios, von denen jedes einzelne eine bestimmte Aufeinanderfolge von Ereignissen sowie denkbaren sozialen und ökonomischen Bedingungen widerspiegelt. Bei einer solchen Komplexität sind die neuen Techniken, von denen ich gesprochen habe, absolut unerläßlich; nur sie allein ermöglichen uns die Analyse der Auswirkungen verschiedener Politiken oder Strategien auf jedes einzelne Szenario. Ihnen verdanken wir es also, wenn wir ein ziemlich umfassendes und objektives Bild von dem entwerfen können, was zu tun möglich und ratsam ist, unter welchen Voraussetzungen und bei wieviel alternativen Hypothesen es geschehen kann – um danach, ausgestattet mit einem sehr viel umfassenderen Wissen von den Dingen als heute, unsere Entscheidungen zu treffen.

Mit der Methode Mesarović-Pestel können wir in der Tat die Dynamik eines jeden Szenarios simulieren und in einem regionalen oder sogar globalen Abbild abschätzen, welche Folgen wir normalerweise bei bestimmten Maßnahmen zu erwarten hätten, die entweder zu einer »Zukunftspräferenz« oder zur Vermeidung unerwünschter Situationen und Entwicklungen tendieren. Unter diesem Blickwinkel *ist diese neue Methode der größte Fortschritt bei der Entwicklung der Techniken für die Handhabung der Angelegenheiten der Menschheit.* Natürlich sind zahlreiche Verbesserungen notwendig und möglich – beispielsweise, indem man die Methode sensibler für die Evolution der sozialen Verhältnisse und Verhaltensweisen macht –, und es bleibt zu hoffen, daß allmählich auch andere Techniken entwickelt werden. Doch beweist dieses Instrument schon jetzt, daß es große potentielle Vorzüge besitzt.

Insbesondere in Situationen, die von großer Unruhe gekennzeichnet sind, gehen die Ansichten darüber, wie die Zukunft aussehen könnte oder sollte, sehr häufig und sogar kontrovers auseinander; unterschiedlich pflegen auch politische Meinungen und praktische Ansichten darüber zu sein, was der Mensch tun sollte, um bestimmte künftige Entwicklungen zu verhindern, zu modifizieren oder zu steuern. Die Planungstechniken und die Modelle von Mesarović und Pestel können die unterschiedlichsten Gesichtspunkte aufnehmen und verarbeiten, ohne sich mit einem einzigen zu identifizieren. Einer ihrer großen Vorzüge ist ihre Flexibilität. Wer einen Plan aufzustellen oder Entscheidungen zu treffen hat, darf die Szenarios bestimmen, die er für realistisch hält, und dann diese analytischen Methoden als technische Mittel anwenden, um das objektiv Beste aus jeder Situation zu machen, wobei er allerdings auch stets von seinen spezifischen menschlichen Eigenschaften Gebrauch machen sollte: Einfallsreichtum, Urteilskraft, Wertsystem, politisches Einfühlungsvermögen. Jedenfalls besteht keine Gefahr, daß das Modell in den Rang eines Wirtschaftsführers erhoben oder daß ein Politiker durch den Elektronenrechner ersetzt wird. Es wird einfach so sein, daß alle, die von jetzt ab Verantwortung für Entscheidungen tragen, in Zukunft besser gerüstet, mit neuen Bezugspunkten, neuen Bewertungsmaßstäben und zuverlässigeren Warnsignalen ausgestattet sein werden – im gemeinsamen Interesse von uns allen.

Ein weiterer wesentlicher Vorzug der Methode liegt in ihrer relativ einfachen Anwendbarkeit. Ist das Modell erst einmal in den Computer eingegeben, benötigt man für den weiteren Umgang mit ihm kein ausgebildetes oder spezialisiertes Personal: Der Dialog zwischen Mensch und Computer kann von jedem geführt werden, der ein bestimmtes Problem gut genug kennt, um Struktur und Bedeutung der Szenarios zu verstehen.

Vielleicht noch mehr fällt bei diesen Techniken ins Gewicht, daß sie Analytiker und Politiker automatisch dazu bringen, objektiver und rationaler

zu denken. Bei besonders komplexen Fragen, etwa Weltproblemen, sind
Mißverständnisse, ja völliges Unverständnis beim besten Willen nahezu
unvermeidbar, weil die Partner selten eine klare Vorstellung von den
eigenen Bezugspunkten haben und die der anderen oft überhaupt nicht
kennen. Ich habe bereits gesagt, daß Formmodelle eine klare Definition
der Probleme voraussetzen. Bei den Techniken, von denen hier die Rede
ist, sind diese Voraussetzung und die relativen Vorteile noch deutlicher
gegeben, weil sie auf einem ständigen Dialog mit dem Computer basieren,
der mißverständliche Daten zurückweist und nur ganz präzise Fragen
akzeptiert.

Die Methode wird bereits angewandt
Die Planungsmethode von Mesarović und Pestel befindet sich in einem anfänglichen Prototyp-Stadium, was bedeutet, daß sie noch zahlreiche Ent-
wicklungs- und Berichtigungsphasen zu durchlaufen hat. Dessenungeachtet
wird sie bereits an verschiedenen Stellen angewandt oder ausprobiert.
Die Planungs- und Haushaltsbehörde des Iran hat das Modell in ihren
Räumen installiert und benutzt es etwa seit Mitte 1975. Das gleiche tut
die Planungsbehörde Ägyptens in der Absicht, ein Modell für die arabi-
schen Länder zu entwickeln, um eine Vorstellung von ihren Ansprüchen
in einer sich ständig verändernden Welt zu erhalten. Analog liegen die
Dinge im Fall Venezuelas, wo das Modell für Untersuchungen der Ansprüche Lateinamerikas im Weltgefüge benutzt wird. Ein weiteres gewich-
tiges Projekt läuft zur Zeit bei der Case Western Reserve University in
Cleveland; mit ihm sollen Alternativen der US-amerikanischen Ernäh-
rungspolitik, insbesondere im Hinblick auf mögliche weltweite Hungers-
nöte, untersucht werden. Mit anderen Projekten beschäftigt man sich bei
der Europäischen Gemeinschaft, in Finnland, Australien, Indien und
einigen Ländern Schwarzafrikas.
Wurden diese Projekte erst einmal unter Assistenz der Arbeitsgruppen
in Angriff genommen, verbleiben sie dann fast ausschließlich in den Händen des lokalen Personals. Für diese Phase der Anwendung stützen sich
Mesarović und Pestel auf die Mitarbeit Maurice Guerniers, eines Franzosen von Descartes'scher Intelligenz, der eine profunde Kenntnis der Probleme der Dritten Welt besitzt und pausenlos damit beschäftigt ist, ein
Netz von äußerst nützlichen, aufklärenden Kontakten zu flechten. Ein
besonders wichtiges Projekt wurde schließlich von der deutschen Bundes-
regierung gefördert. Es verfolgt das Ziel, die Politik auf dem Gebiet der
Forschung und Entwicklung, aber auch der industriellen Reorganisation
in den hochentwickelten Ländern zu untersuchen, um daraus Rückschlüsse
auf die Möglichkeit einer Verlegung dieser Aktivitäten in Entwicklungsländer ziehen zu können.
Charakteristisch für alle diese Nutzungen ist die Verwendung nicht nur
derselben Techniken, sondern – soweit wie möglich – auch derselben Basis-

daten. Auf diese Weise baut man nach und nach in der Welt ein organisches Netz von Planungspunkten auf, die, was politische Kriterien, Personal und Organisation angeht, untereinander alle unabhängig sind, zusammen jedoch alle der Entwicklung mittel- oder langfristiger Programme dienen. Die vielen Pläne, die auf diese Weise ausgearbeitet werden, ermöglichen nicht nur einen äußerst nützlichen Erfahrungsaustausch, sondern liefern in ihrer Gesamtheit auch die Panorama-Totale einer Welt, die sich zwar in hohem Grad durch Vielfalt auszeichnet, ihre Probleme aber nur lösen und die ihr drohenden Gefahren nur bannen kann, wenn sie langfristige, koordinierte Aktionen unternimmt – eine Welt also, die Zusammenhalt und gemeinsame Anstrengungen bitter nötig hat. Wenn die Techniken von Mesarović-Pestel bei dieser praktischen Prüfung beweisen, daß sie richtig sind, so bedeutet das, daß ein außerordentlich wichtiger Schritt auf dem Weg zur Rationalisierung der Welt getan ist, in der die Entscheidungen getroffen werden, von denen letztlich unsere Zukunft abhängt.

Eine neue Weltordnung

»Es war das Alter der Weisheit, es war das Alter der Torheit, wir hatten alles vor uns, wir hatten nichts vor uns«, kommentierte mein Freund Richard N. Gardner, indem er Worte von Charles Dickens für die Situation Anfang 1974 gebrauchte, und er fügte hinzu: »Es ist nicht übertrieben, wenn man sagt, daß das Währungssystem von Bretton Woods zusammengebrochen ist, daß das GATT-System* des freien, undiskriminierten Handels zusammengebrochen ist, daß die Abkommen zur weltweiten Versorgung mit Nahrungsmitteln und Energie zusammengebrochen sind, daß das traditionelle Seerecht zusammengebrochen ist und daß wesentliche Abkommen über Bevölkerungskontrolle und Umweltschutz erst noch geschlossen werden müssen.«**
Angesichts dieser Situation hatten sich die entwickelten westlichen Länder jahrelang, allerdings ohne besondere Überzeugung, bemüht, die auf dem Weg zum Kollaps befindliche Wirtschaftsordnung wiederherzustellen in der Hoffnung, sie so restaurieren zu können, wie sie vorher gewesen war – höchstens vielleicht mit ein paar unbedeutenden Veränderungen. Die Dritte Welt pochte jedoch auf die Logik der historisch bedeutenden Bewegung, die mit den Entkolonialisierungskämpfen eingesetzt hatte, und forderte eine echte neue Weltordnung, von der die Revision der Ölpreise nur einen Aspekt unter vielen darstellte. Im Jahr 1974 ergriff eine von Algerien angeführte Gruppe von Entwicklungsländern die denkwürdige

---

* General Agreement on Tariffs and Trade (Allgemeines Zoll- und Handelsabkommen).
** Gardner, R. N., *The hard road to world order*. New York 1974.

politische Initiative zur Einberufung einer Sondertagung der Generalversammlung der Vereinten Nationen zwecks Erörterung dieser Argumente.
Am 1. Mai 1974 verabschiedete die Generalversammlung eine feierliche
Erklärung über die Errichtung einer neuen Weltwirtschaftsordnung als
»eine der wichtigsten Grundlagen der Wirtschaftsbeziehungen zwischen
allen Völkern und allen Ländern«, die mit einem Aktionsprogramm ergänzt wurde. Dieses letztere ist eher eine Darlegung von Prinzipien und
eine Aufzählung weiterer Arbeiten und Untersuchungen als ein Dokument, das in die Tat umgesetzt werden könnte; die Meinungen hierüber
gingen und gehen kraß auseinander. Die Frage, wie man der Weltwirtschaft eine neue Struktur und ein neues Leben geben könnte, ist ein sehr
reales Problem, und die Zeit drängt, an der gegenwärtigen Ordnung tiefgreifende Änderungen vorzunehmen. Jedoch dürfen wir nicht die Augen
vor der Tatsache verschließen, daß eine solche Reform enorme Interessen
berührt, die trotz aller Gegensätzlichkeit dennoch unter verschiedenen
Gesichtspunkten alle mehr als legitim sein können; ebensowenig dürfen
wir übersehen, daß wir es hier mit einer Materie voll komplexer emotionaler Elemente zu tun haben, die dadurch noch komplizierter wird,
daß eine klare Vorstellung darüber fehlt, was wann und wie machbar
oder nicht machbar ist.

Die schwerste Krise der Weltordnung
Wir müssen uns klar darüber sein, daß das Menschheitssystem im Lauf
dieses Jahrhunderts jetzt bereits zum vierten Mal in eine Krise gerät und
erkennen läßt, daß es einer kompletten Revision bedarf. Bisher haben wir
jedoch nicht bewiesen, daß wir gute Reformatoren sind: Im günstigsten
Fall war unseren Reformen ein kurzes Leben beschieden. Die Weltfödera-
listen der USA haben recht, wenn sie sagen: »Beim ersten Mal erlitten wir
Schiffbruch: Im Jahr 1914 erfaßte der Erste Weltkrieg einen beträchtlichen Teil der Welt, weil es dem damals existierenden internationalen
System nicht gelungen war, sich auf das Emporkommen neuer mächtiger
Industrieländer einzustellen. Schiffbruch erlitten wir auch beim zweiten
Mal: Gegen Ende der zwanziger Jahre entschieden sich die Länder angesichts einer Weltwirtschaftskrise von außergewöhnlichem Ausmaß für den
Weg eines abgekapselten Nationalismus, um hinter dem Phantom eines
kurzzeitigen Wohlstands herzujagen. Das Resultat: eine Depression weltweiten Ausmaßes, Millionen Arbeitslose und schließlich die Leiden und
Zerstörungen des Zweiten Weltkrieges. Und noch ein drittes Mal nahmen
die Länder der Welt die Herausforderung zum Wiederaufbau des zer-
störten Europa und zur Schaffung einer internationalen Ordnung an, die
für Millionen Menschen, die noch unter dem Joch der Kolonialmächte
standen, Erleichterung bringen sollte. Die Antwort bestand in einer Grün-
dungswelle neuer Institutionen, die zu den Vereinten Nationen und den

mit diesen assoziierten Organisationen führte, darunter im wirtschaftlichen Bereich die Weltbank und der Weltwährungsfonds. Heute sind wir im Begriff, in eine vierte Krisenperiode – aber auch in eine Periode der guten Gelegenheiten einzutreten. Diesmal ist die Herausforderung nachdrücklicher und umfassender, und die Folgen eines Mißerfolgs können verheerender sein als je zuvor in der Menschheitsgeschichte. Doch genauso groß ist auch die Chance, mit dieser neuen Herausforderung fertig zu werden.«*

Man durfte eine Unmenge Vorschläge und Pläne zur Reform der Weltwirtschaftsordnung erwarten: Sobald die Welt Appetit auf irgend etwas bekommt, pflegen überall Köche aufzutauchen, jeder mit dem eigenen Lieblingsrezept. Jedoch erschien mir die Situation zu ernst, um improvisierte oder einseitige Vorschläge zu akzeptieren: Diesmal lag die Gefahr einer direkten Konfrontation nie dagewesenen Ausmaßes zwischen Gruppen von Ländern im Bereich einer unheilvollen, aber durchaus realen Möglichkeit. Auch eine Serie längerer Dispute zwischen diesen Gruppen über die Hypothese, wer ein Recht auf welche Aktion besitze, hätte die ohnehin schon angespannte Weltlage in eine nicht wiedergutzumachende Katastrophe eskalieren lassen können. Eine neue Weltordnung war dringend notwendig; um aber von dauerndem Bestand zu sein, durfte sie nicht durch Abstimmung zufälliger Mehrheiten oder durch Gewalt zustande kommen – selbst wenn es solche Mehrheiten oder eine solche Gewalt gab. Ich meine, daß eine grundlegende Innovation, wie sie notwendig war und ist, sich nur behaupten kann, wenn sie so gerecht und so vernünftig ist, daß sie dank ihres inneren Wertes von weiten Teilen der Weltöffentlichkeit spontan akzeptiert wird – und daß sie nur dann eine echte Ausgangsbasis für eine bessere Zukunft darstellen kann, wenn sie beweist, daß sie ihrer Funktion auch wirklich gerecht werden kann.

Eine gerechte Lösung war jedoch nicht in Sicht, was mich darin bestärkte, daß der Club of Rome das Studium eines seriösen, wahrhaft innovatorischen und doch zugleich elastischen Schemas der erhofften neuen Ordnung betreiben sollte, um es weltweit vorzustellen, ehe sich die Lage so weit verschlimmert hatte, bis auch diese Arbeit überholt war. Wichtig war, daß dies rechtzeitig geschah. Deshalb ergriff ich wiederholt die Initiative, im Vertrauen darauf, daß meine Kollegen sie gutheißen würden. Für die Leitung der Forschungsarbeit wurde eine Persönlichkeit von unbestrittenem wissenschaftlichem Format benötigt, die überdies einen guten Einblick in die Weltwirtschaft haben und über Planungserfahrungen verfügen sollte. Ich wußte niemanden, der diesen Anforderungen besser entsprach als Jan Tinbergen, Nobelpreisträger für Ökonomie. Ich sprach mit ihm im September über das Vorhaben, er nahm an und erarbeitete innerhalb

---

* Aus einem Artikel in der amerikanischen Zeitschrift der Bewegung der Weltföderalisten, *Federalist letter*, April 1975.

weniger Wochen die Grundzüge des Projekts, das er *Reshaping the international order* oder RIO nannte.

Das Projekt RIO über die Weltordnung
Wir stimmten völlig überein, daß das Projekt RIO zwar im wesentlichen schon auf die Wirtschaftsordnung abzielen sollte, diese jedoch nicht von ihrer sozio-politischen Basis getrennt werden durfte. Deshalb wurde das Wort »Wirtschaft« weggelassen, ohne daß dadurch jedoch das ohnehin weitgesteckte Ziel des Projekts eine zusätzliche Erweiterung erfuhr. Seinem Charakter nach unterschied sich RIO ziemlich deutlich von unseren vorangegangenen Projekten, die weitgehend mit der Forschung zu tun hatten: Es setzte wenig Forschungsarbeit, dafür desto mehr Kenntnisse der Weltwirtschaft und ihrer Funktionsweise, aber auch ihrer Mängel voraus. Die Schlußfolgerungen des Projekts werden wahrscheinlich darin bestehen, daß den Politikern und den sozialen Gruppen zahlreiche Empfehlungen bezüglich der Prinzipien, der Politik und der Institutionen gegeben werden, die imstande sein könnten, das Menschheitssystem zu einer ausgeglicheneren Evolution zu steuern. Zum erstenmal hätten wir es hier also mit einem hochpolitischen Dokument zu tun. Demnach steht zu erwarten, daß seine Schlußfolgerungen – wie immer sie lauten mögen – in dieser unserer Welt voller Kontraste, Hoffnungen und Forderungen sogleich nach ihrem Erscheinen das Ziel wilder Attacken von rechts und von links, von Innovatoren und Konservativen sein werden. Ich kenne Tinbergen: Er sieht dem lässig entgegen und ist bereit, darauf in verbindlicher, überzeugender Form zu antworten – und ich werde bereit sein, ihm jegliche Unterstützung zu gewähren, selbst wenn ich nicht alle in seiner Studie enthaltenen Schlußfolgerungen teilen sollte.
Inzwischen schwoll die Flut weiter an, so daß die Frage eines neuen internationalen Gesellschaftsvertrages zum dringlichsten politischen Problem unserer Zeit wurde. Die Zahl der Erklärungen und Aufrufe nahm um ein Vielfaches zu. Sogleich nach der Erklärung der Vereinten Nationen zum 1. Mai folgte die *Charta der ökonomischen Rechte und Pflichten der Staaten,* die auf Initiative Mexikos im Dezember von der Generalversammlung der Vereinten Nationen mit großer Stimmenmehrheit verabschiedet wurde. Ihr war im Oktober die *Erklärung von Cocoyoc* vorausgegangen, die zum Abschluß der Tagung zweier UNO-Organe, des UNEP (United Nations Environment Programme) und der UNCTAD (United Nations Conference on Trade and Development), in der mexikanischen Stadt gleichen Namens formuliert worden war. Danach gab es die *Rohstoff-Resolutionen,* die in Dakar beziehungsweise Algier von der Konferenz der blockfreien Länder und von den Regierungschefs der OPEC (Organization of Petroleum Exporting Countries) im Januar und März 1975 gefaßt wurden; auf diese folgten wiederum eine *Erklärung über die industrielle Entwicklung der Kooperation* der UNIDO (United Nations

Industrial Development Organization) sowie ein *Programm gegenseitiger Hilfe und Solidarität* gleichfalls der blockfreien Länder; die beiden letzteren wurden im April beziehungsweise August jeweils in Lima angenommen. Über die neue Weltwirtschaftsordnung wurden sodann in rascher Folge Dokumente von verschiedenen Organen veröffentlicht, beispielsweise vom Forum der Dritten Welt (einer Vereinigung hervorragender Ökonomen, Soziologen und Intellektuellen aus Entwicklungsländern), von der Interparlamentarischen Union, von der Internationalen Vereinigung freier Gewerkschaften und vom Sekretariat des Commonwealth. Ihnen werden zweifellos in dichter Folge weitere Maßnahmen folgen.

Die Revolution der Enterbten der Welt
Diese Stellungnahmen und Dokumente sind durchweg Ausdruck einer andauernden, spontanen und zugleich konzertierten, aus allen Richtungen kommenden Offensive gegen die privilegierten Positionen der entwickelten Länder, in denen sich eine nun nicht mehr vertretbare Vergangenheit spiegelt. Zielscheibe sind im Augenblick die reichen westlichen Länder und Japan; am Ende werden jedoch alle Industrieländer betroffen sein, da sie auch alle nahezu ausschließlich Nutznießer der materiellen Revolutionen waren. Wir dürfen uns keiner Täuschung hingeben. Das ist die sozio-politische Weltrevolution der Armen. Sie wird immer stärkere Impulse ausstrahlen, angetrieben nicht so sehr von präzisen ideologischen Motiven als vielmehr von Entrüstung, Wut und Auflehnung gegen die Ungerechtigkeit. Milliarden Menschen am Ende ihrer Geduld fordern eine Neuverteilung der Macht, des Reichtums und der Erträge in der Welt. Es ist unmöglich vorauszusagen, welche Formen dieser Aufstand noch annehmen wird und wie die Reaktionen der wohlhabenden Länder aussehen werden, wenn sie dem Überraschungseffekt ausgesetzt sind. Was man jedoch voraussehen kann, ist die Tatsache, daß diese Revolution nicht aufzuhalten ist und daß die nächste Zukunft sicherlich sehr turbulent sein wird.
Das Projekt RIO kam rasch voran. Der Vorschlag Tinbergens war akzeptiert worden; Tinbergen selbst hatte sich eifrig an die Arbeit gemacht und dabei der Mitarbeit von zwanzig hervorragenden Experten versichert, die ein breites Band politischer Systeme und wissenschaftlicher Fachgebiete repräsentierten; dazu kam Jan Ettinger vom Bouwcentrum International Education in Rotterdam, ein tüchtiger Manager. Inzwischen hatte auch die holländische Regierung ihre Unterstützung zugesagt: Sie stellte beträchtliche finanzielle Mittel zur Verfügung und bewies damit einmal mehr, daß sie viel weiter war als andere Regierungen reicher Länder, die es nicht nur ablehnten, Änderungen überhaupt in Erwägung zu ziehen, sondern auch Studienarbeiten über sie zu unterstützen. Das Programm sah den Abschluß des Projekts für Mitte 1976 vor. Aber die Neustrukturierung der Weltwirtschaftsordnung wird ein kontinuierlicher

Prozeß sein, und es besteht begründete Hoffnung, daß auch RIO nicht bei
dem erreichten Punkt stehenbleibt, sondern seine Analyse- und Synthese-
arbeiten weiter vorantreiben wird.
Da das Projekt noch nicht abgeschlossen ist, möchte ich ihm nicht vorgrei-
fen. Ich beschränke mich darauf, einige seiner generellen Orientierungs-
punkte aufzuzeigen, und berufe mich hierbei kurz auf den *Provisorischen
Bericht,* der für die Sondertagung der UN-Generalversammlung im September 1975 erstellt worden war, die ihrerseits die Fortsetzung der
Tagung von 1974 bildete. Als Basis für die Analyse der internationalen
Beziehungen geht das Projekt RIO von der Voraussetzung aus, daß die
Weltgemeinschaft ihr Hauptziel darin zu sehen habe, die Lebensbedingungen der unterprivilegierten Menschen substantiell zu verbessern, damit – laut Tinbergen – »allen Bürgern der Welt ein würdevolles Leben
mit bescheidenem Wohlstand gewährleistet wird«.

Die Kluft zwischen Reichen und Armen verringern
Nimmt man das Jahr 1970 als Bezugspunkt, so unterstreicht Tinbergen,
daß die Bewohner der reichsten Länder der Welt, die ein Zehntel der
Weltbevölkerung ausmachen, über ein dreizehnmal höheres durchschnitt-
liches Realeinkommen verfügen als der individuelle Durchschnitt des
ärmsten Zehntels der Weltbevölkerung. Der Unterschied zwischen den
höchsten Einkommen der Reichsten und den niedrigsten Einkommen der
Armen ist selbstverständlich noch um ein Vielfaches größer. Während
jedes Land bemüht ist, die Unterschiede intern zu reduzieren, kommt es
im Weltmaßstab darauf an, die sich vertiefende Kluft zwischen den beiden geschilderten extremen Situationen zu verringern. Um dieses Ziel zu
erreichen, müßte das Pro-Kopf-Einkommen in den Entwicklungsländern
deutlich ansteigen – um fünf Prozent jährlich, was eine Verdoppelung
alle vierzehn Jahre bedeutet –, während die Wachstumsrate in den entwickelten Ländern auf ihrem heutigen Stand bleiben oder sogar abnehmen
müßte. Der Gesamtprozeß hängt jedoch von vielen Faktoren ab, wobei
die Entwicklung der Bevölkerung und der landwirtschaftlichen Produktion zu den wichtigsten gehören.
Die zur Untersuchung herangezogene Periode umfaßt die nächsten vierzig
Jahre. Innerhalb dieser Zeit müßte die Relation zwischen dem Einkommen der Reichen und dem der Armen von 13:1 auf 3:1 reduziert worden
sein; dieses letztere Verhältnis entspricht dem »gerade noch akzeptier-
baren Verhältnis« zwischen den reichen und den armen Regionen der
Europäischen Gemeinschaft. Bei realistischer Betrachtung der Dinge muß
jedoch auch von anderen Alternativen ausgegangen werden, wobei sich
das Verhältnis von 13:1 lediglich auf 6:1 reduzieren würde.
Diese Ziele könnten vielleicht zu bescheiden erscheinen. Jedoch sind auch
für sie bereits große globale konzertierte Anstrengungen während der
nächsten vierzig Jahre erforderlich. Unter anderem wird es notwendig

sein, die Machtstrukturen auf allen Gebieten (technologisch, ökonomisch, politisch, militärisch) grundlegend zu modifizieren, ebenso die Institutionen und die Bräuche, die die internationalen Beziehungen regeln, ferner das Marktsystem und viele Dinge innerhalb der einzelnen Staaten zu reformieren und zu erneuern. Das Vorhaben beinhaltet also einen nicht leicht kalkulierbaren Schwierigkeits- und Komplexitätsgrad, doch muß es dessenungeachtet in Angriff genommen werden. Inzwischen hat die Gruppe Tinbergen zahlreiche Ideen und Vorschläge, die schon seit einiger Zeit zur Debatte standen, einer gründlichen Analyse unterzogen und andere, recht originelle und interessante, zu einer ganzen Serie von Themen neu formuliert. Dazu gehören: Innovationsstrategien, Währungssystem, Einkommensneuverteilung, Entwicklungsfinanzierung, Industrialisierung, Handel und internationale Arbeitsteilung, Nahrungsmittelproduktion und -verteilung, Energie und Rohstoffe, Seerecht, multinationale Konzerne, wissenschaftliche und technologische Forschung, Rüstungsbeschränkung.

Diese so verschiedenartigen Elemente müssen zu einem zusammenhängenden Ganzen verquickt werden. Die technologischen Faktoren begünstigen die Zentralisierung, die Spezialisierung, die gegenseitige Abhängigkeit – alles Dinge, die jedoch durch nationale Hoheitsschranken blockiert werden. Auf der anderen Seite tendiert der menschliche Anspruch auf Existenz und Mitwirkung dazu, Selbstbestimmung und Autonomie zu forcieren, die Entscheidungsprozesse zu dezentralisieren und sie möglichst nahe an das operative Niveau heranzuführen – das jeder souveräne Staat in seiner nationalen Gesetzgebung festlegt. RIO ist der Versuch, die entgegengesetzten Tendenzen unter ein Dach zu bringen: Zentralisierung und Dezentralisierung, kollektive Funktionalität und Individualität, genereller Zusammenhang und Diversifizierung.

Daneben möchte RIO untersuchen, wie eine Abwanderung der Aktivitäten aus den übersättigten hochindustrialisierten Ballungsräumen, den sogenannten »Zentren«, zur »Peripherie« der Welt erreicht werden kann, wo manche Produktionsfaktoren günstiger sind. Gerade dort ertönt der Ruf nach Befriedigung der Bedürfnisse und nach Recht auf Arbeit am lautesten. Ich glaube, RIO ist ein nützliches Instrument, die »Zentren« zu überzeugen, daß es besser ist, heute Klugheit und Großzügigkeit walten zu lassen, als morgen erzwungene Zugeständnisse machen zu müssen; und was die »Peripherie« angeht, so wären, falls sie allein existieren wollte – wozu sie in Augenblicken der Verbitterung neigt –, die Bedingungen noch viel prekärer.

Nicht gering veranschlagen sollte man den erzieherischen Effekt, den RIO auf diesem oder auf anderen Gebieten haben kann. Ich möchte hier noch einmal betonen, was ich schon früher gesagt habe: Ich vertraue darauf, daß das Projekt allen Völkern und Ländern die Notwendigkeit verdeutlicht, unter Bedingungen der weltweiten gegenseitigen Abhängigkeit leben

zu lernen. Das ist ein schwieriges Unterfangen; denn es setzt eine Umkehr
der Tendenzen, eine radikale Änderung der politischen Grundeinstellung
und deren praktischer Verwirklichung voraus, mit der die heutige Welt
so schlecht fährt. Hier muß ich bemerken, daß die Fähigkeiten, die gegenseitige Abhängigkeit zu steuern, die Veränderungen und die Komplexität
zu lenken, eine Trilogie von »Manager«-Attributen bilden, die nunmehr
weltweit unerläßlich sind, damit der Mensch in der Epoche seiner Herrschaft überlebt und eine bessere Lebensqualität erreicht.

Es geht nicht ohne Beteiligung der Zweiten Welt
In den nächsten Jahren muß RIO die sozialistischen Länder direkter als
bisher in seine Analyse einbeziehen. Das ist die Zweite Welt – ein gewaltiger Teil der Menschheit, der sich von Osteuropa über die Sowjetunion
nach China, Nordkorea und einen Teil Südostasiens erstreckt; sie wird
gar nicht oder nur ungenügend berücksichtigt, wenn wir im Westen (den
wir selbstverständlich als die Erste Welt betrachten) mit globalen Begriffen operieren. Freilich wollen die sozialistischen Länder ihr eigenes Spiel
spielen, sie sind offensichtlich noch nicht bereit, sich bei grundlegenden
Diskussionen über Themen wie »Globalismus«, »Organisation einer Weltgemeinschaft«, über langfristige Bevölkerungs- und Ernährungsprobleme
der Welt oder auch nur über eine Weltwirtschaftsreform zu engagieren.
Auch haben sich die Dritte und die Vierte Welt, seit sie nach einer neuen
Ordnung rufen, bisher nicht in irgendeiner besonderen Form an die
Zweite Welt gewendet. Sie gehen – wohl mit Recht – davon aus, daß ihr
wichtigster Gesprächspartner die Erste Welt ist. Doch die Konturen einer
neuen Weltwirtschaftsordnung können nicht ohne volle Beteiligung der
sozialistischen Länder entworfen werden.
Die gegenwärtigen sozio-politischen Gärungsprozesse sind ein guter Beweis für die Lebenskraft des Menschheitssystems, mögen sie auch bisweilen revolutionäre Züge annehmen oder zu Besorgnis Anlaß geben. Die
von ihnen verfochtene neue Weltwirtschaftsordnung, die ihrerseits diese
Prozesse in konstruktive Kanäle leiten müßte, kann jedoch nicht mehr
sein als eine Ordnung in einer Zwischenphase der Entwicklung der
Menschheit, weil auch sie sich auf eine Mehrheit von hauptsächlich souveränen Staaten stützen muß. Zwei Fragen erscheinen hier angebracht.
Angenommen, es handle sich wirklich nur um eine Zwischenphase, ist
dann die angestrebte Veränderung des Weltwirtschaftssystems tatsächlich
möglich, zumal sie, wie bereits festgestellt, enorme Anstrengungen voraussetzt und ihr Ausgangspunkt die gegenwärtige allgemeine Unordnung
in der Welt wäre? Und kann sodann dieses neue System sich noch weiter
entwickeln, um den Bedürfnissen einer globalen Gemeinschaft von vielen
Milliarden Menschen gerecht zu werden?
Ich neige dazu, auf diese beiden Fragen von vitaler Bedeutung im Prinzip
positiv zu antworten. Die Antwort lautet ja, wenn parallel zur Reform

des Systems sich auch die Menschen verändern, wenn sie sich darüber klar werden, daß sie sich in ihrem ureigensten Interesse so verhalten müssen und so entwickeln können, daß dies mit dem Verhalten und der Entwicklung aller anderen Menschen vereinbar ist. Das ist ein großes Wenn, aber meine Antwort bleibt positiv, weil die Menschen, wie schon gesagt, ihre Lebens- und Handlungsweise ändern können, wenn sie begreifen, daß das der einzige Weg zur Rettung ist – und einige Anzeichen deuten darauf hin, daß viele Menschen im Begriff sind, sich verstandesmäßig mit diesen Änderungen vertraut zu machen.

Kehren wir also, wie stets, zum Ausgangspunkt zurück: Alles hängt vom Menschen selbst ab. Realistisch gesehen, heißt das, daß jede neue Weltordnung, wie gut sie auch sein mag, im Endeffekt mit der Qualität der Menschen, die in ihr leben, steht und fällt.

Ernährung, Energie und Materialien

Obwohl der Club of Rome betont, daß sein Zweck nur die Beschäftigung mit den Grundproblemen der Menschheit ist, wird er oft gebeten, auch bei anderen Fragen von großem öffentlichem Interesse zu intervenieren. Dagegen habe ich nichts, sofern der Club genügend Zeit und die Möglichkeit hat, originelle, konstruktive Beiträge zu leisten, und sofern seine Untersuchungen im Weltmaßstab langfristig durchgeführt werden. Ich glaube, daß man als »langfristig« hier ganz allgemein die Zeitspanne ansehen kann, die die Vereinten Nationen für die Verdoppelung der gegenwärtigen Weltbevölkerung veranschlagen, also die nächsten dreißig oder vierzig Jahre, was ungefähr auch dem Zeitraum entspricht, der für einen Generationswechsel in der Führungsspitze der Welt erforderlich ist. Ich weiß, daß man immer häufiger der Theorie begegnet, eine so rasche und starke Vermehrung unserer Gattung sei absolut unmöglich, weil äußere Zwänge – Katastrophen nach der Vorstellung mancher Personen – dies verhindern würden. Vorerst möchte ich mich jedoch an die Prognose halten, daß zu Beginn des nächsten Jahrhunderts auf der Erde sieben oder acht Milliarden Menschen leben werden, weil es unbedingt erforderlich ist, uns darauf so vorzubereiten, als wäre genau das die zukünftige Realität. (Im übrigen können wohl gerade die Gedanken, die wir uns in bezug auf diese Möglichkeit machen müssen, uns am ehesten überzeugen, daß wir ihr klug zuvorkommen müssen, anstatt sie passiv in Kauf zu nehmen.)

Um Reaktionen herauszufordern, versandte ich gegen Ende 1972 an eine Anzahl Personen, auch außerhalb des Clubs, einige Fragen, die ich für ziemlich provozierend hielt. Zum Beispiel: Kann man innerhalb so kurzer Zeit auch die physischen Infrastrukturen der Welt verdoppeln – nicht nur Häuser, sondern ganze Stadtviertel, vielleicht sogar Städte, dazu Industrien, Straßen, Häfen und andere Strukturen? Wie kann man die industrielle Basis und die finanziellen Mittel sicherstellen, um innerhalb von dreißig oder vierzig Jahren ein Quantum an Bauten zu errichten, das mit der Summe der in den zurückliegenden zehn oder zwanzig Jahrhunderten errichteten Bauten vergleichbar wäre? Wo soll überhaupt diese von Menschenhand geschaffene zweite Welt untergebracht werden? Ist es möglich, gleichzeitig die Produktion von Nahrungsmitteln, Gütern und Dienstleistungen so zu steigern, daß die wachsenden Bedürfnisse derart gewaltiger Menschenmassen befriedigt werden können? Kann ein solches Produktionsniveau erzielt werden, ohne die Ökosysteme in nicht wiedergutzumachender Weise zu schädigen? Wie soll man es anstellen, damit in dieses gigantische Unternehmen alle Bewohner der Welt einbezogen werden und nicht, wie heute, Millionen am Rande dahinvegetierende Menschen passiv bleiben?

Ich war nicht so naiv zu glauben, daß diese Problemfülle auf einen Schlag bewältigt werden könnte, aber ich meinte, daß alle Probleme herausgestellt werden müßten, um zu sehen, ob es möglich wäre, wenigstens auf einige von ihnen eine prinzipielle Antwort zu erhalten. Ich bat Jan Tinbergen, mir behilflich zu sein, die Untersuchung dieser Dinge anzukurbeln; er schlug vor, ein erstes Projekt Hans Linnemann von der Freien Universität Amsterdam anzuvertrauen, wobei er bereit war, ihm seinen Beistand anzubieten. Linnemann bildete eine Arbeitsgruppe aus Angehörigen seiner eigenen Universität sowie der Landwirtschaftlichen Universität Wageningen und des Instituts für Agrarwirtschaftsforschung mit Sitz in Den Haag.

Um die vorhandenen Mittel möglichst vorteilhaft einzusetzen, beschloß die Gruppe, zunächst mit der Analyse des wichtigsten aller menschlichen Bedürfnisse, der Ernährung, zu beginnen. Linnemann zitiert gern Mahatma Gandhi: »Dem Armen wagt es Gott nur in Gestalt von Brot oder Arbeitsversprechen zu erscheinen.«

Ein mathematisches Modell auf dem Landwirtschaftssektor
»Vor allem das unbedingt Notwendige« – so lautete inzwischen das Motto der Arbeit. Die Studie erhielt den Titel *Wie ernährt man die doppelte Weltbevölkerung?* In der ersten, im Dezember 1975 abgeschlossenen Phase richteten sich die Bemühungen vor allem darauf, die Kausalfaktoren zu analysieren, die Hunger und Unterernährung der Welt verursachen – und die sicherlich zum großen Teil sozio-ökonomischer Natur sind. Zur Darstellung des komplexen Problems der Welternährung und der damit zusammenhängenden Faktoren einschließlich des Verhaltens der diversen beteiligten Akteure – Produzenten, Verbraucher, Regierungen – wurde ein komplexes mathematisches Modell erstellt. Mit seiner Hilfe kann nach verschiedenen Hypothesen die Entwicklung des gesamten Landwirtschaftssektors in über hundert Ländern beziehungsweise Ländergrup-

pen, die in zehn großen geo-ökonomischen Regionen zusammengefaßt
sind, Jahr für Jahr bis zum Jahr 2010 analysiert werden. Die Arbeitsgruppe vertraut darauf, deutlich herausstellen zu können, welche Politik
die wirksamste wäre, um dieses Kardinalproblem auf nationaler und
internationaler Ebene zu lösen, und welche anderen Arten von Politik – es
gibt deren viele – hierbei nicht erfolgreich wären.

Unabhängig vom Modell wurde die auf der Erde unter idealen Bedingungen theoretisch mögliche Maximalproduktion von Nahrungsmitteln be-
rechnet. Natürlich ergab sich hierbei, daß unser Planet auch eine zahlenmäßig größere Bevölkerung als früher angenommen ernähren kann –
besonders dann, wenn das einzige Ziel der Menschheit darin bestünde,
sich den Bauch vollzuschlagen. Während der Arbeit an der Studie erhielt
man auch die Bestätigung dafür, daß die gegenwärtige Nahrungsmittelproduktion der heutigen Weltbevölkerung ein angemessenes Auskommen
garantieren könnte, vorausgesetzt, die verfügbaren Nahrungsmittel würden unter alle Menschen nach ihren Bedürfnissen verteilt.

Die vorläufigen Schlußfolgerungen des Projekts wurden anläßlich einer
Konferenz des Club of Rome vorgelegt, die eigens für diesen Zweck von
unseren Freunden des österreichischen Kollegiums für Juni 1975 nach
Alpbach einberufen worden war. Trotz des erwähnten ungeheuren Er-
nährungspotentials der Welt ergaben die ersten Modellproben ein tristes
Bild: Der Hunger wird anwachsen. Unter »Hunger« ist der Unterschied
zwischen den von den Bewohnern einer Region tatsächlich verzehrten
Nahrungsmitteln und der veranschlagten Nahrungsmittel-Minimalnorm
derselben Region zu verstehen. Aus dem gegenwärtigen Stadium der Studie geht hervor, daß *der Hunger in der Welt sich von heute an bis zum
Jahr 2010 vermutlich verdreifachen wird.*

Ein Weltproduktions-»Schwungrad« gegen den Hunger
Keine Kombination zwischen den üblicherweise angewandten Strategien –
die sich außer auf die direkte Steigerung der Produktion weitgehend auch
auf die Schaffung von Reserven, auf Nahrungsmittelhilfe und auf die
Reglementierung und Stabilisierung der Weltmarktpreise stützen – ist
imstande, den Hunger zu tilgen. Unter allen Arten von Politik, die man
sich vorstellen kann, wäre diejenige die aussichtsreichste, bei der die Groß-
produzenten und Großexporteure von Nahrungsmitteln die Funktion
eines weltweiten »Schwungrades« übernehmen würden. Diese Länder –
praktisch wären das, wie bereits angedeutet, die USA und Kanada, denen
sich vielleicht einige andere zugesellen könnten – müßten dazu gebracht
werden, den globalen Nahrungsmittelbedarf zu garantieren, wobei sie ihre
Landwirtschaftsproduktion und ihre Handelspolitik während der gesamten voraussehbaren Zukunft so abzustimmen hätten, daß sie in erster
Linie den Interessen der Welt, noch vor ihren eigenen Interessen und mehr
als diesen, dienen. Die Gruppe Linnemann spricht hier eine schwer wider-

legbare Warnung aus: Wenn wir schwere Katastrophen vermeiden wollen, muß es in der Welt zu fundamentalen Veränderungen kommen. Es ist noch verfrüht, Spekulationen über die Schlußfolgerungen anzustellen, die sich aus dem Linnemannschen Projekt ergeben werden. Sollten jedoch diese vorläufigen Erkenntnisse eine überzeugende Bestätigung finden, so müßte allen klar sein, daß allein schon für die Beseitigung des Hungers auf der Erde eine neue Dimension der Solidarität und des Zusammenwirkens zwischen allen Völkern unerläßlich ist. Realistisch gesehen, kann man sich jedoch nicht vorstellen, daß in der heutigen Welt, so wie sie beschaffen ist, gewisse Länder damit einverstanden wären, Produktionsverpflichtungen von nie dagewesenem Ausmaß und entsprechende finanzielle Belastungen einfach nur zum Wohl anderer Länder zu übernehmen. Die dortige Öffentlichkeit und die Steuerzahler würden sich dagegen auflehnen; vor allem würden nahezu unlösbare Probleme der Entlohnung, des Austausches und des politischen Gleichgewichts zwischen allen beteiligten Partnern eine solche Lösung von Anfang an blockieren.

Wenn jedoch diese »Schwungradfunktion« einiger weniger Länder die einzige Lösung wäre und wenn diese sich als unrealisierbar erweisen sollte, was wären dann die Folgen? Würden nicht nach dem Beispiel der Aufrüstung und des Erdöls auch die Nahrungsmittel zu einer politischen Waffe werden, und würden wir nicht naiverweise meinen, die Auslese könnte letztlich eine Lösung sein? Angesichts solcher akuter Dilemmas, die aufzulösen wir uns nicht befähigt fühlen, neigen wir häufig dazu, unsere Gedanken anderen Dingen zuzuwenden – die sicherste Art, in neue, ausweglose Situationen hineinzuschlittern. Das ist der Weg zur Katastrophe, auf dem sich die Menschheit gegenwärtig befindet, ein Weg, dessen Richtung, es sei noch einmal gesagt, geändert werden muß. Mehr noch als Verträge auf höchster Ebene ist dazu aber ein umfassendes Einvernehmen erforderlich, zu dem der Impuls von der Basis kommen muß.

Eine Analyse der Industrieprodukte, ähnlich derjenigen, die zur Zeit für die Nahrungsmittel läuft, würde – wie bereits angedeutet – wahrscheinlich ergeben, daß das industrielle Welt-Establishment *ab imis fundamentis* umstrukturiert werden muß, um den Bedürfnissen vieler Milliarden Verbraucher gerecht zu werden. Ein solches Unternehmen wäre gewiß komplizierter als im Fall der Ernährung, nicht nur, weil es schwieriger ist, ein ideales Minimalsortiment von Industrieprodukten zu bestimmen als eine physiologisch vertretbare Minimalnahrung, sondern auch, weil die auf diesem weiten Gebiet verflochtenen Interessen (die vor Inangriffnahme der Studie genau abgewogen werden müssen) zu den mächtigsten der Welt gehören.

Alle diese Überlegungen sprechen dafür, möglichst rasch gründliche, unabhängige Untersuchungen darüber anzustellen, wie die Weltindustrie beschaffen sein müßte, um die aus der raschen Verdoppelung der Bevölkerung resultierenden Aufgaben lösen zu können. Ich habe da und dort bereits auf einige Aspekte des globalen Industrieunternehmens hingewiesen, auf die man achten sollte: die Funktion des privaten Industriesektors und damit auch die Funktion des öffentlichen Sektors auf internationaler Ebene; die Umwandlung der multinationalen Gesellschaften und die Regelung ihrer Beziehungen mit den Staaten; die Notwendigkeit zu bestimmen, ob und welche Funktion die Großunternehmen kollektiv übernehmen können oder sollen; vor allem, welche Direktiven für die Reorganisation und Rationalisierung der Gesamtheit des industriellen Welt-Establishments maßgeblich sein sollen. Diese letzte Frage könnte anfangs auch nur bei einigen Sektoren der Schlüsselindustrie untersucht werden. Sehr gern würde ich mich als Club of Rome oder persönlich an der Initiative zu einem solchen Projekt beteiligen. In den vergangenen Jahren habe ich sogar schon ein paarmal versucht, in diesem Sinne aktiv zu werden, jedoch ohne Erfolg. Heute erscheint die Situation dafür reifer; die Studie müßte nunmehr voll in Angriff genommen werden, als unerläßlicher Beitrag zu einer kollektiven Bilanzziehung, wie ich im weiteren Verlauf noch ausführen werde.

Bald nach der Veröffentlichung von *Die Grenzen des Wachstums* hatte der Club of Rome erwogen, eine der am häufigsten vorgebrachten Kritiken einer vorurteilsfreien Prüfung zu unterziehen, nämlich das Argument, der Bericht berücksichtige zuwenig die Tatsache, daß Wissenschaft und Technologie, sofern sie nur genügend gefordert würden, zahlreiche mit der Rohstoffknappheit zusammenhängenden Probleme lösen könnten. Um damit voranzukommen, baten wir, das heißt Alexander King und ich, Dennis Gabor, ein solches Projekt gemeinsam mit Umberto Colombo, einem hochrangigen Industriellen, der zugleich Präsident des OECD-Komitees für Wissenschafts- und Technologiepolitik war, zu übernehmen. Beide nahmen an.

Eine Beurteilung der Techniken und der Reserven
Nach Konsultationen mit einigen bedeutenden Wissenschaftlern wurde das Objekt der Untersuchungen in einer Richtung erweitert und in einer anderen etwas eingeschränkt, worauf es im Endeffekt auf die Frage hinauslief, ob die Reserven der Erde ausreichen, um die Grundbedürfnisse einer wachsenden Bevölkerung im Bereich der Energie, der Ernährung und der Rohstoffe zu befriedigen. In der Beurteilung mußte ein sehr weiter Zeitraum erfaßt werden: etliche Jahrzehnte oder, wenn möglich, sogar Jahrhunderte. Für das Projekt holten sich Gabor und Colombo Rat und Hilfe bei einer größeren Gruppe international berühmter Experten; diese erhielten den spaßigen Beinamen »technologische Optimisten«. Der kanadische Minister für Wissenschaft und Technologie stellte großzügig genügend finanzielle Mittel zur Deckung der Spesen zur Verfügung. Der Abschlußbericht ist unter dem Titel *Beyond the age of waste (Das Ende*

*der Verschwendung)** erschienen, ein Titel, der von der absoluten, ganz
offensichtlichen Notwendigkeit diktiert ist, mit den Reichtümern der Erde
überaus sparsam, klug und weitsichtig umzugehen – wenn wir wollen, daß
auch unsere Nachfahren leben und die Hoffnung auf ein besseres Morgen
hegen können.

Diese Untersuchung zeigt ganz deutlich das Netz komplexer Wechselbeziehungen, das die drei examinierten Bereiche verbindet; ebenso unterstreicht sie die Notwendigkeit, ihre Probleme von globalen Gesichtspunkten aus zu sehen. Die Analyse eines jeden Sektors mag, für sich allein
betrachtet, vielleicht weismachen, daß Wissenschaft und Technologie die
Menschheit in die Lage versetzen können, sich die benötigten ungeheuren
Rohstoffmengen zu verschaffen, auch wenn bezüglich einiger Rohstoffe
echte Ungewißheit herrscht. Doch die Wirklichkeit besagt, daß sowohl
zwischen diesen Sektoren als auch zwischen ihnen und anderen Sektoren
enge wechselseitige Abhängigkeiten bestehen – und damit verschiebt sich
das Bild völlig, weil eine beliebige Entwicklung oder Lösung innerhalb
eines bestimmten Sektors – bisweilen in kritischer Form – von einem sie
begleitenden Fortschritt oder von einer Stützung in anderen Sektoren abhängen. Es ist nicht möglich, auf diesen Seiten die in dem Bericht enthaltenen, überaus interessanten Beobachtungen und Folgerungen zusammenzufassen, doch erscheint es mir nützlich, einige hervorstechende Punkte
zu erwähnen.

Beim Nahrungsmittelproblem stimmen die Folgerungen im wesentlichen
mit denen Linnemanns überein, wobei einmal mehr betont wird, daß die
größten Schwierigkeiten sozio-ökonomischer und kultureller Natur sind.
Die wissenschaftlichen und technischen Kenntnisse für die Kultivierung
neuen Bodens und die Erhöhung der Produktivität des bereits bebauten
Bodens sind größtenteils bereits vorhanden und verfügbar. In anderen
spezifischen Bereichen müssen jedoch die Forschungsarbeiten fortgesetzt
werden, beispielsweise hinsichtlich des rationellen Umgangs mit Wasser,
der Entsalzung des Wassers, des optimalen Einsatzes der Düngemittel,
des Prozesses der Stickstoffixierung im Boden und der Produktion von
Proteinen aus einzelligen Organismen mittels Kohlenwasserstoffen oder
landwirtschaftlichen Abfällen.

Das Problem der Mineralrohstoffe ist im allgemeinen weniger besorgniserregend. Während die bekannten oder gut abbaufähigen Vorkommen
zahlreicher Mineralien sich innerhalb weniger Jahrzehnte erschöpfen können, sind die potentiellen Reserven der sie bildenden chemischen Elemente
in den meisten Fällen unermeßlich. Einige Elemente sind jedoch absolut
knapp (zum Beispiel Silber, Quecksilber, Gold, Platin, Helium); ihr
Mangel kann dazu führen, daß bestimmte industrielle Prozesse gedrosselt

---

* Gabor, D., Colombo, U., King, A., Galli, R., *Das Ende der Verschwendung.* Stuttgart
1976.

werden müssen. Ein anderes Element, für das es keinen Ersatz gibt, ist der Phosphor, der als Hauptbestandteil der Düngemittel für unser Leben absolut unerläßlich ist. Es ist nicht zu erkennen, daß er in absehbarer Zeit knapp werden könnte; da seine Verwendungsrate jedoch dreimal rascher ansteigt als das Wachstum der Bevölkerung, empfiehlt es sich, seine Verwendung zu steuern, bevor er zu einem Mangelfaktor der landwirtschaftlichen Produktion wird. Wissenschaft und Technologie können zur Lösung dieser Probleme beispielhaft und in vielfacher Weise beitragen, angefangen von der Einsparung und der Erhaltung von Materialien bis zur Miniaturisierung, vom Recycling bis zur Entwicklung neuer Materialien und neuer Prozesse, und so fort. Somit liegen die größten Schwierigkeiten an dieser breiten Front in Kosten-, Transport- und Organisationsproblemen, die schwerer wiegen als die eigentliche physische Knappheit.

Energie – das kritische Problem
Das große Problem heißt Energie: Wenn wir über genügend saubere und billige Energie verfügten, wären die Aussichten auf technologische Lösungen bei Nahrungsmitteln und Rohstoffen gut. Jedoch bestehen nur geringe Hoffnungen auf ausreichende und zudem preiswerte Energie ohne Kontraindikation im Umwelt- und sozialen Bereich. Angesichts der langen technischen Dauer des Prozesses Forschung–Entwicklung–Produktion ist es wahrscheinlich, daß die Welt nicht mit neuen Energiequellen rechnen kann und deshalb in den nächsten drei, vier Jahrzehnten vordringlich auf die fossilen Brennstoffe (vor allem Erdöl und Kohle) setzen muß. Ja, wir müssen sogar auf eine gewisse Energieknappheit gefaßt sein, ehe neue, potentiell unerschöpfliche Energiequellen benutzt werden können. Andererseits sollten die fossilen Reserven nach Möglichkeit zugunsten anderer wichtiger Nicht-Brennstoffzwecke geschont werden. Auf jeden Fall muß die Einführung neuer Energiesysteme mit Nachdruck betrieben werden. Leider ist jedoch zu befürchten, daß sich die Situation noch weiter verunsichern und erschweren wird, ehe man auf eine Verbesserung hoffen kann.
Soviel steht fest, daß – wie der Bericht erkennen läßt – keine der wichtigen langfristigen Quellen noch längere Zeit für allgemeine Zwecke verfügbar sein wird, ja daß bei einigen sogar große Probleme auftauchen. Die Machbarkeit der Energieproduktion durch Kernfusion ist noch nicht nachgewiesen, weshalb selbst bei Intensivierung der Forschung kein auf sie gestütztes sicheres Programm entwickelt werden kann. In beschränktem Umfang wird vorerst geothermische Energie verwendet; die Chance, sie in der Zukunft zu einer wichtigen Quelle zu machen, hängt davon ab, wie gut es uns gelingt, die Wärme der Erdrinde auszunützen – ein Problem, das erst in Angriff genommen werden muß. Ebenso ist die Möglichkeit einer großzügigen Ausnutzung der Sonnenenergie für die Erzeugung von Elektrizität oder für die Wärmeversorgung im Alltag vorerst in puncto

Wirtschaftlichkeit noch nicht geklärt; was die Übertragung dieser Energie angeht, setzt sie Technologien voraus, die erst noch entwickelt werden müssen, wobei sehr viel größere Anstrengungen zu unternehmen sind als bisher. Im gegenwärtigen Stadium unserer Kenntnisse ist daher unter allen langfristigen Energiequellen die Kernspaltung diejenige, deren Einsatz am ehesten möglich erscheint; allerdings ist diese Quelle vor allem unter dem Blickwinkel ihrer sozialen Vertretbarkeit problematisch; denn was die Sicherheit und den Schutz der Anlagen betrifft, ist Anlaß zu beträchtlicher und gerechtfertigter Besorgnis gegeben. Insbesondere sind bei den schnellen Brutreaktoren noch schwierige Probleme zu überwinden.

Kernenergie – die zweifelhafte Lösung
Bei der nuklearen Lösung – vorerst nur durch die Kernspaltung repräsentiert – bin ich pessimistischer und radikaler als meine Freunde aus der Wissenschaft. Ich vermag nicht zu beurteilen oder auch nur zu vermuten, ob hier eine saubere, sichere und für die menschliche Gesellschaft vertretbare Lösung gefunden werden kann, wie es zahlreiche seriöse Wissenschaftler (und nahezu alle Politiker und Industriellen) behaupten. Wenn es jedoch etwas nicht genügend Vertretbares, Sicheres und Sauberes gibt, so ist dies nach meiner Überzeugung die menschliche Gesellschaft. Ich habe fast schon zu viele Seiten darauf verwendet, ihren chaotischen Zustand zu schildern, ihre Unfähigkeit, sich selbst zu regieren, rationell und menschlich zu handeln, die sie zerfleischenden Spannungen zu entkrampfen, um noch zu glauben, daß sie zu einer nuklearen Gesellschaft werden könnte. Ich vermag mir nicht vorzustellen, wie eben diese Gesellschaft es fertigbringen sollte, mehrere tausend große Kernkraftwerke zu errichten, unter Kontrolle zu halten und dazu kreuz und quer über den Planeten alljährlich eine Menge des tödlichen Plutoniums 239 zu manipulieren und zu transportieren, die mehrere zehntausendmal größer wäre als das Quantum, das ausreicht, die gesamte Erdbevölkerung zu töten. Eine Entscheidung für die nukleare Lösung, ohne daß vorher die Gesellschaft, das heißt die gesamte Menschheit, darauf vorbereitet wurde, wäre vorschnell und unverantwortlich. Wer sich heute an der Macht dieser – wie ich es nenne – harten Droge berauscht, tut dies vielleicht schon morgen etwas bescheidener, aber er verurteilt seine Nachfahren dazu, sich ihr künftig vollkommen auszuliefern.
Ich verstehe vollkommen, daß die Verfügbarkeit großer Energiemengen für das Menschheitssystem im heutigen Stadium seiner Entwicklung eine erstrangige Notwendigkeit ist und daß deshalb dieses Problem gelöst werden muß. Wenn aber die nukleare Lösung tatsächlich die einzige Möglichkeit ist, unsere Energieversorgung im wesentlichen sicherzustellen, und sei es nur für eine Übergangsperiode (was erst noch zu beweisen wäre), so müssen wir die größten Anstrengungen darauf verwenden, vor allem die Gesellschaft zu verändern, das heißt, sie unter jedem Blickwinkel auf

diese Entwicklung vorzubereiten. Dafür ist die Zeit aber furchtbar kurz
bemessen.

Alle Länder müßten darin ihre erste Pflicht sehen und darauf mindestens
so viele menschliche und finanzielle Energien verwenden, wie sie einsetzen,
um die technischen, wissenschaftlichen und industriellen Aspekte des Problems zu fördern.

Diese soziale und geistige Vorbereitung kann jedoch nicht mehr nur auf
nationaler Ebene erfolgen: Der Moment ist gekommen, wo die Einheit
der Menschheit nottut, im Energiebereich vielleicht noch mehr als in jedem
anderen. Die Energiepläne müssen auf unserem Planeten unter Mitwirkung aller Menschengruppen und unter direkter Beteiligung der Öffentlichkeit erstellt werden. Macht die Menschheit bei diesen Plänen etwas
falsch, kann es ihr Ruin sein. Ich meine damit, daß sie vom sozialen und
kulturellen Standpunkt aus etwas falsch machen könnte – jede nukleare
Entwicklung würde dann schlimmste Zerstörung bedeuten.

Da wir hier etwas erörtern, was vielleicht nicht das Schicksal, aber doch
die Lebensweise der Menschheit während vieler künftiger Jahrzehnte betrifft, möchte ich gleich auch sagen, daß kein verantwortlicher Führer
unserer Epoche sich der Pflicht entziehen kann, feststellen zu lassen – auch
das wäre ein gemeinsames Unternehmen der Menschheit –, ob der nukleare Weg unbedingt beschritten werden muß oder ob nicht die Sonnenenergie auch bei massivem Einsatz eine akzeptable Alternative wäre.
Falls es eine vernünftige Entscheidungsfreiheit gibt, bin ich sicher, daß
die Weltöffentlichkeit sich nicht für den Weg zu einer nuklearen, sondern
zu einer solaren Gesellschaft entscheiden wird.

Zuletzt: Die Ziele

Das Problemdickicht, dessen Art, Verästelung und Tendenzen der Club of
Rome sich zu verstehen bemüht, um es zum Gegenstand ausführlicher
öffentlicher Debatten zu machen, erscheint als Thema leider nicht auf der
Tagesordnung politischer Gipfeltreffen, die heutzutage so zahlreich sind
und bei denen es eigentlich einen zentralen Platz einnehmen müßte.
Kommt die Weltproblematik bei Konferenzen unter Beteiligung mehrerer
Regierungen einmal zur Sprache, dann immer nur sporadisch oder bruch-
stückartig, zumeist in direktem Zusammenhang mit kurzfristigen Interessen der Teilnehmer. Die offiziellen Vertreter der Völker der Welt scheinen der Ansicht zu sein, daß die Zukunft der Menschheit sie nichts angehe,
daß sie ihr eine gewisse Aufmerksamkeit bestenfalls erst dann zu schenken
brauchen, wenn sie im Detail die spezifischen Probleme erledigt haben,
bei denen ihr persönliches Prestige oder ihre unmittelbare politische For-
tüne auf dem Spiel stehen.

Deshalb glaube ich, daß das Sondertreffen des Club of Rome im Juli 1975

in der mexikanischen Stadt Guanajuato eine Würdigung verdient. Beim
Salzburger Treffen hatte Präsident Echeverría die sprichwörtliche Gast-
freundschaft Mexikos für eine neuerliche Begegnung angeboten, bei der
ein weiterer offener Austausch privater Meinungen zwischen einer größeren Gruppe politischer Persönlichkeiten und einer Anzahl von Mitgliedern
des Club of Rome stattfinden sollte. Guanajuato wurde aus zweierlei
Gründen gewählt: einmal wegen seiner Sehenswürdigkeiten und seiner un-
aufdringlichen Schönheit aus der Kolonialzeit, zum anderen, weil die
Stadt in der mexikanischen Tradition das Symbol des Kampfes um die
nationale Unabhängigkeit ist. Neben etwa zwanzig Mitgliedern des Club
of Rome und einigen anderen Forschern nahmen an diesem Treffen die
persönlichen Vertreter der Staatsoberhäupter oder Regierungschefs von
23 Ländern teil.*

Guanajuato: Kampf gegen die Ungleichheit
Beim Thema »Solidarität für Frieden und Entwicklung« konnte kurz auf
die Weltproblematik eingegangen werden, und zum Abschluß des Treffens legte der Club of Rome das Dokument *Betrachtungen aus Guanajuato* vor. Die nach meiner Meinung wichtigste Stelle der Erklärung besagt, daß »die vollständige Entwicklung des Potentials aller Menschen
notwendig ist, um die Ungleichheit zu beseitigen und zu gewährleisten,
daß jeder einzelne ein gesundes und würdiges Leben führen kann. Jede
Strategie, Politik oder Planung für die nationale oder globale Entwicklung muß diesem Ziel untergeordnet sein.«
Wir haben zwei Kollegen des Club of Rome gebeten, ein Dokument auszuarbeiten, das dieses Ereignis umfassend interpretiert. Vor allem soll
seine Bedeutung zum gegenwärtigen Zeitpunkt herausgestellt werden, da
jedes Land zu vielen, die langfristigen Interessen der Welt betreffenden
Problemen Stellung beziehen muß. Guanajuato kann in dem von mir
bereits angedeuteten Sinne als eine Zwischenstation auf dem Weg zu
einem konkreteren Dialog zwischen Gruppen von Politikern und Gruppen von Bürgern betrachtet werden: Die Tatsache, daß Angehörige mehrerer Kulturkreise und Menschen aller Kontinente – trotz kontrastieren-
der Anschauungen über alles übrige – sich dennoch über einige wesentliche
Punkte geeinigt haben, beweist die der Menschheit inhärente Einheit.
Im August 1974 suchte mich Ervin Laszlo auf, ein ausgebildeter Konzert-
musiker, jetzt Philosoph, Kybernetiker und Essayist, um mir eine Idee
vorzutragen, die ganz nahe an einige eigene Ideen von mir herankam,
mit denen ich mich gerade befaßte. Sie lief im wesentlichen auf folgendes

---

* Algerien, Australien, Bundesrepublik Deutschland, Finnland, Frankreich, Großbritannien, Guinea, Holland, Indien, Iran, Jamaika, Jugoslawien, Kanada, Kostarika, Öster-
reich, Peru, Polen, Rumänien, Schweden, Senegal, Tansania, Venezuela und natürlich
Mexiko.

hinaus: Die meisten Leute, die sich mit der Zukunft befassen, legen den Schwerpunkt auf die negativen Effekte der gegenwärtigen Tendenzen, auf die ungelösten Probleme, darauf, daß die menschliche Gesellschaft ihre Dynamik und ihren Kurs ändern müsse, während doch auch – und vor allem – das Gesunde betrachtet werden müßte. »Wenn die Ausgangs-idee einer Krankheit entspringt, ist Angst ihr Fundament, und es fällt schwer, das Verhalten zu steuern. Im Gegensatz dazu kann die Betonung des Gesunden Verhaltensweisen motivieren, die sich an positiven Zielen orientieren, wobei jede Verbesserung ein Sieg und nicht nur ein überwun-denes Übel ist.«* Und als Beispiel fügte Laszlo hinzu: »Der Mensch be-steigt den Mount Everest, einfach weil der Berg dasteht, eine Herausfor-derung an menschliche Kühnheit und Geduld. Müßte er die gleiche Berg-masse als Vorbedingung für Freiheit und Überleben bezwingen, so würde er diese Aufgabe als schrecklich und unmenschlich ansehen.«
Ich teilte diese Ideen: Der Augenblick ist gekommen, um von der Phase des Schockierens, mit der die Menschen wachgerüttelt und auf die Gefah-ren, denen wir alle entgegengehen, aufmerksam gemacht werden mußten, zur neuen Phase überzugehen, in der die positive Vision der mensch-lichen Entwicklung und dessen, was mit ihrer Hilfe in einer voraussell-baren Zukunft verwirklicht werden kann, dominieren soll. Leider gibt es immer noch Leute, die die Ökonomie und Technologie überbewerten und meinen, diese ihre Fachgebiete seien eine Art Stein der Weisen zur Heilung aller Übel der Menschheit. Ebenso gibt es noch mit vergangenen Verhältnissen liierte, gewaltige Interessen, weshalb die Schocktherapie notwendigerweise fortgesetzt werden muß. Wir dürfen uns jedoch nicht damit begnügen, daß das Ziel des Menschen nur darin bestehe, das Schlimmste zu verhüten, zu überleben und danach in einer halbkünst-lichen Welt irgendwie nüchtern weiter dahinzuvegetieren. Der Geist des Menschen muß wiedererstehen; der Mensch braucht Ideale, an die er glau-ben, für die er leben und kämpfen – und wenn nötig sterben kann: Aber diese Ideale müssen aus der Erkenntnis der neuen Situation auf der Erde hervorgehen, die ich umfassend geschildert habe.

Projekt über die Ziele des modernen Menschen
Über all dies diskutierten wir ausführlich. Laszlo wollte mit dem Projekt sogleich beginnen, aber er brauchte die Unterstützung durch den Club of Rome, die ich ihm im Vertrauen auf die Zustimmung meiner Kollegen zusagte. Ebenso benötigte er eine gewisse Verfügungsgewalt über die Fonds, wozu ich ihm gleichfalls verhalf. Ziel des Projekts ist, all das aus-zuwerten, was die vom Club of Rome oder in dessen Geist angestellten Nachforschungen ergeben haben, die Lage und die Aussichten in unserer

---

* Laszlo, E., *Goals for global society*, veröffentlicht in: *Main currents in modern thought*, XXX 1, 5, 1975.

Zeit zu untersuchen und diese Ergebnisse mit den Gedanken, den Motivierungen und Zielen der größten Zivilisationen der Vergangenheit zu vergleichen. Auf diese Weise soll ein erstes Bild von den Zielen entstehen, die sich die heutige Menschheit stellen kann. »Wir müssen«, sagte Laszlo, »erreichbare Ziele finden, die funktionell gleichwertig mit den lokalen und regionalen Mythen, Religionen und Ideologien der Gesellschaften sind, die (seinerzeit) Erfolg hatten, Ziele, die aber auch weltweit Gültigkeit haben können.« Der globale Bereich war für mich eine unerläßliche Bedingung.

Quellen menschlicher Ideale waren bisher hauptsächlich die großen Religionen und die großen Jahrhundert-Denksysteme gewesen. Ich glaube, daß gegenwärtig zwei neue Quellen in Erscheinung treten: der Sinn für »Globalität«, auf den ich gleich zurückkommen werde, und das Erkennen der neuen Rolle des Menschen auf der Erde. Auf uns wartet die Aufgabe, mit wachem Sinn für das Reale die verschiedenen, diesen vielfältigen Quellen entspringenden Ideale miteinander zu verbinden, um dadurch in uns selbst die moralischen Spannungen zu erzeugen und den Willen wachzurufen, die wir für unsere kreative Aktivitäten benötigen, und uns gleichzeitig unserer Epoche entsprechende Ziele zu setzen. Das neue, mit Laszlo abgestimmte Projekt, das die Diskussion über diese Materie eröffnen sollte – also über das Thema *Ziele für eine Weltgesellschaft* –, wurde Ende 1974 in Angriff genommen. Auch Laszlo hat eine gute Arbeitsgruppe zusammengestellt, die ab Sommer 1976 erste Resultate vorgelegt hat.

Eine neue Welt schaffen

In der Zwischenzeit überlegte ich, wie der Anlaß des 200. Jahrestages der amerikanischen Revolution im Jahr 1976 genutzt werden konnte. Die Gelegenheit erschien mir günstig, um vor einem großen, ja globalen Forum über die Ideale und die Ansprüche des heutigen Menschen und seine noch nie dagewesenen Möglichkeiten zu sprechen, ihn jedoch zugleich damit auch an seine neue Verantwortung zu erinnern. Die mutigen und weitsichtigen Männer, die sich, inspiriert von einem aufrichtigen Verlangen nach Würde und Freiheit, vor zwei Jahrhunderten erhoben, hatten die Vision einer – für ihre Zeit – neuen Welt und entwarfen ein Grundgesetz für sie. Sie hatten Erfolg, weil sie wußten, was sie wollten.

Ihr Beispiel ist wichtig für alle Menschen unserer Zeit. Welche Lehren können wir daraus ziehen? Im Jahr 1976 ist der Kampf gegen Zwänge und ungerechte Privilegien schwieriger, ihm kommt eine entscheidendere Bedeutung zu. Doch ist dies höchsens ein Grund mehr, daß dieser Kampf – wie bei den Aufständischen des Jahres 1776 – von fundamentalen humanitären Überzeugungen und einem klaren Wissen um sein Ziel geprägt wird. Dieses Ziel lautet auch heute wieder: Schaffung einer neuen Welt in den Dimensionen und nach den Bedingungen unserer Zeit.

Mehrere Monate lang war ich entweder persönlich oder als Mitglied des Club of Rome immer wieder eingeladen worden, an internationalen Veranstaltungen im Rahmen der amerikanischen 200-Jahr-Feiern teilzunehmen. Ein besonderes Programm nahm gegen Mitte 1974 auf Initiative des Institute of Electrical and Electronics Engineers (IEEE, Institut der Elektro- und Elektronik-Ingenieure) Gestalt an; dieses Institut war 1884 in Philadelphia (USA) gegründet worden und ist heute vermutlich der größte Berufsverband der Welt. Es erscheint mir bemerkenswert, daß das IEEE seit seiner Gründung die Verbesserung der Gesellschaft sowie die Verwendung der Naturschätze zur Schaffung einer besseren Welt zu seinen Zielen zählt. Später schlossen sich zwei andere Vereinigungen, gleichfalls mit Sitz in Philadelphia, dem IEEE an. Eine davon ist das Franklin Institute, das 1824 zum Zweck der Förderung des öffentlichen Verständnisses für Wissenschaft und Technik sowie deren Anwendung auf dem Gebiet der Sozialprobleme gegründet wurde; das andere ist die First Pennsylvania Corporation, eines der ältesten Bankinstitute der USA und das größte seiner Art am Ort.

Ich unterhielt mich lange mit ihren Direktoren. Das Ergebnis war der Beschluß, für April 1976 in Philadelphia, der Hauptstadt der amerikanischen Revolution, wo vor zwei Jahrhunderten die Unabhängigkeitserklärung unterzeichnet wurde, eine Sondertagung des Club of Rome anzuberaumen. Als Thema wählten wir »Neue Horizonte für die Menschheit«. Wir waren zuversichtlich, die Tagung zu einem würdigen Ereignis machen zu können. Humanisten, Wissenschaftler und Politiker aus allen Teilen der Welt haben uns dabei unterstützt. Bei dieser Tagung wurde auch der Vorbericht des Projekts über die Ziele der Weltgesellschaft vorgelegt. Von Herzen hoffe ich, daß aus diesem Treffen ein Geist der Verantwortung und des Vertrauens, des Verstehens und der Großzügigkeit hervorgehen möge. Wenn der Mensch in diesem Geist vorwärts schaut, wird er ganz weite Horizonte erkennen, die, was sein Dasein und seine Lebensweise angeht, viele Opfer fordern und zugleich rechtfertigen werden. Dann wird er begreifen, daß er selbst sich ändern muß und daß eben hierin das große Abenteuer liegt, das er nun zu bestehen hat.

VII   Die menschliche Revolution

Der revolutionäre Humanismus

In ihrem bizarren Rennen ist die Menschheit an einem Wendepunkt angelangt, der Gefahren ohnegleichen birgt, allerdings auch wunderbare Horizonte eröffnen kann. Wir dürfen uns nur keine Fehler erlauben. Alles
hängt vom Menschen ab. Er selbst entscheidet, mehr oder weniger bewußt, über sein kollektives Schicksal. Ich glaube, er hat nunmehr begriffen, daß er die bevorstehenden Prüfungen nicht mehr allein im Vertrauen
auf einen neuen Aufschwung des technischen, wissenschaftlichen und pro-
duktiven Fortschritts bestehen kann, der ihm fühlbar bereits aus den
Händen entgleitet, oder indem er sich auf die Neuordnung des Weltsystems verläßt, als ob diese ein Allheilmittel wäre, eine Neuordnung
übrigens, die ihm kompliziert und lebensfremd erscheinen muß. Er merkt
auch, daß seine großen Schwierigkeiten zu einem beträchtlichen Teil auf
seine eigene innere Krise zurückzuführen sind, die ihn den Kontakt mit
der ihn umgebenden Realität just in dem Moment verlieren läßt, da er
selbst wie nie zuvor darangeht, sie zu verändern – und daß er sich nur
retten kann, wenn er in sich selbst etwas verändert, wenn er neue Kräfte,
ein neues Verständnis und eine Denkweise entwickelt, die ihn die Harmonie mit der sich ständig verändernden realen Welt wieder finden
läßt.
Das ist der Beginn einer grundlegenden Evolution, die er weiter vertiefen
und auch in andere Richtungen lenken muß. Den Planeten hat der Mensch
erobert, aber nun muß er lernen, ihn zu regieren und entsprechend seiner
Funktion als Lenker des Lebens auf der Erde zu handeln. Man kann
sagen, daß sich ihm hierbei zwei große Alternativen eröffnen. Entweder
er begreift voll und ganz seine neue Situation, eine komplexe und ver-
änderliche Situation, akzeptiert die gesamte aus ihr erwachsende Verantwortung und erwirbt die kulturelle Reife, um ihr gerecht zu werden: In
diesem Fall gehört die Zukunft ihm. Oder aber er bleibt das Opfer seiner
inneren Krise und verliert seinen Rang als Beschützer und Regler des
Lebens auf der Erde: Dann muß er sich damit abfinden, daß seine Gattung dezimiert wird und sein Lebensstandard auf ein Niveau wie vor

mehreren Jahrhunderten herabsinkt. Nur ein neuer Humanismus kann die Wandlung des Menschen herbeiführen, kann seine Fähigkeiten und Qualitäten auf die Ebene seiner neuen Verantwortung erheben, das heißt, nur ein solcher Humanismus kann den Menschen retten.

Humanismus als rettendes Element
Dieser neue Humanismus muß nicht nur auf die neue Macht des Menschen und die äußeren Realitäten zugeschnitten sein, sondern er muß auch genügend stark und flexibel sein, um die übrigen Revolutionen, die industrielle, die wissenschaftliche, die technologische und die sozio-politische, kontrollieren und lenken zu können. Er muß selbst revolutionären Charakter haben. Er muß genügend kreativ sein und Überzeugung ausstrahlen, um Prinzipien und Normen, die heute noch als unantastbar gelten, radikal zu erneuern, notfalls auch umzustürzen, um die Entstehung neuer Motivationen und neuer Werte – geistiger, philosophischer, ethischer, sozialer, ästhetischer, künstlerischer – zu fördern, die den Erfordernissen dieser Epoche entsprechen. Und er muß allgegenwärtig und unnachgiebig sein, um die Meinungen und Verhaltensweisen nicht nur einiger Eliten oder Gesellschaftsgruppierungen oder einiger Länder zu beeinflussen, weil das nicht ausreichen würde, den Menschen zu retten und wieder zum Herrn über sein Schicksal zu machen; er muß etwas darstellen, was die Masse der Bevölkerung unserer ach so klein gewordenen Welt aktiviert und was ihr gehört. Was not tut, ist eine tiefgreifende kulturelle Evolution der Menschheit in ihrer Gesamtheit, damit sich ihre Fähigkeiten und Qualitäten substantiell verbessern, damit das gesamte Menschheitssystem auf eine höhere Ebene des Verstehens und der Organisation gestellt wird, wozu ein stabiles inneres Gleichgewicht und eine intensive Kommunikation mit der Natur die Voraussetzung bilden. Nur unter diesen Bedingungen kann verhindert werden, daß das Zeitalter der Herrschaft des Menschen zu einem Zeitalter der Katastrophe wird, nur so kann es Bestand haben und zu einem Zeitalter der reifen Gesellschaft werden.
Der revolutionäre Charakter dieses Errettungs-Humanismus ist, um es auch anders auszudrücken, der entscheidende Faktor, der die kulturelle Harmonie des Menschen wiederherstellen und somit sein ganzes Beginnen auf eine stabile, gesunde Basis stellen kann. Eine solche Wandlung des Individuums ist die Revolution der Menschheit, die für alle anderen Revolutionen bedeutungsvoll und richtungbestimmend sein und sie zu positiven Entwicklungen führen kann. Sonst wären sie selbst unvollständig und ihre Effekte ein unverständliches Durcheinander von Gut und Schlecht.

Ambivalenz der materiellen Revolutionen
Die materiellen Revolutionen haben dem Menschen unbestreitbar enorme Vorteile gebracht. Und doch hat die industrielle Revolution, die vor an-

derthalb Jahrhunderten auf den Britischen Inseln mit der Erfindung des
mechanischen Webstuhls und der Dampfmaschine begann und sich danach
weiter entfaltete, bis sie die ungeheuren Ausmaße des heutigen Komplexes
der Weltindustrie erreichte, eine zweifellos gewaltige Revolution, mehr
Nachfrage erzeugt, als sie zu befriedigen imstande ist; sie selbst benötigt
jetzt grundlegende Reformen. Die nächste Revolution, die wissenschaftliche, hat als große Innovation die wissenschaftliche Methode der Forschung und Gedankenlogik eingeführt und unseren Wissensstand, vor
allem unsere Kenntnisse von der physischen Welt, enorm erweitert; jedoch
ist sie nicht imstande gewesen, parallel dazu auch unsere Weisheit zu steigern. Und die technologische Revolution hat zwar dem Menschen unge-
ahnte Macht, Mittel und materiellen Wohlstand verschafft, doch steht sie
am Beginn ihrer inneren Krise. Sie hat auch die Einstellung des Menschen
zur Arbeit verändert, hat den Wachstumsmythos geschaffen, hat nicht nur
die Rüstung, sondern die gesamte Auffassung vom Krieg verändert, und
sie hat zur politischen Polarisierung der Welt beigetragen, indem sie Technologien gebar, die sich gegenwärtig nur die Supermächte leisten können.
Ohne Zweifel ist die moderne technisch-wissenschaftlich-produktive Unternehmung des Menschen seine grandioseste Schöpfung; jedoch hat sie
ihm die Orientierung und das Gleichgewicht genommen und das gesamte
Menschheitssystem in totale Verwirrung gestürzt. Die sozio-politische Revolution, deren erste Vorhutgefechte wir erleben, reagiert nur auf einen
Teil dieser Verwirrung. Die von ihr befürwortete neue Ordnung, mag sie
noch so gut gedacht sein, beschränkt sich praktisch doch nur auf Veränderungen am internationalen System der Staaten. Den souveränen Staat als
unbestrittenes Fundament des Systems läßt sie bestehen; sie akzeptiert
ihn, wie er ist, oder sie setzt voraus, daß er sich selbst verändert, und sie
nimmt keine Notiz von den meisten Grundproblemen der Menschheit.
Selbst wenn in ihrem weiteren Verlauf neue Innovationen eingeführt
werden sollten, wird diese Revolution allein nicht imstande sein, die
Menschheit von ihrem gegenwärtigen Kurs abzubringen. Die Gärungsprozesse innerhalb der Länder sind zumeist konfus, benötigen eine Ausrichtung und Koordination. So wird auch diese Revolution wie alle anderen unvollendet bleiben; sie kann sogar degenerieren, wenn nicht ein
humanistischer Hauch ihre Vitalität neu entfacht und ihr einen univer-
selleren Sinn verleiht.
Drei Aspekte, die, wie ich meine, den neuen Humanismus charakterisieren
müßten, interessieren mich ganz besonders: *Globalitätssinn, Gerechtig-
keitsliebe, Abscheu vor Gewalt.* Beginnen wir mit dem ersten.

Globalitätssinn ist unerläßlich
Das wahre Wesen des Humanismus ist die Vision vom Menschen in seiner
Totalität und Finalität und vom Leben in seiner Kontinuität. Ursprung
aller unserer Probleme, Objekt aller unserer Interessen und Sorgen, An-

fang und Ende von allem, Fundament all unserer Hoffnungen ist der Mensch. Deshalb muß der zentrale Bezugspunkt für den Globalitätssinn stets *die gesamte menschliche Persönlichkeit und ihr Potential* sein. Das mag wie eine Binsenwahrheit klingen; doch leider ist es das nur in Worten. Heute bildet das materielle und biologische Fortbestehen der Menschheit – ich habe es bereits erwähnt – die nahezu ausschließliche Inspiration für jede Politik und für jeden Aktionsplan. Mag der Mensch noch so gefräßig sein (was er in Wirklichkeit auch ist) – mit dieser Beschränkung seiner komplexen Persönlichkeit setzt er sich über seine sonstigen Bedürfnisse, seine Wünsche, Ambitionen und Ansprüche hinweg. Am schwersten wiegt jedoch der Umstand, daß auch die größte Ressource des Menschen vernachlässigt wird: seine kreative Potenz, die weitgehend ungenutzt bleibt oder nur wenig ausgenützt wird, deren Entfaltung jedoch die Grundlage nicht nur für jede mögliche Lösung seiner Probleme, sondern auch für die Verbesserung und Selbstbehauptung der Gattung Mensch wäre.

Mit dem eben Gesagten hängt im Zeitalter der Weltherrschaft des Menschen auch der Begriff *Einheit der Welt und Einzigartigkeit der Menschheit* zusammen. Es muß wohl nicht eigens betont werden, daß genauso, wie biologische Pluralität und Diversität die natürlichen Systeme stärken, auch die kulturelle und politische Verschiedenartigkeit das Menschheitssystem bereichert. Dieses letztere ist jedoch so integriert und wechselseitig abhängig, daß es seine Vitalität nur bewahren kann, wenn es ein geschlossenes Ganzes bleibt, was voraussetzt, daß das Verhalten und die Beziehungen aller seiner Teile miteinander vereinbar sind. Diese wechselseitige Verbindung aller Dinge legt einen anderen Begriff nahe, der bei der Entfaltung des Globalitätssinnes gleichfalls unverzichtbar erscheint: *den Systembegriff*. Ohne ihn ist es unmöglich, sich vorzustellen, daß jedes Phänomen, jedes Problem oder jede Lösung in Wechselwirkung und gegenseitigem Abhängigkeitsverhältnis mit jedem anderen Phänomen, jedem anderen Problem oder jeder anderen Lösung steht.

Alle diese Aspekte der neuen Globalität sind untereinander verbunden, aber auch an zwei neue, Zeit und Ziel betreffende Begriffe gekoppelt, die sich aus der Tatsache ergeben, daß der Mensch mit seiner neuen Macht den Rhythmus der Ereignisse beschleunigt hat und nun selbst imstande ist, die eigene Zukunft in eine bestimmte Richtung zu dirigieren. Das veranlaßt ihn, einerseits *langfristig zu denken und andererseits Ziel und Zweck zu bestimmen*. Dennis Gabor sagte, daß der Mensch seine Zukunft nicht voraussagen, wohl aber sie erfinden kann. Humanistisch gedacht, kommt es ganz offensichtlich darauf an, daß der Mensch in diesem seinem fortgeschrittenen Entwicklungsstadium aufhört, »hinter der Zukunft herzuhinken«, und statt dessen tatsächlich beginnt, sie zu »erfinden«. Er muß seinen Blick möglichst weit vorausrichten und jeder Etappe seiner Zukunft, die er mit seinen Aktionen beeinflussen kann, möglichst die gleiche Bedeutung beimessen wie der Gegenwart. Dann muß er sich entscheiden, wel-

chen Typ Zukunft er während der überschaubaren Periode schaffen
möchte, und danach seine Aktionen bestimmen.
Ich bin mir völlig bewußt, wie schwer es für unsere so verschiedenartigen
Kulturen sein muß, sich diese Auffassung von der Globalität zu eigen zu
machen, bei der sich der einzelne Mensch der gesamten Menschheit, allen
im Weltsystem untereinander wirksamen Elementen und Faktoren unterwirft, wo er seine Gegenwart der Zukunft und die Aktionen seinen Zielen unterordnet. Das ist eine ganz neue Auffassung; sie entspricht dieser
so komplexen und so wetterwendischen neuen Welt, deren uneingeschränkte Herren wir im Zeitalter der Weltherrschaft des Menschen geworden sind. Wenn wir im wahrsten Sinne des Wortes menschlich, das
heißt human, sein wollen, müssen wir uns diese Auffassung zu eigen
machen: Sie ist eine Herausforderung, die wir anzunehmen haben.

Die erste Notwendigkeit: soziale Gerechtigkeit

Ein wesentliches Ziel der menschlichen Revolution ist die soziale Gerechtigkeit. Ist erst einmal der Anfang gemacht, können Krisen, Unstetigkeit
und Wechsel das Format echter Veränderungen annehmen. Das gleiche
gilt für die Ideen. Die soziale Gerechtigkeit ist eine dieser treibenden
Ideen geworden; sie ist in der Tat eine der nachdrücklichsten Forderungen
unserer Zeit; sie hat die Bewegung für eine neue Weltordnung inspiriert,
und sie ist eines der fundamentalen Prinzipien des neuen Humanismus.
In zahlreichen Demokratien westlichen oder sozialistischen Typs gilt die
soziale Gerechtigkeit seit geraumer Zeit als ein wesentliches Fundament
der Gesellschaft, obgleich ihre Prinzipien in der Praxis nicht volle, zu-
friedenstellende Anwendung finden, was durch die ärmsten Klassen und
die Minderheiten- oder Außenseitergruppen bewiesen wird. International
hat sich die Idee eines *new deal* mit mehr Gerechtigkeit für alle Mensch-
heitsgruppen eigentlich nur im Sog des Entkolonialisierungsprozesses be-
hauptet, der nach dem Zweiten Weltkrieg begann; sie gilt auch heute noch
häufig als utopisch oder subversiv. Um die große Ungleichheit der Macht,
des Reichtums, der Einkünfte, des Status und der Möglichkeiten für die
verschiedenen Menschen zu rechtfertigen, mußte häufig das bequeme Argument herhalten, die Menschheit sei heterogen, ja sie müsse es sein. Diese
Argumentation hat ganz offensichtlich den Charakter eines Vorwands,
sie ist absurd. Damit die tausend Blüten der Menschheit auch wirklich
sprießen können, ist gerade eine gerechtere Gesellschaft erforderlich, und
zwar auf allen organisatorischen Ebenen der Menschheit.
Eine – allerdings diversifizierte – Massengesellschaft, in der Menschengruppen und Einzelwesen von verschiedener Rassenzugehörigkeit Ideologie und Brauchtum praktisch Schulter an Schulter nebeneinander leben,
jedes ausgestattet mit immer mehr Macht zum Guten oder Schlechten hin,

kann nicht nach den heutigen Spielregeln, die dem Gesetz des Dschungels nicht unähnlich sind, gesteuert werden. Verhältnisse sozialer oder politischer Ungleichheit, wie sie früher gang und gäbe waren oder diktiert werden konnten, sind heute unerträglich und werden morgen fatal sein. Abgesehen von moralischen und ethischen Motiven (an die wir trotzdem vor allem denken sollten), ist eine gerechte Gesellschaft heute in jeder Hinsicht, national wie international, eine politische Vorbedingung. Auf lange Sicht kann es ohne Gerechtigkeit weder Frieden noch Sicherheit geben, ebensowenig soziale Entwicklung, Freiheit, Menschenwürde oder angemessene Lebensqualität. Die Gerechtigkeit ist im Begriff, eine *conditio sine qua non* für die eigentliche Existenz der Gesellschaft in unserer Epoche zu werden.

Weitherzige Auslegung des Begriffes Gerechtigkeit
Immer deutlicher wird die Notwendigkeit erkennbar, Macht und Einkünfte zwischen den Bürgern, Gruppen und Ländern gerechter zu verteilen. Ich meine, daß dieses Prinzip im weitesten Sinne zu interpretieren ist, das heißt, daß die Gesellschaft mit der Zeit durchsetzen müßte, daß *alle* Vorzüge, die das System zu bieten vermag – eingeschlossen Güter und Dienstleistungen – in gleicher Weise *allen* zuteil werden, damit jeder einzelne eine angemessene Möglichkeit der Selbstbehauptung erhält. Präziser ausgedrückt, bin ich der Meinung, daß jeder Bürger ein Anrecht auf ein garantiertes Minimum an Lebensstandard haben sollte. Dieses *soziale Minimum*, das sich nach dem Bedarf an Nahrung, Wohnung, medizinischer Betreuung, Bildung, Information, Kommunikation, Freizügigkeit und vielleicht noch anderen Faktoren zu richten hat, wird natürlich je nach Region, Gewohnheiten oder Klima variieren. Es versteht sich von selbst, daß diese Minima physiologisch angemessen sein und die kulturelle Unabhängigkeit bringen müssen, daß sie für jedermann menschliche, zumutbare und folglich bedeutend bessere Lebensbedingungen gewährleisten müssen, als man sie bei den am Rande vegetierenden Bevölkerungsgruppen von heute antrifft. Ich bin ebenso der Meinung, daß das Recht auf ein soziales Minimum ein wesentliches Kapitel des Gesellschaftsvertrags von morgen darstellen muß und daß letzten Endes die Weltgemeinschaft oder zumindest ihre Glieder gemeinschaftlich und solidarisch dieses Minimum allen Bürgern der Welt zu garantieren haben. Komplexität und Umfang eines solchen Unternehmens müssen uns verblüffen: In erster Linie geht es darum, zu bestimmen, wie die sozialen Minima aussehen sollen, dann zu überlegen, wie sie für Milliarden Menschen sicherzustellen sind, endlich, diesen ganzen Apparat ohnegleichen in Bewegung zu setzen. Das ganze Vorhaben kann, nein, wird sich ohne Zweifel über einen Zeitraum von mehreren Jahrzehnten erstrecken, also über die von mir schon früher zitierte Periode, die auch als Richtschnur für einige Projekte des Club of Rome dient. Ich sehe leider keine Möglich-

keit, diese Notwendigkeit zu umgehen, und meine, daß man so rasch wie
möglich damit beginnen sollte, die Machbarkeit und die Modalitäten der
Aktion zu untersuchen. Die Menschheit steht vor einem harten Dilemma:
entweder es gelingt ihr, diese bescheidene, aber unerläßliche Plattform des
Wohlergehens und der Würde für alle ihre Glieder zu schaffen, oder sie
läuft Gefahr, von internen Spannungen, die sie nicht mehr kontrollieren
kann, ruiniert zu werden.

Die Schwierigkeiten werden noch vertieft durch ein anderes, parallel dazu, jedoch in entgegengesetztem Sinne verlaufendes Problem, das der
sozialen Maxima – das heißt der Grenzen, jenseits derer Konsum und
Verschwendung schädlich, ja kriminell sind, so daß sie bestraft oder unterdrückt werden müssen. Der indische Journalist und Schriftsteller Ro-
mesh Thapar* sagt, daß »die Konsumgesellschaften, die sich hauptsächlich
auf eine immer stärkere Nachfrage gründen, die das Maß des tatsächlichen Bedarfs übersteigt, falsche Werte in einem heute noch nicht bekannten Ausmaß geschaffen und verbreitet haben. Ihr Einfluß ist so unheilvoll,
daß sogar die herrschenden Gruppen der Entwicklungsländer sich bemü-
ßigt fühlen, diesen Werten nachzueifern«. Man kann an dem Problem
nicht vorbeigehen; es bedarf keiner prophetischen Gaben, um vorauszusehen, daß es in einer gespaltenen Welt vor allem in Zeiten der Hungers-
not zu einem zentralen politischen Problem werden kann.

Im Kampf um eine bessere Gerechtigkeit, der jetzt auch auf die internationalen Beziehungen übergegriffen hat, kann aus der Verteidigung der
Minima also ein Angriff auf die Maxima werden. Definition und Anwendung dieser letzteren sind auch komplexer als im Fall der Minima.
Das ist jedoch nur ein Grund mehr, mit einer gründlichen Untersuchung dieses Fragenkomplexes zu beginnen. Gerade die Überflußgesell-
schaften sollten einen Beweis ihres Verantwortungsbewußtseins liefern,
indem sie zunächst prüfen, wie sie ihre Verschwendung und ihren Über-
konsum progressiv und drastisch einschränken können. Ihre Position wäre
moralisch und politisch unhaltbar, wenn es ihnen nicht gelänge, der Welt
einen Beweis für ihre Anstrengungen in dieser Richtung zu liefern. Die
Sache ist für alle von großem Interesse, weil zwischen den beiden Extremen – soziale Minima und Maxima – ein weites Feld liegt, das sich unserer
Kreativität eröffnet und auf dem wir Ziele anpeilen können, die sich im
Wohlstand einer gerechten und darum stabileren Gesellschaft manifestie-
ren würden.

Relationen zwischen Gerechtigkeit und Wachstum
Generell geht man davon aus, daß eine wirtschaftliche Expansion an und
für sich gut sei, weil sie automatisch eine größere wirtschaftliche Gleichheit herbeiführe: Eine größere Torte erlaubt es, den Armen ein größeres

---

* Mitglied des Club of Rome.

Stück zu geben, ohne das Stück für die Reichen zu verkleinern. Die Erfahrung besagt jedoch, daß diese Überlegung nicht richtig ist. Sowohl in den entwickelten Ländern wie auch in den Entwicklungsländern weiß man, daß dort, wo der Reichtum und das Sozialprodukt rascher angestiegen sind, eine gerechtere Verteilung der Einkünfte trotzdem nicht stattgefunden hat. Im Gegenteil: Man kennt viele Beispiele, daß die Reichen reicher geworden sind, ohne daß die Armen, relativ gesehen, weniger arm geworden wären.

Das ist verständlich. Wenn das Wirtschaftswachstum der Hauptzweck der nationalen Politik ist, wird man es kaum dadurch gefährden wollen, daß man parallel zu ihm Ziele einer gerechten Verteilung verfolgt, die womöglich gar einen Kontrast zu ihm bilden. Das italienische »Wunder« der fünfziger und sechziger Jahre beispielsweise war nur dank krassen Ungleichheiten möglich, die im System vorhanden waren und die die Expansion begünstigten oder im Kielwasser der letzteren trieben. Im gegenteiligen Fall, wenn die Gleichheit das wichtigste soziale Ziel ist, können die nationalen Pläne dem Wachstum nur eine untergeordnete Priorität zuweisen, folglich ist der wirtschaftliche Anreiz geringer. Das war in Italien nach 1967 der Fall, als infolge von Fehlern und mißbräuchlichen Maßnahmen in der vorhergegangenen Periode stürmischer Expansion die Forderung nach einem besseren sozialen Gleichgewicht den Vorrang vor jeder anderen Zielvorstellung erhielt und damit das sogenannte Wirtschaftswunder entschwand.

Der Kern der komplexen Relation zwischen Gerechtigkeit und Wachstum, den ich nur gestreift habe, wird wohl durch die Feststellung getroffen, daß eine gerechte Gesellschaft weniger Wert auf materielle Ansprüche legt, weil ihre Motive – Stolz, Prestige, Fortschritt – nicht genau mit der wirtschaftlichen Entwicklung übereinstimmen. Aus dem gleichen Grunde ist sie auch eine gesündere Gesellschaft – vor allem dann, wenn es zutrifft, daß das Menschheitssystem sich rasch den Grenzen seiner möglichen Expansion nähert.

Aus alledem ergibt sich die Schlußfolgerung, daß die menschliche Gesellschaft von nun an notwendigerweise den Begriff und die Bedingungen der Gerechtigkeit zu übernehmen hat. Ihr positiver, kreativer Wert ist unbestreitbar. Da wir jedoch von diesen Dingen noch sehr wenig wissen, müssen wir beträchtliche Anstrengungen in Theorie und Praxis unternehmen, um die Begriffe »soziale Gerechtigkeit« und »gerechte Gesellschaft« zu präzisieren und um zu analysieren, in welcher Weise die entsprechenden Prinzipien und Erkenntnisse angewendet werden könnten. Die Erarbeitung einer Studie mit dem Titel *Catastrofe o nueva sociedad? Modelo mundial latinoamericano* wurde vom Club of Rome 1970 unterstützt und anfänglich finanziert; später dann wurde das Projekt von der argentinischen Fundación Bariloche (Bariloche-Stiftung) völlig unabhängig weitergeführt und zum Abschluß gebracht. Sein Zweck bestand darin, zu analysieren,

ob das Menschheitssystem imstande sei, für die gesamte Weltbevölkerung
soziale Minima zu garantieren. Die Antwort fiel im wesentlichen positiv
aus – allerdings unter der Voraussetzung, daß die Gesellschaft grundlegend reformiert wird.

Freiheit und Gewalt

Freiheit für alle Bürger und ihre Vereinigungen ist ein wesentliches Fundament für eine humanistische Erneuerung. Dabei handelt es sich allerdings einmal mehr um einen Begriff, der ziemlich unterschiedlich interpretiert wird. Was mich betrifft, so haben meine kulturelle Einstellung und
die Ereignisse in meinem Leben bewirkt, daß ich die Freiheit als höchstes
Gut betrachte. Meine leidenschaftliche Liebe für die Freiheit in allen ihren
Ausdrucksformen wird allerdings überschattet von meiner Überzeugung,
daß die Gesellschaft, solange sie ein hohes Maß an Reife und Gleichgewicht noch nicht erlangt hat, leider nicht umhinkann, die persönlichen
Freiheiten einzuschränken.

Gerechtigkeit vor Freiheit
In den Tagen des Widerstandes haben wir viel über Freiheit in Relation
zur Gerechtigkeit diskutiert. Ich war und bin weiterhin der Meinung, daß
es Freiheit in keiner wie immer gearteten sozialen Organisation geben
kann – oder aber daß sie das Vorrecht einer Minderheit bleibt –, wenn es
nicht vorher bereits Gerechtigkeit gibt. Unter den gegenwärtigen Umständen steht so gut wie sicher fest, daß die Freiheit in ihrer lupenreinen Form
die Herrschaft des Stärkeren stützt, was leicht zu Ungerechtigkeiten führt,
die ihrerseits die Freiheit beschneiden. Dem Teufelskreis können wir nur
entrinnen, wenn wir der Gerechtigkeit – noch vor der Freiheit – Priorität
einräumen, obwohl Gerechtigkeit allein die Freiheit auch noch nicht garantieren kann.
Ich bin mir sicher, daß diese Relation vielen klar war, die während des
Krieges oder schon davor gegen Faschismus und Nazitum kämpften. Bekanntlich bestand die Bewegung »Gerechtigkeit und Freiheit« (Giustizia e
Libertà), der ich angehörte, überwiegend aus Intellektuellen, Arbeitern
und Studenten mit liberaler Grundeinstellung. Ihr Name geht zurück auf
die Kämpfe, die vor einem Jahrhundert zur Befreiung Italiens von der
Fremdherrschaft geführt wurden. Schon damals hatten Patrioten, die be-
reit waren, für die Freiheit zu sterben, sich dafür entschieden, bei der
Namensgebung für die Bewegung das Wort Gerechtigkeit an die erste
Stelle zu setzen.
Den Kampf für Gerechtigkeit begleitet oft Gewalt. Letzten Endes muß
sich die Gerechtigkeit jedoch auf Nicht-Gewalt stützen. Ich gestehe freimütig, daß mich die mehr oder weniger wissenschaftlichen Thesen, wo-

nach Aggressivität ein angeborener Bestandteil der menschlichen Natur, ebenso Gewalt eine normale, zu jedem Gesellschaftssystem gehörende Erscheinung sei, niemals überzeugen konnten. Vielmehr glaube ich, daß vieles, was unserer ererbten Charaktersubstanz zugeschrieben wird, eher eine Folge kultureller Abweichungen und Unzulänglichkeiten ist. Das ist auch der Grund, weshalb ich meine, daß die kulturelle Entwicklung das beste Mittel gegen Gewalt ist und die Philosophie der Nicht-Gewalt ein wesentliches Prinzip unseres neuen Humanismus darstellt.

Überhaupt ist Gewalt das schlimmste Übel, das es zu bekämpfen gilt: die Gewalt der Unterdrücker in jedem Fall mehr als die Gewalt derjenigen, die sich gegen sie erheben. Die Historiker erweisen uns einen schlechten Dienst, wenn sie die Geschichte der Menschheit überwiegend in Form von Dynastien und Kriegen und nicht als Evolution des menschlichen Denkens darstellen; das gleiche gilt für jene Moralisten, die in erster Linie die Gewalt der Rebellen und nicht die Gewalt der etablierten Mächte anklagen. Es steht fest, daß Gewalt und Nötigung – zwar nicht immer in physischer Form – zuerst von den Reichen und Mächtigen angewendet wurden, um ihre Vorherrschaft, ihre Privilegien und ihren Wohlstand zu erhalten. Praktisch liegt im allgemeinen hier der Anfang des Gewaltzyklus – jedoch gestehen wir uns das erst rückschauend ein. Wir geben zu, daß die aus Baracken und Hütten hervorgebrochene Gewaltanwendung gegen die von den Palästen aus diktierte Ordnung – auf die Vergangenheit bezogen – verständlich, ja zu rechtfertigen, bisweilen sogar unvermeidlich war. Sobald jedoch die Rede von der Gegenwart ist, ändert sich unsere Einstellung vollkommen.

Und doch haben wir – um auf unsere Zeit zu sprechen zu kommen – eine plötzliche Explosion verschiedener Typen und Mittel der Gewalt sowie ihres militärischen und zivilen Potentials erlebt. Was innerhalb unserer Gemeinschaft geschieht, reflektiert lediglich die Vorgänge zwischen einzelnen Ländern. Selbst wenn wir die letzten, die thermonuklearen Waffen außer Betracht lassen, existiert ein erschreckendes Arsenal kleinerer, unvorstellbar brutaler, raffiniert-unmenschlicher Waffen: Splitterbomben, Tötungsminen, Geschosse mit Nadelwirkung und tausend andere, die bereits eingesetzt wurden oder leicht zu beschaffen sind. Mißhandlungen und Terrorakte wurden ohne Rücksicht auf irgendwelche Menschenrechte von einer Unzahl Regierungen mit Wissen oder unter offener oder stiller Duldung durch honorige Politiker oder politische Gruppen in deren eigenem Land oder in anderen Ländern begangen. Heuchelei, Betrug, Fälschung, Verheimlichung der Wahrheit gehören, wie man überall weiß, zur normalen Praxis, um die Öffentlichkeit bei allen diesen Dingen zum Schweigen zu bringen oder irrezuführen.

Warum also sollte irgend so ein armer Teufel in seinem Hunger oder in seiner Wut nicht so genauso handeln, wenn er merkt, daß er ohne Schaden davonkommen kann – wie es meistens bei bedeutenderen Leuten der Fall

ist? Warum sollten die vielen Vergessenen oder Unterdrückten, all die
Leute, die die Ungerechtigkeit einer grausamen, anonymen Gesellschaft
am eigenen Leib zu spüren bekommen haben, nicht auf Abhilfe oder
Rache sinnen, wenn sich ihnen Gelegenheit dazu bietet? Die Gelegenheiten
gehen mittlerweile in die Tausende, Tag für Tag, sie sind genauso zahlreich wie die Provokationen; und die hochintegrierte Industriegesellschaft
ist so verwundbar, so leicht sabotierbar und erpreßbar, daß die Versu-
chung unwiderstehlich werden kann.
Die Identitäts- und Glaubwürdigkeitskrise der Obrigkeit, ihre oft zweifelhafte Legitimität in einer sich chaotisch verändernden Gesellschaft, die
tatsächlichen oder vermuteten Verflechtungen zwischen organisierter Kriminalität und politischer Macht, vor allem in einigen Großstädten, die
blinde Unterdrückung neuer Forderungen aufgrund alter Gesetzbücher
oder alter Tabus, die Ausschaltung des Gesetzes bei bestimmten Fällen
von Flugzeugentführung und Geiselnahme und viele andere Beispiele,
die einem vielleicht noch einfallen, das alles kann als eine – zwar indi-
rekte – Aufforderung verstanden werden, Unzufriedenheit in Gewalt
ausarten zu lassen. Selbst wenn sonst nichts weiter gegen sie vorzubringen
wäre, müßte die menschliche Gesellschaft allein wegen ihrer Degradierung
zu einer derartigen Spirale der Gewalt angeklagt werden.

Pathologie der sozialen Gewalt
Selbstverständlich kann innerhalb einzelner Länder keine sogenannte
Maßnahme zur Aufrechterhaltung der öffentlichen Ordnung diese Situation wieder einrenken. Solche Maßnahmen wären nichts weiter als die
übliche Methode, Symptome zu kurieren, anstatt die Ursachen zu beseitigen. Ähnliche Feststellungen kann man auch bezüglich der internationalen
Ordnung treffen. Das Übel muß an der Wurzel gepackt werden, das heißt
an der kulturellen Verwirrung des Menschen und der Ungerechtigkeit der
Gesellschaft. Die Gewalt und deren Ideologie sind, wo immer ihre Ursachen liegen mögen, ein Ausdruck kultureller und sozialer Mißstände;
sie können nicht wie homöopathische Medikamente verschrieben werden.
Nur ein gewaltloses Verhalten und Vorgehen können die Gesellschaft
wieder in einen Zustand versetzen, bei dem sich die Gewalt in ihrer wahren Erscheinungsform zeigt – als Entartung. Man kann nicht erwarten, die
Welt mit Gewalt zum Besseren zu wenden, das kann nur mit gewaltlosen
Methoden geschehen. Das ist für mich eine Grundwahrheit. Das Ziel,
vielleicht auch die Folge der humanistischen Erneuerung, die ich für un-
abdingbar halte, müßte darin bestehen, aus der Gesellschaft alle Ursachen
ihrer endemischen Bereitschaft zur Gewalt auszumerzen und dafür einen
sinnvollen Zustand der Gerechtigkeit und somit der sozialen Gesundheit
herzustellen, womit die Bürger und Sozialkämpfer veranlaßt würden,
Recht und Ordnung spontan zu respektieren.
Während meiner Gefängniszeit habe ich die brutale Gewalt in einer von

Haß und Fanatismus besonders aufgeputschten Form kennengelernt. Ich
erwähne das hier, nicht um die Mißhandlungen an wehrlosen Gefangenen
anzuprangern – sie entwürdigen wohl mehr die Leute, die sie vornehmen,
als diejenigen, die sie erdulden –, sondern weil ich bei meinen Leidens-
genossen gesehen habe, wie groß, wie unbesiegbar die innere Stärke eines
Menschen selbst unter schlimmsten Qualen sein kann, wenn er an seine
Ideale glaubt und für keinen Preis bereit ist, sie aufzugeben. Diese Erinnerung bestärkt mich in meinem Glauben an den Menschen und in meiner
Überzeugung, daß viele der heutigen Übel allmählich verschwinden werden, wenn er nur Gelegenheit findet, seine besten Eigenschaften zu entfalten und einzusetzen.

Ein typischer Fall: die Entführung von Oberdan Sallustro
Ich bin auch in einen tragisch ausgegangenen Fall von Entführung und
Gewalt verwickelt worden. Im März 1972 wurde Oberdan Sallustro,
Fiat-Generaldirektor für Argentinien, mein direkter Mitarbeiter und
Freund, von einem Trupp der ERP, der neotrotzkistisch inspirierten
Volks-Revolutionsarmee, entführt. Argentinien hatte schon seit einiger
Zeit in einem Klima von Gewalt gelebt, doch das war die erste politische
Entführung; sie rief große Erregung und Bestürzung hervor. Ich befand
mich gerade in Italien; als ich die Nachricht erhielt, nahm ich noch in der
gleichen Nacht das Flugzeug nach Buenos Aires. Dort sprach ich sogleich
im Fernsehen. In meiner Eigenschaft als ehemaliger Untergrundkämpfer
wandte ich mich an die Entführer Sallustros und bat, ihn als politischen
Gefangenen human zu behandeln. Gleichzeitig erklärte ich meine Bereitschaft, mit jedermann an einem beliebigen Ort und zu einem beliebigen
Zeitpunkt zusammenzutreffen, um über die Freilassung zu verhandeln.
Die argentinische Regierung nahm sofort eine unnachgiebige Haltung ein,
die keine Chance für Kompromisse ließ. Trotzdem gelang es uns rasch,
über Untergrundkanäle Kontakt mit der ERP herzustellen. Jedoch wurden unsere Verbindungen, kaum daß sie geknüpft waren, von der Polizei
verunsichert; jedesmal, wenn wir kurz vor einer Vereinbarung mit den
Entführern standen, mischten sich die Behörden ein und drängten uns, sie
nicht einzuhalten.
Ich besaß jedoch nicht nur sichere Beweise dafür, daß Sallustro am Leben
war und gut behandelt wurde (soweit es die Umstände zuließen), sondern
auch die – durch andere, sogar über Europakontakte übermittelte – Zu-
sicherung, daß er früher oder später freigelassen würde. Das Hin und
Her der Verhandlungen zog sich über drei Wochen voller Dramatik hin,
bis sich die Ereignisse am Morgen des 10. April überstürzten. In der
vorhergehenden Nacht hatte ich eine verschlüsselte Benachrichtigung erhalten, wonach der abschließende Kontakt am folgenden Tag über einen
neuen Kanal hergestellt werden sollte; dieser Kontakt sollte durch einen
mir zu übergebenden Brief Sallustros angezeigt werden.

Leider platzte dieser Plan infolge einer fatalen Verkettung der Ereignisse: An jenem Morgen war ein führender Militär ermordet worden. Die Atmosphäre war elektrisch geladen. Eine motorisierte Streife der argentinischen Polizei geriet bei einer Routinefahrt zufällig in die Nähe des »Volksgefängnisses« am Stadtrand von Buenos Aires, wo Sallustro versteckt gehalten wurde. Seine Wächter, die befürchteten, entdeckt und eingekreist zu werden, telefonierten mir sogleich, damit ich käme – »sonst töten wir Sallustro«. Sie wollten verhandeln. Nun rief ich beim Innenministerium an, bat, die Polizei mit der Weisung »Leben um Leben« – also kein Mord auf beiden Seiten – zu stoppen, und schwang mich in ein Auto. Inzwischen geschah jedoch etwas ganz anderes: Ein schwerbewaffneter Polizist aus der Streifenbesatzung, der von alledem nichts wußte, klopfte an die Tür, womit er die Besetzer veranlaßte, das Feuer zu eröffnen. Es kam zu einer kurzen Schießerei, während der die Entführer Sallustros merkten, daß sie es nur mit einem einzigen Polizeiauto zu tun hatten und daß der Weg für einen Rückzug an der Rückseite frei war. In diesem Augenblick – während ich noch voller Hoffnung durch die Straßen von Buenoes Aires raste, um meinen Freund auszulösen – töteten sie ihn, ehe sie die Flucht ergriffen.

Man fand bei ihm den Brief, der mir angekündigt worden war, ein zutiefst menschliches Dokument eines Mannes, der wußte, daß er höchstens durch meine Bemühungen lebendig herauskommen konnte: »Ich weiß, daß Sie alles, wie stets, besonnen und gefaßt entscheiden werden ... Auch ich bin gefaßt, denn endlich werde ich Gottes Wahrheit kennen.« Ich hatte wirklich alles versucht, im Vertrauen auf meine Möglichkeiten und meine ganze Intelligenz, doch ich hatte keinen Erfolg. Die Leidenschaften und die Vorurteile eines an Gewalt erkrankten Landes, die Grausamkeit des Falles hatten ihn verurteilt. Dieses tragische Ende hat viele Menschen erschüttert, auch weil es so absurd war. Man fragte mich, welche Schlüsse nach meiner Ansicht daraus gezogen werden könnten.

Was ich damals in aller Bescheidenheit, voller Trauer über den Verlust eines lieben Freundes, sagte, ist überhaupt meine Meinung über die Gewalt: »Der eigentliche Sinn dieser Tragödie und die Lehre, die wir aus dem Tod Sallustros zu ziehen haben, lautet, daß wir alle schuldig sind. Wir haben nicht begriffen, daß dieses Ereignis eine Ausdrucksform der Erschütterungen einer tiefgreifenden Revolution ist, die in jedem Land stattfindet. Entweder es gelingt uns, eine gerechtere Gesellschaft zu schaffen, oder solche Ereignisse werden sich tausendfach wiederholen – in einem System, das so komplex und so delikat ist, daß es auch von irrationalen, marginalen Kräften erschüttert und paralysiert werden kann. Solange unsere technologische Gesellschaft – so nennt man sie doch wohl – nicht auch human ist, wird die Gewalt weiterhin triumphieren, und wir werden fortfahren, sie nicht zu begreifen und ihr Auftreten zu bekämpfen, während doch ihre Ursachen beseitigt werden müßten.«

In der Tat sind wir alle schuld an der Gewalt in der Welt, und es ist unsere Pflicht, unseren Beitrag zu leisten, um Bedingungen zu schaffen, unter denen diese Giftpflanze nicht mehr wuchern und uns – psychisch noch mehr als physisch – nicht mehr zerstören kann.

Die Entwicklung des Menschen

Ich möchte zurückkommen auf das, was mir in der gegenwärtigen Phase der menschlichen Entwicklung als die wichtigste Frage erscheint. Der Mensch hat eine so entscheidende Macht erlangt, daß seine Zukunft hauptsächlich davon abhängen wird, wie er sie gebraucht. Die Summe aller Dinge ist jedoch so kompliziert geworden, daß er geistig, insbesondere kulturell, nicht einmal darauf vorbereitet ist, diese seine neue Position klar zu begreifen. Die Folge ist, daß sich sein gegenwärtiger Irrweg nicht nur verschlimmert, sondern daß dieser Weg mit zunehmender Beschleunigung der Ereignisse in einer nicht allzu fernen Zukunft leicht zur Katastrophe eskalieren kann. Dieser Tendenz zum Untergang menschlichen Glücks kann nur dadurch entgegengewirkt und eine Umkehr erreicht werden, wenn sich ein neuer Humanismus durchsetzt, dessen Fundament und dessen Zweck vor allem in der kulturellen Entwicklung des Menschen bestehen, ein Humanismus, der eine substantielle Verbesserung der Qualität und der Fähigkeiten des Menschen überall in der Welt herbeiführt.

Die menschliche Entwicklung ist also das Ziel, für das die Menschheit in den nächsten Jahren und Jahrzehnten koordinierte, extreme Anstrengungen unternehmen muß. Ich habe schon betont, daß die tiefgreifende innere Erneuerung, die diese Entwicklung voraussetzt, und die Tatsache, daß sie bei allen Völkern zu erfolgen hat, ihr den Charakter einer echten menschlichen Revolution verleihen, die überdies auch noch fähig sein muß, die sonstigen Revolutionen unserer Zeit zu verschmelzen, zu harmonisieren und umzuorientieren.

Eine Revolution im Menschen

So gesehen, ist der Begriff von der notwendigen menschlichen Entwicklung umfassender und unterscheidet sich qualitativ vom gängigen Begriff »Entwicklung«, auch im Sinne von »Entwicklung des Menschen«. Obwohl es nicht an lobenswerten Versuchen fehlt, dieses letztere Begriffsverständnis zu erweitern, bleibt die Auslegung des Begriffes »Entwicklung« doch überwiegend an den Begriff »Bedürfnisse« und an deren Befriedigung gekoppelt. Mit der bereits angedeuteten Anwendung des *self-reliance*-Prinzips, das heißt des Vertrauens nur auf sich selbst, wurde der Akzent in jüngster Zeit weniger auf Hilfe durch andere als vielmehr auf die Bemühungen des einzelnen gesetzt, diese Befriedigung selbst zu erreichen.

Unbestritten bleibt der Nutzeffekt der Entwicklung. Das ist eine absolut
verständliche Folge des Kampfes um ein besseres Leben, den das Welt-
proletariat heute führt und den es möglichst aus eigener Kraft bestehen
will, auch um seine Unabhängigkeit von den Zitadellen der Macht und
der Privilegien zu dokumentieren.

Ich behaupte jedoch mit Nachdruck, daß diese Auffassung von einer Entwicklung, die sich auf die Bedürfnisse des Menschen gründet, bald Platz
machen muß für eine andere Entwicklung, eine, die sich auf den Menschen
selbst gründet, wobei das Hauptziel die volle Selbstbehauptung des einzelnen Menschen ist. Ich komme auf diesen Punkt noch zurück, doch
möchte ich in diesem Zusammenhang sogleich unterstreichen, daß es nur
der Mensch selbst sein kann, der seine Bedürfnisse befriedigt, wie immer
sie geartet sein mögen, und daß deshalb der *einzige* Weg zu ihrer Befriedigung in der Verbesserung der Qualität und der Fähigkeiten des Menschen liegt.

Diese Auffassung stellt richtigerweise den Menschen, sein Dasein und
seine Lebensweise in den Mittelpunkt aller Dinge. Sie setzt, wie ich meine,
voraus, daß er über ein großes, vorerst noch nicht entfaltetes geistiges und
kulturelles Potential verfügt, das aber voll verfügbar sein wird, wenn
wir uns aufmerksam und systematisch bemühen, es zu wecken. Die pro-
gressive Entwicklung des Menschen in diesem Sinne wird zu einer radikalen Veränderung der Betrachtungsweise seiner selbst, seiner Gattung, seiner Rolle und seiner Verantwortung führen; sie ist die einzige Möglichkeit, um nicht nur den wachsenden Bedürfnissen der Menschheit gerecht
zu werden, sondern auch, um ihr eine gewisse Chance zu geben, ihre
eigene Zukunft vernünftig zu programmieren. In der Terminologie der
allgemeinen Entwicklung heißt das, daß diese Auffassung den Akzent
versetzt: von dem, was man haben möchte und wie man es sich verschaffen
kann, zu dem, was man ist und was man werden kann.

Noch einige andere Faktoren menschlicher, ethischer, politischer und psy-
chologischer Natur sprechen für diese Auffassung und lassen keine andere
Wahl, als auf die volle Entfaltung der menschlichen Qualitäten zu setzen.
Für mich ist die Tatsache von entscheidender Bedeutung, daß dies der
einzige Weg ist, der einer immer größeren Anzahl Menschen – eines Tages
praktisch vielleicht allen – die Möglichkeit und die Genugtuung geben
kann, sich effektiv an der Handhabung der menschlichen Angelegenheiten
zu beteiligen, zum gemeinsamen Wohl beizutragen. Das entspricht auch
dem überall erkennbaren Wunsch, etwas Bedeutsames zu tun, um die
eigene Persönlichkeit nachhaltiger und nützlicher zur Geltung zu bringen.

Ich bin mir sicher, daß die so motivierten Menschen nach Hunderten von
Millionen zu beziffern sind und daß ihre Zahl ständig im Wachsen begriffen ist. Für diese überwiegende Mehrheit der Menschen grenzt jedoch
dieser große menschliche Wunschtraum immer noch an Utopie.

Man gestatte mir, mich selbst zu zitieren. In *Quale futuro?** schrieb ich:
»Ich sehe ein riesiges Heer sich langsam erheben und über die ganze Welt
verstreuten, fragmentarischen Fronten zustreben. Es ist ein Heer aus
Durchschnittsbürgern, die glauben, daß der Augenblick gekommen ist,
die Dinge zu ändern. Sie sind sehr zahlreich, und zahlreich sind auch ihre
Ziele, scheinbar ungleiche Ziele ohne wechselseitigen Zusammenhang. Sie
sind und sie bilden die Friedensbewegungen und die Befreiungsbewegun-
gen, die spontan entstandenen Gruppen zum Schutz der Umwelt, die
Frauen-Befreiungsbewegung und die Vereinigungen für die Bevölkerungskontrolle, die Verteidiger der Minderheiten, der Menschenrechte
und der Freiheiten der Bürger, die Apostel einer Technologie mit menschlichen Zügen und der Humanisierung der Arbeit in der Fabrik oder wo
immer sie geleistet wird, die sozialen Assistenten und die aktiven Verfechter sozialer Veränderungen, die Verteidiger des Verbrauchers, die gewaltlosen Protestler, die Wehrdienstverweigerer und eine Menge Männer und
Frauen, alte und junge, inspiriert von dem, was sie für das neue Gemeinwohl halten, von moralischen Verpflichtungen, die stärker sind als jede
andere Pflicht. Wie es sich traditionsgemäß gehört, ist dieses Volksheer
stark motiviert und schlecht ausgerüstet, gewinnt die Scharmützel und
verliert die Schlachten und ist verurteilt, von der Strategie der Konservativen gnadenlos überrannt und von ihren Stiefeln zertrampelt zu werden.
Trotz alledem wird es früher oder später die Oberhand gewinnen, denn
die Geschichte marschiert mit ihm.« Diese alltäglichen Menschen und viele
andere mit ihnen, Künstler, Erzieher, Arbeiter und Intellektuelle, Studenten und Wissenschaftler, wollen nicht unbedingt mehr haben, doch
sie wollen mehr sein und besser dienen können; ihre Motivationen entspringen einer Veränderung der Werte, nicht etwa einer andersartigen
Anwendung des Systems der heute von der menschlichen Gesellschaft benutzten Werte.

Menschliche Entwicklung, nicht Wirtschaftswachstum
Es verdient hervorgehoben zu werden, daß man überall, auch in Ländern,
wo die Erreichung der sozialen Minima für große Bevölkerungsteile noch
ein Fernziel darstellt, zu erkennen beginnt, daß wir irgendwie über die
bisherigen Entwicklungsbegriffe hinausgehen müssen. Jetzt kommt es darauf an, zu begreifen, daß wir, falls es nicht gelingt, diesen Qualitätssprung
des Individuums zu vollziehen, wohl technologischen Fortschritt und
wirtschaftliche Expansion, vielleicht auch bessere politische Strukturen
und soziale Gesetzgebungen haben mögen, jedoch nicht das, was für die
heutige Welt so wesentlich ist: menschlichen Fortschritt, bessere Menschen.
In der Stadt des Menschen, einer immer größeren, immer perfekteren
Stadt, wird es Bürger geben, die an ihr nicht teilhaben, ja die nicht einmal

---

* Peccei, A., *Quale futuro?* Mailand 1974.

imstande sein werden, als Bürger teilzuhaben; die Normen und Gesetze
des Zusammenlebens werden notwendigerweise immer raffinierter und
komplizierter werden, aber niemand wird mehr Spaß am freundlichen
Zusammenleben haben, folglich wird auch niemand diese Gesetze verstehen
oder sie gern anwenden. Und wenn doch eine Blüte zwischen Maschinen
und Gesetzbüchern sprießt, so wird man sie nicht als ein Wunder
bestaunen, sondern sie pflücken, um sie ins Knopfloch zu stecken oder ihre
chemische Zusammensetzung zu analysieren. Wäre alles wirklich so, dann
bliebe das Menschheitsproblem im Prinzip unverändert, ungelöst.
Was muß also geschehen, damit sich der Mensch, und nicht seine äußere
Umwelt, wirklich ändert?
Aus meiner Sicht sind die Dinge einfach und überaus schwierig zugleich:
einerseits müssen alle über Bildung verfügen und Arbeit haben; auf der
anderen Seite muß jeder einzelne zunehmend die Eignung besitzen, mit
unserer Zeit zu leben. Es ist weder klug noch nützlich, einfach zu behaupten,
es handle sich um unerreichbare Ziele, es gebe für das Problem, so wie
es sich stellt, keine Lösung. Denn man muß wissen: Es gibt keine andere
Chance für die Menschheit, den steilen Abwärtsweg zu verlassen, auf den
sie geraten ist! Der neue, schwierige Weg muß erkundet werden. Wir
können uns diese Ideen besser veranschaulichen, indem wir die angedeuteten
Punkte kurz untersuchen.
Allgemeine Bildung und Vollbeschäftigung sind wesentliche Voraussetzungen
der von mir bereits angesprochenen sozialen Minima. Heute sind
vierzig Prozent der erwachsenen Bevölkerung, vielleicht sogar noch mehr,
Analphabeten; die Zahl der Kinder, die schon bei Geburt zum Analphabetentum
verurteilt sind, wächst mit jedem Jahr. Ferner hat eine auf 700
oder 800 Millionen zu beziffernde Menschenmasse – in der Zukunft werden
es noch mehr sein – praktisch keine Möglichkeit, von der angeborenen
Arbeitsbereitschaft Gebrauch zu machen; diese Menschen können niemals
darauf hoffen, wie die anderen zu leben, in irgendeiner Form Zugang
zur Gemeinschaft der Produzenten und Konsumenten zu finden. Sind
diese Zahlen an sich schon eindrucksvoll, so werden sie in Wirklichkeit
noch übertroffen durch die Komplexität und die Dimensionen des Problems,
weil eine noch größere Zahl von Männern und Frauen im Dunkel
des Halbwissens und der Unterbeschäftigung lebt. Es ist klar, daß diese
Verhältnisse für die gesamte menschliche Gesellschaft ein schweres Handikap
bedeuten und daß hier kein seriöses Projekt für die Zukunft möglich
ist. Die Aufgabe, die uns erwartet, lautet, vereinfacht formuliert,
diese Verhältnisse in ihr Gegenteil zu verkehren, diese ungeheuren Passiva
in aktive Elemente zu verwandeln. Es bleibt keine andere Wahl: So oder
so muß dieser Auftrag erfüllt werden.
Gelingt es nicht, diese am Rand dahinvegetierenden Massen genügend
auszubilden, zu erziehen, zu motivieren und zu aktivieren, so werden sie
weiterhin von den Ereignissen isoliert und viel mehr als Ballast für die

Gesellschaft, als eine schwere Bürde für ihre Zeitgenossen sein. Ihre Existenzbedingungen sind nicht nur eine riesige menschliche Tragödie, eine unsinnige Vergeudung von Ressourcen einer Verschwendungsgesellschaft, sondern auch eine Gefahr für die Menschheit. Man kann nicht erwarten, daß jemand, der in Unwissenheit und Hoffnungslosigkeit dahinlebt, sich den Regeln der anderen unterwirft. Eines Tages wird er sich mit der Macht der Verzweiflung dagegen auflehnen und das gesamte Menschheitssystem bedrohen. Waffen mit immer größerem Zerstörungspotential findet er überall. Es ist also nicht nur eine Frage der Ethik und der Menschlichkeit, daß man diese zahlenmäßig immer stärkeren Massen aus ihrem Getto holt und zu normalen Bürgern macht, sondern ein fundamentales politisches Problem der Weltgemeinschaft.

Soziale Grunderfordernisse: Bildung und Arbeit für alle
Dieses Unternehmen ist titanisch, es in Angriff zu nehmen, muß uns erschauern lassen – und doch, ich wiederhole mich, es muß sein. Es gibt keine denkbare Alternative: Das muß durchgestanden werden. Grundbildung, Erziehung und berufliche Schulung, dazu garantierte Arbeit für alle Bürger der Welt sind die unabdingbare Voraussetzung für die menschliche Entwicklung und für alles, was von ihr abhängt. Ich habe es bereits angedeutet: Man wird dagegen einwenden, daß das eigentliche Problem – sofern anerkannt wird, daß die Erfüllung dieser Bedingungen für das Weiterbestehen des Menschheitssystems unerläßlich ist – darin besteht, daß dieses Programm nicht ein Traum bleibt, sondern praktisch verwirklicht wird. Doch dieser scheinbar logische Pragmatismus, der das Problem von der Ebene der Prinzipien auf die ihrer Verwirklichung verlagert, ließe uns nur noch mehr auf unseren Fehlern beharren. Wir kommen nicht umhin, uns ausdrücklich einzugestehen, daß diese Ziele primär, imperativ und unausweichlich sind. Genau das wollte ich zunächst einmal unterstreichen. Solange diese Überzeugung in der Weltgemeinschaft nicht tief verwurzelt ist, wird diese den erforderlichen Plänen und der Politik zur Erreichung der genannten Ziele keine Priorität einräumen – und damit sich selbst dazu verurteilen, ohne Frieden und Fortschritt zu existieren.
Trotzdem genügt diese – unbedingt notwendige – Basis für die menschliche Entwicklung immer noch nicht: benötigt wird mehr als nur Schulbildung, berufliche Ausbildung und Produktivbeschäftigung für alle. Dies allein kann noch nicht den erforderlichen qualitativen Umschwung im Menschen bewirken.
Bei näherem Hinsehen erkennt man, daß nicht einmal die Glücklichen, die eine gute Ausbildung erhalten und eine gute Beschäftigung gefunden haben, tatsächlich synchron mit unserer Zeit marschieren – im Gegenteil! Sie sind sehr viel mehr als ihre einfacheren und weniger begabten Brüder verantwortlich für die zahlreichen Widersprüche und Unzulänglichkeiten

der Welt von heute. Die Tatsache, daß nicht einmal sie mit der Wirklichkeit und den heutigen Erfordernissen Schritt zu halten vermögen, ist besonders besorgniserregend. Die Ursache dafür, daß der Irrweg der
Menschheit so gravierend und alarmierend geworden ist, liegt einfach
darin, daß noch niemand unter uns sich vollständig, psychologisch und
funktionell, auf die neue Welt und die neue Rolle des Menschen darin
eingestellt hat. Dieser Fehler ist den Intellektuellen, den Wissenschaftlern,
den Politikern, ganz allgemein den Personen in verantwortlichen Positionen, den Industriellen, Gewerkschaftlern, Kirchenführern nicht weniger –
ja vielleicht noch mehr – anzulasten als den Durchschnittsmenschen; er
tritt überall auf, in den entwickelten Ländern und in den Entwicklungsländern, in allen Bereichen der Gesellschaft. Der eigentliche Kern des
Problems liegt in der »Vernachlässigung« seiner Wahrnehmung und im
Verhalten des Menschen gegenüber der von ihm selbst geschaffenen
Realität.
In einem UNESCO-Dokument* kann man nachlesen: »Der afrikanische
Bauer, der in die Stadt geht, um Arbeit zu suchen und die Stammesgesellschaft, die ihn früher beschützte, hinter sich läßt; der Student, der sich
gegen das ›System‹ auflehnt; der kleine Ladeninhaber, der zwischen dem
Fiskus und dem neuen Supermarkt um die Ecke zerrieben wird; der Techniker im fortgeschrittenen Alter, der gezwungen ist, sich weiterzubilden
oder aber den Hut zu nehmen; der Revolutionär, der eine Gesellschaft
stürzen will, die er für unerträglich hält; der solide Bürger, der merkt,
daß die Werte, mit denen er aufgewachsen ist, nichts mehr taugen – alle,
die auf einen Wechsel drängen, oder die sich gegen ihn stellen, oder die
von ihm rettungslos umgarnt wurden, sind Opfer der Spannungen, die
er erzeugt.« Keiner von ihnen ist wirklich auf die neue Situation gefaßt;
dabei ist gerade die Einstellung darauf der Schlüssel, um aus dieser Sackgasse herauszukommen.
Die Fähigkeit, sich auf Veränderungen einzustellen, ist das Geheimnis des
Lebens; ohne sie würde das Leben verlöschen. Die wunderbare Art, wie
sich das Leben immer wieder anpaßt, entfaltet und weitergeht, ist das
Ergebnis eines mühevollen, komplexen Prozesses. Ich habe schon erwähnt,
daß dieser Prozeß sich in den wild vorkommenden Tier- und Pflanzen-
arten, denen das Überleben gelingt, in der genetischen Evolution und der
natürlichen Auslese äußert, während für uns Menschen eine solche natürliche oder biologische Marschroute heute viel zu langsam wäre. Wir müssen uns vordringlich auf unseren Verstand verlassen: unser Erfindungsreichtum und unsere kulturelle Anpassungsfähigkeit sind einzigartige,
außergewöhnliche Ressourcen – allerdings auch die einzigen, über die wir
verfügen.

---

* UNESCO, *The mass media in a violent world*. Paris 1971.

Schritt halten mit der Welt, die wir verändern
Ein noch wichtigeres Ziel, das eigentliche Fundament der menschlichen Entwicklung, ist also die kulturelle Evolution: die einzige Möglichkeit für uns, in ständigem Gleichklang mit unserem in so rascher Entwicklung begriffenen Universum zu bleiben. Es sollte immer wieder gesagt werden: Alle menschlichen Dinge hängen letzten Endes davon ab, wie gut es uns gelingt, mit unseren Realitäten Schritt zu halten, das heißt auch die Veränderungen, die wir vornehmen, richtig einzuschätzen und gescheit zu steuern.

Wir stehen hier vor einem Grundsatzdilemma voll bitterer Ironie. Entweder, wir verbessern und entwickeln unsere existentielle Qualität in Übereinstimmung mit den kumulativen Veränderungen, die wir in uns selbst oder in unserer Welt erzeugen, oder aber wir treiben, von den Schöpfungen unseres Geistes verfremdet und bezwungen und von ebenso kumulativen Katastrophen getroffen, dem Untergang entgegen.

Man gestatte mir, ein letztes Mal zu unterstreichen, was ich schon früher gesagt habe. In dem Maß, wie die ersten Menschen lernten, ihre ursprüngliche natürliche Umwelt zu einem »zivilisierteren« Lebensraum zu machen, wurden sie immer weniger abhängig von ihrer biologischen Kraft und der natürlichen Entwicklung, da sie sich mit immer mehr kulturellen Vorrichtungen und Erfindungen behalfen. Im Licht des Darwinschen Kampfes ums Leben durften sie sogar schwächer werden, wenn sie dies durch größeren Schutz und durch die Hilfe der Technologien des Feuers, des Rades, der Waffen, der Pfahlbauten, der Wohnungen, der Landwirtschaft, der Haustierhaltung, des Metallgusses, der Sprache, der Sozialstruktur kompensieren konnten. Je weiter dann ihre Nachfahren die künstliche Welt, die hiermit Gestalt annahm, vervollkommneten, desto mehr mußten sie ihre individuellen und sozialen Qualitäten und Fähigkeiten steigern, um diese Welt zu kontrollieren und ihren Zwecken anzupassen. Ich habe diesen Prozeß mit einer Treppe verglichen, bei der jede neue Stufe des technologischen Aufstiegs eine neue Anstrengung zur Anpassung und Verbesserung des Menschen nach sich zieht.

Während unser technologischer und materieller Aufstieg in den letzten Jahrzehnten einen Riesensprung gemacht hat – wobei Fortschritte in einer Größenordnung zu registrieren sind, für die früher viele Jahrhunderte erforderlich waren –, vermochten wir auf kulturellem Gebiet damit nicht Schritt zu halten. Nun stehen wir verwirrt und erschrocken vor einer Realität, die uns entgleitet. Unsere Verständnisebene, unsere Motivationen, die Summe unserer Werte, unserer Institutionen, unseres Verhaltens sind die gleichen wie bei unseren Vätern. Desorientiert wie in einer fremden Umgebung, absolut nicht mehr fähig, in der natürlichen Welt von einst zu leben, aber noch nicht gewohnt, in der heutigen, weitgehend entnaturalisierten Welt zu existieren, die wir geschaffen haben, bemühen wir uns mit improvisierten und fragwürdigen Maßnahmen, uns dieser Welt anzupassen. Unsere physische und geistige Gesundheit ist erschüttert, unsere Urteilsfähigkeit eingeschränkt; krank und schwach und verwirrt, wie wir sind, reagieren wir ruckweise, oder wir verlieren uns in vergeblichen Protesten, oder wir verfallen in passive Resignation. Dies alles erhöht aber nur die Gefahr, daß wir den neuen Ausdrucksformen der Veränderungen, die wir eifrig und unerschrocken ohne Unterlaß betreiben, immer unvorbereiteter gegenüberstehen. Das ist der Teufelskreis des Irrwegs, auf dem der moderne Mensch sich bewegt.

Verstehen ist die Basis der menschlichen Revolution
Die kulturellen und organisatorischen Anstrengungen, die erforderlich sind, um ihn zu sprengen, sind sicher noch größer als jene, die unternommen werden müssen, um allen Bürgern der Welt eine formale Bildung und eine nützliche Beschäftigung zu geben. Auch dafür muß ein größerer Zeitraum veranschlagt werden. Man kann sich vorstellen, daß für derartige Bemühungen mehrere Phasen notwendig sind, die sich über Jahrzehnte erstrecken können. Es ist ein Unternehmen ohnegleichen, dessen – optimales – Ziel nicht mehr und nicht weniger ist, als ein neues Kulturbewußtsein für einige Milliarden Männer und Frauen auf allen Stufen der sozialen Leiter und überall auf der Erde durchzusetzen, damit sie bereit sind, gewissenhaft und verantwortungsbewußt an den menschlichen Dingen der Welt teilzuhaben. Es gibt kein Entrinnen: Das ist ein reales Problem, es stellt sich in seiner dramatischen Unerbittlichkeit für uns alle. Es nützt nichts, es zu verstecken oder zu behaupten, es handle sich – so wie die Menschheit beschaffen ist – um ein unmögliches Unterfangen. Wollte man diese Unmöglichkeit eingestehen, so würde das bedeuten, das Ende der Menschheit zu besiegeln oder, schlimmer noch, bewußt oder blind dazu beizutragen, daß es heraufbeschworen wird. Es geht auch nicht an, zu behaupten, das Unternehmen sei zu umfassend und zu komplex, um es unter den gegebenen Verhältnissen in Angriff zu nehmen. Das wären ebenso gefährliche wie unnütze Ausflüchte; denn es liegt doch auf der Hand, daß alle Probleme und alle entsprechenden Initiativen mit der Zeit nur noch größer, komplexer und schwieriger werden, als sie es heute schon sind.
Besser, wir gehen ans Werk. Als erstes, so scheint mir, muß den Menschen bewußt gemacht werden, daß ihre Fähigkeit, die Realitäten der Welt, so wie sie sich leider darbieten, zu verstehen und sich auf sie einzustellen, mithin also ihre Existenzfähigkeit schlechthin einen Schritt vorwärts machen muß; daß das in ihrem direkten Interesse und im Interesse ihrer Kinder liegt; daß dies eine Notwendigkeit ist, die uns alle verbindet; daß wir deshalb alle zusammen diesen Qualitätssprung mittels einer globalen Mobilisierung der Energien machen müssen. Wichtig ist, daß sich nicht nur die führenden Personen, die politische oder sonstige Obrigkeit diese Überzeugung zu eigen machen, sondern daß diese auch den Verstand

und die Herzen der gewöhnlichen Bürger erfaßt. Heute müssen in erster
Linie jene Leute, die Verantwortung für Entscheidungen tragen, stets daran denken, daß die primäre Pflicht und das primäre Interesse der Weltgesellschaft – und auf niedrigerer Ebene des Landes, der Gemeinschaft,
der Gruppe oder Familie – nur darin liegen kann, in jeder denkbaren
Weise und mit allen möglichen Mitteln die Qualität aller ihrer Glieder
zu verbessern, ihre Einstellung individuell und kollektiv zu modernisie-
ren, zu intensivieren, zu verfeinern, ihnen die Eignung zu vermitteln,
nach den Umständen ihrer Zeit zu leben. Die besten Energien, jede erforderliche Summe müssen mit absoluter Priorität in die Aufgabe investiert
werden, die Formung und Entwicklung der Menschheit zu fördern.
Parallel dazu müssen analoge Anstrengungen unternommen werden, damit die Menschheit begreift, daß der Vormarsch und die Anwendung der
Technologie, was wir allgemein mit dem Wort »Fortschritt« zu definieren
pflegen, nicht anarchisch, schwerpunktmäßig, heute hier und morgen dort,
ohne Rücksicht auf ihre unmittelbare Nützlichkeit oder ihre längerfristige
Auswirkung auf die Masse der Bürger erfolgen darf. Obwohl eine Unterbrechung zum Nachdenken oder eine »technologische Verschnaufpause«,
in der wir Ordnung in unsere Gedanken und Dinge bringen könnten,
nicht denkbar erscheint, ist doch eine offene Diskussion über diese ganze
Materie vonnöten, allein schon um die Öffentlichkeit auf die Notwendigkeit vorzubereiten, daß die Technologie nicht mehr, wie bisher, unge-
hemmt weitermarschieren kann, sondern daß sie kontrolliert werden muß.
Die Initiative zur Aufstellung eines Kodex der Selbstkontrolle oder der
Beschränkung und Verantwortung für wissenschaftliche und technologische Aktivitäten müßte von der Gemeinschaft der Wissenschaftler selbst
ausgehen. Die Wissenschaftler können ihre Verantwortung nicht von der
Verantwortung anderer Gruppen, der Verbraucher, der Industrie, der
Politiker trennen, wenn ihre Leistungen im Endeffekt nicht den Wohlstand für alle herbeiführen, sondern nur Leiden bringen. Wir brüsten uns
damit, daß es heute auf der Erde mehr Wissenschaftler gibt als in allen
früheren Epochen zusammen. Als Gruppe besitzen sie die Schlüssel zum
gesamten Wissen der Menschheit, ihre Stimme ist mächtig und wird gehört
wie nie zuvor. Mögen sie sie also furchtlos und unmißverständlich gebrauchen, mögen sie die Notwendigkeit einer totalen Neuwertung und
einer rigorosen, stufenweise in der Welt einzuführenden Reglementierung
des technologischen Fortschritts verkünden!
Es sollten nur jene Fortschritte oder Innovationen gefördert oder toleriert
werden, die von absolutem Interesse für die Menschheit sind und die sich
im Rahmen ihrer durchschnittlichen Adaptionsfähigkeiten bewegen; in
weiterem Sinne muß der gesamte Prozeß der durch den Menschen verursachten Veränderungen unter Kontrolle gestellt werden. Hierbei muß für
einige Formen der wissenschaftlichen oder technologischen Forschung ein
Anreiz geschaffen, andere wiederum müssen gebremst oder überhaupt

gestoppt werden, bis sich die Qualität des Menschen so weit entwickelt hat, daß er weitere Dosen dieses Fortschritts verkraften und einsetzen kann. Das alles ergibt sich als logische »Zutat« zur unabdingbaren menschlichen Entwicklung.

Auf diesen Seiten habe ich die These vertreten, daß nichts wirklich Durchgreifendes zur Veränderung der prekären Lage der Menschheit und zur Umkehrung des Laufes aller Dinge getan werden kann, wenn wir uns nicht vorher absolut klar darüber werden, daß der einzige Weg zur Rettung in der – wie ich es nenne – menschlichen Revolution besteht, die einem neuen Humanismus entspringt und sich die Entwicklung einer höheren Qualität und besserer Fähigkeiten bei allen und jedem einzelnen zum Ziel setzt. Ich wage hinzuzufügen, daß schon die halbe Schlacht gewonnen ist, wenn sich diese Meinung erst einmal durchgesetzt hat. Wer immer sich in diesem Sinne entwickelt, wird auch bereit sein, weiter in dieser Richtung zu marschieren, anstatt, wie bisher, als Reaktion auf bestimmte Impulse eine willkürliche, ihm günstig erscheinende Richtung einzuschlagen und diese immer wieder zu verändern, sobald er neue, zumeist materielle Ansichten gewonnen hat. Praktisch läuft alles auf einen totalen Umerziehungsprozeß hinaus, dem sich die Menschheit zu unterziehen hat – um zu lernen, wie man im Zeitalter der Weltherrschaft des Menschen leben kann und muß.

Die menschliche Revolution ist ein grandioses Unternehmen, das uns im Grunde erzittern läßt – das größte, das jemals in Angriff genommen wurde. Der Mann von der Straße ist im Begriff, ein neues Bewußtsein zu erlangen, das wird die Sache erleichtern. Tatsächlich beginnt er, die reale Welt zu sehen und zu entdecken, daß es immer noch möglich ist, ja sogar sehr schön sein kann, als kreativer, verantwortungsbewußter Mensch in ihr zu leben.

VIII Ideen im Vormarsch

Sich verändern oder abtreten

Bis vor wenigen Jahren betrachtete man diese Epoche der großen und raschen Veränderungen mit einer Mischung aus Verwunderung und Stolz, weil es aussah, als würde sich der Mensch – abgesehen von einige Mißhelligkeiten und zufälligen Rückschlägen – behaupten können wie nie zuvor. Sogar die Gefahren, die sich von Zeit zu Zeit bedrohlich ankündigten, erschienen, alles in allem, kontrollierbar. Beispielsweise war man der Ansicht, die Erde könnte bis zu zehn oder fünfzehn Milliarden Menschen ernähren; die Umweltverschmutzung könnte mit geringen Kosten in Höhe eines niedrigen, erträglichen Prozentsatzes des Bruttosozialproduktes verhindert oder ganz beseitigt werden; die Abfälle könnten der Wiederverwendung zugeführt werden und dabei vielleicht sogar noch Gewinn abwerfen; die postindustrielle Zivilisation würde den Menschen nicht abwerten, sondern ihn von der Last niedriger Arbeiten befreien; schließlich hätte die nukleare Bedrohung letzten Endes mehr theoretischen als realen Charakter, jedenfalls solange ein Gleichgewicht der Abschreckung zwischen den Supermächten bestand.

Dann kamen die Projekte des Club of Rome und andere, nach ihrem Muster angefertigte Studien. Sie haben großen Teilen der Bevölkerung bei der Einsicht geholfen, daß die Lage sehr viel komplexer ist, als es den Anschein hatte, daß ferner außerordentliche Gefahren drohen. Heute ist man sich bereits der Tatsache bewußt, daß die explodierende Weltbevölkerung und die gewaltige Macht des Menschen ungewöhnliche Veränderungsprozesse in Gang gesetzt haben, die als Bumerang auf ihn zurückfallen könnten, daß jeder weitere wichtige Wechsel und jede Aktion, die einen solchen hervorrufen könnte, mit Umsicht geprüft werden müssen, was bei Fragen von großem sozialem Interesse und noch viel mehr bei jenen Fragen unerläßlich ist, die mit der eigentlichen menschlichen Existenz zu tun haben. Daher reagieren viele Zeitgenossen aus Sorge um Situationen, die zum Teil bereits außer Kontrolle geraten sind, damit, daß sie eine neue Qualität entwickeln, die gerade in dieser stürmischen Übergangsperiode unerläßlich ist: das Verständnis für Veränderungen.

Dieses Phänomen reicht mit seinen Anfängen in die sechziger Jahre zurück, als klar wurde, daß bestimmte Industriepraktiken und bestimmte
technologische Fortschritte schädlich sind, daß der Verbraucher allzu oft
keine Möglichkeit hat, sich zur Wehr zu setzen, daß die Umwelt geschützt
und mit den Weltreserven vernünftiger umgegangen werden muß. Von
da ab datiert der Druck der Öffentlichkeit auf die Machtzentren, die viel
zu säumig und zu bequem waren, um auf diesem Gebiet Maßnahmen zu
ergreifen. Nun wird jedoch klar, daß alles, was bisher geleistet wurde – ob
gut oder schlecht –, nicht mehr genügt angesichts der gigantischen Menge
von neu auftauchenden Problemen, wobei Bevölkerungsexplosion, wirtschaftliche und soziale Unordnung, ungerechte Verteilung der Einkünfte,
Arbeitslosigkeit, Unwissenheit, Vorurteile und andere negative Phänomene sich in einem Ausmaß überlappen, wie man es sich bisher nicht vorzustellen vermochte. Man merkt, daß etwas Grundlegendes im Menschheitssystem verändert werden muß – und daß diese Veränderung nicht
stattfinden kann, wenn nicht ein paar gordische Knoten zerhauen werden.
Und es ist typisch für unsere Zeit, daß diese Forderung in den verschiedensten Ländern, wenngleich in unterschiedlicher Form und Intensität, zu
hören ist, daß diese Länder zum erstenmal in der Geschichte durch ein
breites Band der Sorgen und Unzufriedenheit vereint sind.

Ein neuer Dialog zwischen den Kontinenten
Ich glaube, die Tatsache, daß die Regierungen dieses weitverbreitete
Volksempfinden registriert haben, hat mit dazu beigetragen, daß bei internationalen Verhandlungen ein neues Klima spürbar wird. Es ist wohl
zum großen Teil eben auf dieses Klima zurückzuführen, wenn die Sondertagung der Vereinten Nationen im September 1975 nicht, wie allgemein
befürchtet, zu einer Verhärtung der Positionen, sondern im Gegenteil zu
einer temporären »Waffenruhe« zwischen Nord und Süd geführt hat. Somit hat dieses Klima nach meiner Ansicht den Weg für eine neue Art des
Dialogs zwischen den beteiligten Seiten geebnet. Das bemerkenswerteste
Beispiel ist die Konferenz der 27 Länder (sie repräsentieren das gesamte
Spektrum der Entwicklung, von ganz oben bis ganz unten), die im Dezember 1975 in Paris eröffnet wurde, um danach im Laufe des Jahres 1976
ihre Verhandlungen über Energie, Rohstoffe, Wachstum und finanzielle
Fragen fortzusetzen. Man darf sich von dieser Mini-Wende bei der Handhabung der Angelegenheiten der Menschheit auch noch andere Resultate
erhoffen.
Auf der einen Seite haben die entwickelten Länder – zwar noch nicht
voll – einzusehen begonnen, daß sie das Emporkommen einer neuen Ordnung nicht verhindern können. Auch wenn sie noch mit einem technischen
und diplomatischen Zickzackkurs Zeit zu gewinnen trachten, haben sie
de facto doch bereits eingestanden, daß zumindest eine partielle Umgestaltung der Welt unumgänglich ist. Auf der anderen Seite sind sich die

Entwicklungsländer darüber im klaren, daß sie, mögen ihre Motive noch so gut sein, doch weniger einig sind als die Gegenseite und deshalb nur sporadisch und ruckweise Druck ausüben können. Das macht sie gefügig, Verträge zu schließen, in denen das, was sie für die Charta ihrer Rechte halten, nur zum Teil Berücksichtigung findet. Und die sozialistischen Länder, völlig überrascht durch Entwicklungen, die in ihren ideologischen Schemata nicht vorgesehen sind, überdenken ihre Positionen, um nicht von derartig bedeutenden weltweiten Verhandlungen abgeschnitten zu werden.

Man darf jedoch nicht vergessen, daß es sich nicht so sehr um einen Dialog zwischen Ländern, als vielmehr um einen solchen zwischen nationalen Machtstrukturen handelt, die von dem gewaltigen Erneuerungsimpuls, der sich unter ihren Völkern ausbreitet, erfaßt werden und darüber besorgt sind. Diese Strukturen bemühen sich, an ihrer inneren Front so gut wie möglich für Zufriedenheit zu sorgen, ohne daß ihre Kontrollpositionen hierbei allzu großen Schaden nehmen; gleichzeitig merken sie jedoch, daß sie Problemen gegenüberstehen, die sie allein nicht mehr bewältigen können; also versuchen sie, eine Art »Heilige Allianz« oder Solidarität zwischen Machtstrukturen verschiedener Länder zustande zu bringen, anstatt den schwierigeren – für sie allerdings vielleicht gefährlicheren – Weg einer echten Verständigung zwischen den Völkern zur Welt zu beschreiten. Wie oft werden doch in den immer häufiger zu verzeichnenden Treffen von Regierungschefs Konzessionen nur aus Rücksicht auf die Innenpolitik der anderen Seite oder zur Begünstigung der Wahl- oder Parteiinteressen des Gesprächspartners gemacht! Hilfst du mir, helf' ich dir. Es ist wohl nur recht und billig, wenn man bezweifelt, ob dies die richtige Art sei, zum Weltsystem effektive Innovationen beizusteuern. Ich komme auf dieses Thema noch zurück. Vorerst genügt die Feststellung, daß die Öffentlichkeit sehr wohl gemerkt hat, daß eine internationale Neuordnung nicht gesund und dauerhaft sein kann, wenn nicht tiefgreifende Veränderungen auch innerhalb der Nationalstaaten stattfinden.

Endlich setzt sich eine neue bewußte Erkenntnis durch: Auch der Mensch darf nicht abseits stehen, auch er muß sich verändern. Das ist sehr ermunternd. Heute wissen auch die gewöhnlichen Bürger: Der Wind der Veränderung weht so stark, und er rüttelt so sehr an den Grundpfeilern aller Dinge, daß sie, die Bürger, selbst bereit sein müssen, sich zu verändern; sie wissen aber auch, daß das nicht automatisch, ohne Anstrengung geschehen kann, sondern daß die Veränderungen durch wohlbedachte Entscheidungen zustande kommen müssen, wozu Intelligenz, Mühen und Opfer gehören. Viele beginnen, ihre eigenen Grundsätze, die Werte, an die sie bisher geglaubt haben, ihr gewohntes Verhalten in Zweifel zu ziehen. Und sie prüfen sich genau, um zu erkennen, was sie selbst oder was die anderen tun müssen, um dem tödlichen Zugriff der Probleme zu entgehen, mit denen wir alle uns vergebens herumschlagen. Ich glaube, die wesentliche

Schlußfolgerung, zu der schließlich alle gelangen werden, lautet schlicht
und einfach, daß nur bessere Männer und Frauen die Welt besser machen
können.
Nachdem die Weltlage sich innerhalb weniger Jahre fast auf allen Gebieten ohne Zweifel verschlechtert hat, ist wohl nichts wichtiger als diese Entwicklung. Die geistige und psychologische Evolution jener Menschen, die
die Unvermeidlichkeit einer allgemeinen Veränderung spüren und die begreifen, daß sie selbst sich verändern müssen, um an ihr teilzuhaben, ohne
von ihr überrollt zu werden, bestärkt mich in meiner Überzeugung, daß
der Mensch, wenn er sich erst einmal mit einem Problem befaßt, irgendwie
auch seine Lösung finden wird. Genau das ist es, was endlich mit dem
modernen Menschen geschieht. Nachdem er mit Schrecken gemerkt hat,
daß er sich von der realen Welt, deren Schaffung er mit Leidenschaft betrieben hat, immer weiter entfernt, bemüht er sich jetzt um Abhilfe, um
wieder Anschluß an diese Welt zu finden und sich ihr anzupassen.

Klassenbewußtsein und Gattungsbewußtsein
Vor über einem Jahrhundert kam in den von den neuen Phänomenen Industrialisierung und Urbanisierung am meisten betroffenen Ländern eine
Kraft auf, die nach Erneuerung und gerechterer Ausrichtung der Gesellschaft strebte: das Klassenbewußtsein, das bis auf unsere Tage ganze Generationen zu wahrhaft epischen, sozialen und politischen Kämpfen motiviert hat. Der in aller Welt brodelnde Aufstand der Armen ist wie eine
Aufforderung zur Fortführung dieser Kämpfe in einem neuen, gigantischen, weltweiten Ausmaß. Aber die heutigen Männer und Frauen beider-
seits der Barrikaden stellen mit Bestürzung fest, daß es etwas Wichtigeres
gibt als ihre Klassenkämpfe, etwas, das wie eine Drohung über der gesamten Menschheit schwebt.
Das bedeutet nicht, daß die inneren Kämpfe der Gesellschaft eingestellt
werden sollen oder können, nur haben sie nicht mehr eine so zentrale Bedeutung wie einst. Es bleibt wohl nur zu hoffen, daß unsere Generation
angesichts der für alle drohenden Gefahr eher bereit und auch gewandter
ist, den Weg zur Überwindung der Gegensätze und der inneren Auseinandersetzungen zu finden. Neu und außerordentlich wichtig ist die Tatsache, daß der moderne Mensch, getrieben von neuer Lebenskraft, sich um
passende, dringliche Antworten auf etwas bemüht, was weit über seine
früheren Interessen, über die Klassenstruktur der Länder, über die Länder
selbst, über die Geschicke der gegenwärtigen Generation hinausgeht. Auf
dem Gipfel einer Macht, die ihn zum erstenmal erschreckt, entdeckt der
Mensch sein Gattungsbewußtsein wieder.
Er merkt, daß er sich verändern muß, individuell und kollektiv, sonst
wird er zum Abtreten verurteilt sein. Dieses neue Bewußtsein ist ein Anzeichen dafür, daß die so dringend notwendige, tiefgreifende kulturelle
Revolution vielleicht schon begonnen hat. Da er fühlt, daß er sich in

Todesgefahr befindet und daß nunmehr nahezu alles von ihm allein abhängt, rafft der Mensch alle seine entschlummerten psychischen und geistigen Reserven zusammen, um seine Qualität und seine Fähigkeiten zu entfalten, um imstande zu sein, Situationen ohnegleichen zu meistern, vor die er sich gestellt sieht – und zu überleben. Ich zweifle nicht daran, daß der Mensch gute Erfolgschancen besitzt, wenn er nur keine Zeit verliert. Vorerst sehen wir den Beginn dieses Wiedererwachens, das sich im Aufkommen neuer Ideen und in der Ankündigung der großen Veränderung manifestiert. In der Tat stellen wir fest, daß neue Ideen überall auf der Welt im Vormarsch sind. Sie deuten an, daß der Mensch im Begriff ist, sich zu verändern – doch sind sie nur die ersten Keime einer Veränderung. Es ist unsere unmittelbare Aufgabe, sie zu pflegen und zu vermehren, um zu jener vollständigen menschlichen Revolution zu gelangen, von der ich schon gesprochen habe. Eine solche Revolution kann die natürlichen Qualitäten unserer Gattung bereichern, sie kann uns nicht nur vor der Selbstzerstörung bewahren, sondern uns auch befähigen, immer höhere Gipfel zu erklimmen und, indem wir die Zukunft »erfinden«, die Kontrolle über unser eigenes Schicksal in die Hand zu nehmen.
Als Beispiel für das, was vor sich geht, sollten wir uns kurz mit den neuen Ideen befassen, die sich auf vier kontroversen, untereinander verflochtenen Schlüsselgebieten ihren Weg bahnen: Wachstum, Souveränität, Bevölkerung, Reserven.

Vom Wachstum zur Entwicklung

Wie wir gesehen haben, gilt das Wachstum als solches nicht mehr unbedingt als unbestrittenes Ziel der Gesellschaft. Zwar wird ihm in allen Ländern, einschließlich der ohnehin schon reichen, immer noch ein deutlicher Vorrang eingeräumt, doch weicht der Begriff des Wachstums um des Wachstums willen bereits anderen, fortschrittlicheren Begriffen. Allgemeine Entwicklungsziele treten an die Stelle der eher primitiven Ziele einer rein materiellen Expansion. Man kann verstehen, daß der »Überfluß« zu einer Zeit, da die Gesellschaft im Zeichen hoher Säuglingssterblichkeit und ewigen Hungers stand, gleichbedeutend mit dem »Guten« war und »Wachstum« den »Erfolg« symbolisierte. Deshalb wurden Personen mit großen Familien oder großem Reichtum bewundert, sie genossen Privilegien.

Das Wachstumssyndrom
Diese Einstellung hat sich allerdings auch nach dem Aufkommen der modernen Technologien, mittels derer Sterblichkeit und Not reduziert werden konnten, nicht verändert – weshalb die Menschheit sich in der Falle einer ungehemmten Expansionsspirale gefangen sieht, in der zahlreiche

der heutigen Übel ihren Ursprung haben. Der Glaube, daß die Menschheit, um nicht in eine Phase der Dekadenz zu geraten, immer weiter wachsen müsse, schließt die natürliche und moralische Verpflichtung ein, gegen
den Tod anzukämpfen und das Leben zu verlängern, während die Geburtenkontrolle allgemein als etwas Ungutes gilt. Analog dazu steht die
Meinung, daß eine Wirtschaft, wenn sie gesund sein will, ununterbro-
chen expandieren müsse, weshalb es recht und billig sei, daß sie sich die
fähigsten Köpfe hole und von ihnen eine immer bessere technische Per-
fektion und immer fortschrittlichere Mechanismen fordere, die fähig seien,
die Produktion zu steigern und den Konsum noch mehr anzukurbeln –
jetzt und immer.

Unter diesen Voraussetzungen war das Wirtschaftswachstum Glaubens-
sache geworden. Man pries seine Macht, den Menschen von der Not zu
befreien, wobei man freilich über die dazu erforderlichen Sozial- und
Umweltkosten großzügig hinwegsah; seine Paladine wurden als Verfechter der Tugend und des Fortschritts gefeiert. Die Regierungen predigten
das Wachstum als eine Offenbarung und suchten in ihm die Lösung ihrer
Probleme; überhaupt ließ es sich ein ganzes Netz politischer, industrieller,
finanzieller, wissenschaftlicher und emotionaler Interessen angelegen sein,
das Wachstum zu propagieren und für sich auszuschlachten. Das ist der
Grund, weshalb der Bericht *Die Grenzen des Wachstums* mit seiner alar-
mierenden Feststellung, eine kontinuierliche, exponentielle Expansion
müsse früher oder später unvermeidlich zum Zusammenbruch des gesamten Systems führen, als eine ketzerische und schlecht informierte Schmäh-
schrift abgetan wurde.

Doch die Diskussionen, die dieses Buch hervorgerufen hatte, machten in
der Öffentlichkeit Eindruck. In zahlreichen entwickelten Ländern, vor
allem in Europa und Japan, wurden bei vielen Menschen Zweifel wach,
wie es häufig nach einer Periode der Götzenverehrung zu geschehen
pflegt.

Obwohl die durch Eindämmung des Wachstumskultes entstandene Lücke
noch nicht geschlossen ist, werden bereits Anstrengungen unternommen,
um neue Methoden der Kompensation und der Realisierung zu finden.
Das erklärt den wachsenden Anreiz, den wirtschaftliche Sicherheit und
Lebensqualität ausüben.

Ein Beispiel dafür sehe ich in der veränderten Haltung der Arbeiter zahlreicher entwickelter Länder, wo das Vertrauen und der Glaube an eine
breite wirtschaftliche Expansion schwindet. Wegbleiben von der Arbeit,
Ablehnung von Sonderschichten, gleichzeitig die Forderung nach geringerer und flexibler Arbeitszeit, nach mehr Urlaub und früherer Pensionie-
rung, der Kampf für ein Arbeiterstatut, für humanere Arbeitsbedingun-
gen, für eine abwechslungsreichere Tätigkeit, für garantierten Jahreslohn,
schließlich das Eintreten für eine Gewinnpolitik – dies alles beweist, daß
neue Vorstellungen im Entstehen sind. Gewiß ist der Reiz des Wachstums

nicht vollständig verschwunden, doch scheint es, als könnten diese neuen Tendenzen nicht mehr rückgängig gemacht werden. Ungeachtet ihres innigen Wunsches, das goldene Zeitalter der unbeschränkten Expansion wieder aufleben zu lassen, ist sich die Industriegesellschaft dessen bewußt, da sie nicht mehr in der gleichen Weise und im gleichen Tempo wie früher wachsen kann. In diesem Umfeld bemüht sich die Arbeiterklasse so zu manövrieren, daß sie die Vorteile, die die neue Situation eines beschränkten Wachstums ihr bietet, für sich verbuchen und verankern kann – und stellt so nebenbei fest, daß diese Veränderung ihr größere Möglichkeiten gewährt, die Entscheidungsprozesse zu beeinflussen.

Auf der anderen Seite des Grabens, der die Welt in Besitzende und Nichtbesitzende trennt, verläuft die Evolution der Ideen natürlich anders, doch ist sie nicht minder deutlich erkennbar. Dort ist der Wachstumskult tief in alle Poren gedrungen, dabei hat er beträchtliche Erwartungen eines größeren Wohlstandes geweckt. Während sich diese Hoffnungen jedoch nur wenig erfüllt haben, tragen die Massenmedien weiterhin in jedes Haus das Bild der Reichen der Welt – einschließlich der Reichen der armen Länder –, deren Lebensstil den Überfluß als etwas Unverzichtbares erscheinen läßt; das muß jene Menschen treffen und verletzen, die nur mit Mühe das Allernotwendigste für sich erarbeiten können. Daraus folgt, daß die substantielle Verbesserung der wirtschaftlichen Verhältnisse der gesamten Bevölkerung praktisch überall in der Dritten und Vierten Welt zu einem psychologischen und politischen Postulat geworden ist, das heute mehr denn je unaufschiebbar erscheint.

Zugleich damit wachsen jedoch die Zweifel, ob diese berechtigten Forderungen in den meisten Entwicklungsländern – abgesehen von einigen Ausnahmen und unabhängig davon, wie viele Anstrengungen auf nationaler oder internationaler Ebene unternommen werden – auch wirklich ausreichend und wirksam befriedigt werden können. Wir haben gesehen, daß nicht einmal die Einführung einer neuen Weltwirtschaftsordnung mit allen ihren Verheißungen imstande ist, die gegenwärtigen ungerechten und unannehmbaren Situationen in der Welt innerhalb weniger Jahre zu verändern. Damit ist klar, daß für die große Masse der Weltbevölkerung – vom Überfluß einmal ganz abgesehen – die Durchsetzung einer auch nur bescheidenen Portion Wohlstand im Verhältnis zu ihren Erwartungen und zu ihrer Geduld viel zu langsam erfolgen wird. Diese unerträgliche Verzögerung ist vielleicht der absurdeste Aspekt der Wachstumsfalle, die sich die Menschheit selbst gestellt hat.

Auf die eigenen Kräfte vertrauen
Angesichts dieser bitteren Wahrheit haben die Führer der armen Länder Beweise ihrer großen Vernunft geliefert, zumal sie wahrscheinlich auch selbst über die Zeitbombe der unerfüllten Erwartungen besorgt waren.

Nach Verkündigung der Notwendigkeit einer neuen Ordnung, jedoch
wohl wissend, daß dann das Wachstum nur durch einen langen, mühevollen Prozeß nennenswert beeinflußt werden kann, handeln sie nach dem
schon erwähnten Rezept des *self reliance*, des Vertrauens auf die eigenen
Möglichkeiten. Es besagt im Prinzip, daß auf dem Gebiet der Beschäftigung, der Ernährung, der Wohnung und anderer wichtiger Bedürfnisse
ein angemessenes Niveau nur durch direkte Bemühungen des Volkes selbst
zu erreichen ist und daß in dem zu organisierenden neuen internationalen
System der Gleichheit und Ausbeutungslosigkeit diese Summe von Auto-
nomien in kollektivem Zusammenwirken das Rückgrat der globalen gegenseitigen Abhängigkeit bilden sollte.
Unter bestimmten Aspekten müssen diese Ideen eher naiv erscheinen. Es
besteht wohl kein Zweifel, daß ein nicht allzu hohes, aber durch eigene
Kraft erreichtes Wohlstandsniveau weitaus mehr Befriedigung schenkt
als ein Niveau, das vielleicht mit ausländischer Hilfe erreicht werden
kann. Damit sich die Entwicklungsländer (mit wenigen Ausnahmen) aus
der unglücklichen Lage, in der sie sich befinden, herauslösen können, ist
jedoch viel mehr erforderlich als eine – individuelle oder kollektive –
isolierte Anstrengung. Trotzdem bedeutete diese Einstellung eine Wende
in der richtigen Richtung. Das Prinzip, daß jemand, der für einen befrie-
digenden Lebensstandard kämpft, sich vor allem auf sich selbst verlassen
müsse, kann hohen Erziehungswert haben. Es entspricht in gewissem
Sinne dem Arbeitsethos und der gewissenhaften Einstellung zur Arbeit,
zwei Tugenden, denen Nordamerika, Europa und Japan ihre erstaunliche
Entwicklung verdanken. Zugleich damit bezieht es aber auch das politische und ethische Motiv der Achtung und Vervollkommnung der eigenen
Person in den – früher im wesentlichen materialistischen, quantitativen –
Begriff des Wachstums mit ein.
Um zu verhindern, daß auch der neue Trend zu einem Patt und zu neuen
Frustrationen führt, ist nun die Reihe an den entwickelten Ländern, zu
reagieren, das heißt, eine Politik der umfassenden wirtschaftlichen und
technologischen Kooperation zu verfolgen.
In jedem Fall stehen wir an einem Punkt, wo neue Ideen beginnen, sich
entscheidend durchzusetzen. Niemand zweifelt auch nur im Traum, daß
die Weltwirtschaft noch viele Jahre expandieren muß. Der unzureichende
Lebensstandard eines großen Teiles der heutigen Weltbevölkerung, ihre
andauernde rasche Zunahme und die Notwendigkeit immer größerer Mittel zur Beseitigung der Ungleichheit zwischen den Ländern in puncto Einkünfte und Reichtümer gehören zu den wesentlichen Motiven, die diese
Expansion rechtfertigen. Jedoch ist kein vernünftig denkender Mensch
mehr bereit, den traditionellen, plumpen Wachstumsbegriff anzuerkennen
oder künstliche Anreize zu seiner Förderung gutzuheißen; ebensowenig
billigt er die Kriterien zur Ermittlung des Wachstums. Zugleich damit
breitet sich immer mehr das Gefühl aus, daß das von uns angestrebte

Wirtschaftswachstum, wie immer es aussehen mag, nicht ruckweise erfolgen und sich auch nicht aus Mangel an Weitsicht unsererseits erschöpfen dürfe: Es wird dann von Nutzen sein, wenn es für eine angemessene Zeitspanne gesichert werden kann – allerdings ohne ökologische oder Rohstoffprobleme für die Zukunft zu schaffen. Hier muß daher logischerweise der Begriff *vertretbares Wachstum* eingeführt werden.

Der Begriff »organisches Wachstum«
Diese Möglichkeit ist gegenwärtig Objekt zahlreicher Studien an verschiedenen Orten; jedoch handelt es sich hierbei nur um erste Schritte von beschränkter Bedeutung, da sie sich hauptsächlich nur mit nationalen Angelegenheiten befassen. Aber die Tatsache, daß die Notwendigkeit anerkannt wird, Modelle und Wirtschaftswachstumsraten zu bestimmen, die nicht nur ökologisch akzeptabel, sondern auch im zeitlichen Ablauf einhaltbar sind, ist ein weiteres Anzeichen dafür, daß unsere Gedankenwelt sich in der richtigen Richtung entfaltet. Diese Ideen haben sich weiter entwickelt, sie veranlassen uns, die Wachstumsphänomene analog zu dem zu sehen, was im tatsächlichen Leben vor sich geht. Somit befinden wir uns auf dem Weg von hauptsächlich durch den Mechanismus eines undifferenzierten Wachstums inspirierten Überlegungen zum Begriff des *organischen Wachstums* (der insbesondere von Mesarović und Pestel in *Menschheit am Wendepunkt* betont wird).

Was damit zum Ausdruck gebracht werden soll, wird klar und verständlich, wenn wir beobachten, was in lebenden Organismen oder Systemen geschieht – in unserem eigenen Körper, in Tier- oder Pflanzengattungen, in einem Wald, das Leben in einem Fluß, einem Teich oder im Meer. Das Wachstum einer jeden Komponente wird beeinflußt vom Wachstum aller anderen; auf das Wachstum folgt unvermeidbar eine Phase des Abstiegs. Wachstum an einer Stelle bedingt Wachstum oder Abnahme oder Veränderung an anderen Stellen und umgekehrt. Leben und Tod hängen in ihrem Zyklus miteinander zusammen; ohne Tod kann es keine Erneuerung und Evolution des Lebens geben. In den lebenden Organismen und Systemen gibt es weder ein »ewiges Wachstum« noch ein »Nullwachstum«. Die Evolutionsprozesse kümmern sich ganz augenscheinlich nicht um das Wachstum, stützen sich jedoch sehr auf die Lebenskraft und die Fähigkeit zum Überleben – das heißt auf die qualitative Verbesserung und die optimale Anpassung an die Lebenssphäre.

Natürlich darf man solche Analogien nicht zu weit ziehen, doch helfen sie deutlicher zu verstehen, wie weit das Menschheitssystem durch die Wachstumsmanie vom richtigen Weg abgekommen ist. Ich habe schon gesagt, daß sein spektakulärer Gärungsprozeß und sein tyrannenhaftes Verhalten dem Gefüge des Lebens auf der Erde Gewalt angetan haben, ja daß dadurch sogar das sie tragende Spiel der Kräfte gestört worden ist. Letzten Endes muß die Existenz des Menschen selbst darunter leiden. Um im

Rennen zu bleiben, muß die Gattung Mensch nicht nur vermeiden, sich in internen Kämpfen aufzureiben, sie muß auch die Harmonie mit ihrer äußeren biophysischen Umwelt erhalten. So gelangt man stufenweise zum Begriff *dynamisches Gleichgewicht*, der dem aus der Physik bekannten »statischen Zustand« nicht unähnlich ist.

Dynamisches Gleichgewicht des Weltsystems
Eine Gesellschaft in dynamischem Gleichgewicht ist eine Gesellschaft, die bei wechselnden inneren oder äußeren Umständen imstande ist, immer wieder ein neues, befriedigendes Gleichgewicht sowohl in sich selbst als auch in ihrer Lebenssphäre herzustellen. Das sogenannte Gleichgewicht der Macht zwischen den Großmächten kann als ein Beispiel der dynamischen Stabilität in der internationalen Politik verstanden werden, ebenso aber auch als ein Wink darauf, was seine Störung verursachen würde. Im Gesamt-Menschheitssystem kommt es, genau wie beim politischen Gleichgewicht – jedoch im Gegensatz zu bestehenden Systemen, die von Natur aus homöostatische, selbstregelnde Eigenschaften besitzen – darauf an, daß der Mensch das Steuer ständig betätigt, damit ein angemessenes soziales oder ökologisches Gleichgewicht erhalten bleibt oder wiederhergestellt wird. Dadurch tritt immer deutlicher die Tatsache hervor, daß eine der größten neuen Verantwortungen des Menschen eben darin besteht, sein Weltsystem in gutem, harmonischem Zustand zu erhalten, sowohl intern als auch in seinen Beziehungen zu den Ökosystemen.
Mit einem bißchen Logik sind wir also vom plumpen zum autonomen Wachstum, dann zum vertretbaren, danach zum organischen Wachstum und schließlich zum dynamischen Gleichgewicht gelangt. Dieses ist gleichbedeutend mit der Wiederentdeckung des Selbstverständlichen, das wir bei unserem ungezügelten Expansions-Wettrennen um jeden Preis vollkommen aus den Augen verloren hatten, nämlich der Erkenntnis, daß das Gute im Gleichgewicht liegt.
Zugleich damit ist ein weiterer Fortschritt zu verzeichnen, indem sich die Erkenntnis durchsetzt, daß es auch eine andere fundamentale Dimension des Gleichgewichts gibt: im Menschen selbst. Nachdem der Mensch bestimmte Minimalforderungen seines Lebens erfüllt und einen bestimmten physischen Wohlstand erreicht hat, zeigt er ein breites Spektrum weiterer Bedürfnisse, Wünsche und Ansprüche hinsichtlich seiner Sicherheit, seiner Bequemlichkeit, seiner Überzeugungen, seiner Selbstbehauptung, seiner sozialen Stellung und alles dessen, was man generell unter Lebensqualität versteht. »Entwicklung« ist dann das Wort, das wir ganz allgemein für die angemessene Befriedigung dieser Bedürfnisse des Menschen gebrauchen, und *der Begriff Entwicklung ist dabei, rasch den Begriff Wachstum abzulösen.*
Das könnte ein wahrer Qualitätssprung werden, auch wenn der Begriff »Entwicklung« vorerst noch recht vage ist und im Grunde immer noch das

Streben nach hohem materiellem Lebensstandard bedeutet. Jedoch muß darauf hingewiesen werden, daß auch die weniger entwickelten Länder ganz bewußt in der Entwicklung ihr wichtigstes politisches Ziel sehen und daß deshalb wahrscheinlich ein radikales und vielleicht definitives Abrücken von den engen, auf das Wachstum abzielenden Positionen der Vergangenheit stattfindet. Das bestärkt mich in meinem Vertrauen darauf, daß auch noch andere Barrieren fallen werden, die gegenwärtig unsere Gedanken in enge, anachronistische Dimensionen zwängen. Wichtig ist auf jeden Fall, daß mittlerweile alle Länder, reiche wie arme, wenn auch in verschiedener Form und Intensität, anerkennen, daß die Entwicklung jetzt ein universelles Erfordernis ist und Objekt einer weltweiten Unternehmung zu sein hat.

Wichtig ist die Entwicklung, aber die des Menschen
Hier ist jedoch, wie ich schon an anderer Stelle ausgeführt habe, eine abschließende Evolution unerläßlich. Nach der üblichen Auslegung ist »Entwicklung« weitgehend gleichbedeutend mit »Befriedigung der menschlichen Bedürfnisse«, und zwar, weil der Mensch vor allem als Erzeuger von Bedarf und als Konsument gesehen wird. Mit einer solchen einschränkenden Einstellung orientieren wir uns jedoch falsch und müssen die Szene als Verlierer verlassen. Denn wir müssen doch erkennen, daß der Begriff »Bedürfnisse« aus langfristiger Sicht und vom globalen Standpunkt aus eng an die Chance der Befriedigung gekoppelt ist, daß nur der Mensch selbst imstande ist, für diese Befriedigung zu sorgen, daß mithin sein Bedarf von der Möglichkeit abhängig gemacht werden muß, daß er auch erfüllt werden kann. Außerhalb dieses Rahmens kann es nur Chaos und Frustration geben. Anders gesagt: Die Entwicklung der Qualität und der Fähigkeiten des Menschen ist unumgänglich, um einerseits seinen Bedarf auf einem angemessenen Niveau zu halten und andererseits begründete Hoffnungen auf seine Befriedigung hegen zu können.
Ich wiederhole mich: Weil gerade der Mensch der wesentliche Faktor der Veränderungen und der Hauptmotor aller Dinge – guter wie schlechter – ist, folgert daraus, daß nur er der Schmied seiner eigenen Entwicklung beziehungsweise Nichtentwicklung sein kann – wie immer man dieses Wort auslegen will. Da der Mensch und seine Bedürfnisse einen Teil des Problems bilden oder sogar das Problem selbst darstellen, kann auch nur bei ihm die Lösung gesucht werden; es obliegt also dem Menschen, die eigenen Vorstellungen zu bestimmen und danach zu befriedigen. Betrachtet man die Entwicklung unter diesem sicher zutreffenden Blickwinkel, so kann sie letzten Endes, nicht anders als jede andere Errungenschaft, nur das sein, wozu der Mensch sie zu machen vermag – dank seinem vielgestaltigen geistigen Potential, seiner Intelligenz, seinen Kenntnissen, seinem Erfindungsreichtum, aber auch dank seiner Fähigkeit zum Verständnis und zur Liebe, seinem poetischen, künstlerischen, ästhetischen Sinn.

Worauf es also wirklich ankommt, ist eine Umkehr des gegenwärtigen
Begriffes Entwicklung; das Leitmotiv dürfen nicht mehr, wie bisher, die
Bedürfnisse des Menschen, das Ziel nicht mehr ihre Befriedigung sein.
Vielmehr muß nunmehr die Qualität des Menschen das Fundament bilden, und sein Ziel muß darin bestehen, seine Fähigkeiten so zu verbessern,
daß durch sie der kluge, intelligente Einsatz seiner latenten Kreativität
gefördert wird. Je mehr sich der von Natur aus vorhandene Wert der
Völker erhöht und verbessert, desto höher wird ihr Lebensstandard und
ihre Lebensqualität sein, ohne daß das Gleichgewicht der Menschheits-
und Natursysteme gestört wird. Es wäre also falsch – und obendrein eine
Quelle weiterer Fehler –, wenn man in den Bedürfnissen des Menschen
den Ausgangspunkt einer neuen Phase unserer Evolution sehen wollte.
Nur die Entfaltung der Qualität und der Fähigkeiten des Menschen kann
die Basis neuer zukünftiger Errungenschaften sein – einschließlich derjenigen, die gewöhnlich mit »Entwicklung« bezeichnet werden. In diese
Richtung müssen wir alle unsere Energien lenken, wenn wir wirklich
»wachsen« wollen.
Ich gebe zu, daß diese Ideen noch nicht weit verbreitet sind. Wenn es jedoch den hier aufgezeigten Schlußfolgerungen gelingt, eine Bresche in die
öffentliche Meinung zu schlagen, wird die menschliche Revolution weniger
utopisch erscheinen als heute, und die Menschheit wird sich endlich auf
dem richtigen Weg befinden.

Von der Souveränität zur Gemeinschaft

Dank einigen anderen aktuellen Ideen verlagert sich der Akzent im internationalen Leben rasch vom Begriff der Unabhängigkeit auf den der
Interdependenz, der gegenseitigen Abhängigkeit. Es ist ein erster, noch
zaghafter, aber vielleicht unumgänglicher Schritt auf dem Weg, der von
der gegenwärtigen anarchischen und unregierbaren Situation der Welt –
die auf der »Souveränität« einer chaotischen, in ewiger Konkurrenz und
im Kampf miteinander stehenden Anzahl von Ländern basiert – zu einer
zunächst widerwilligen, später entschlossenen »Kooperation« und schließlich zu einer echten »Gemeinschaft« von Völkern führt, die sich Schulter
an Schulter, in wechselseitigen Beziehungen entfalten. Ich muß nicht noch
einmal unterstreichen, daß im Zeitalter der Weltherrschaft des Menschen
das Prinzip der nationalen Souveränität eines der größten Hindernisse
auf dem Weg zur Rettung ist. Seine Zähigkeit, die es beim Überleben als
Basis der Organisation der Menschheit zeigt, ist ein für unsere verzögerte
kulturelle Entwicklung und folglich für unseren Irrweg typisches Syn-
drom.

Der Widerspruch des souveränen Staates
Man gestatte mir, die eine oder andere bereits gemachte Bemerkung etwas weiter auzuführen. Vor dem Zweiten Weltkrieg gab es etwa 60 souveräne Staaten, wovon einige über ausgedehnten Kolonialbesitz verfügten. Heute gibt es deren etwa 150, von denen 147 den Vereinten Nationen angehören. Darunter sind große und kleine, alte und neue, einige homogene, andere weitgehend heterogene, gewisse, die eine rationale Einheit bilden, doch viele andere mit geringer historischer, rassischer, geographischer oder kultureller Rechtfertigung; alle sind eindeutig egozentrisch, wachen eifersüchtig über ihre Souveränitätsrechte. Es gibt Grenzen, die im Lauf der Jahrhunderte niemals Frieden oder Stabilität kennengelernt haben, weil sie Objekte eines Tauziehens zwischen bestimmten Ländern waren oder noch immer ein Streitobjekt darstellen. Andere sind aus Dynastie-Ehen oder Flüsterintrigen einer längst vergessenen Vergangenheit oder aus der Phantasie von Kartographen hervorgegangen, die die Einflußsphären der Kolonialmächte auf ungenauen geographischen Karten markierten. Das hindert einen Staat jedoch nicht, zu erklären, daß seine Grenzen sakrosankt und unantastbar seien, während er womöglich gerade im Begriff ist, seinem Nachbarn ein Stück Land wegzunehmen.
In der Praxis existiert die Souveränität bei einem großen Teil der schwächeren Staaten jedoch weitgehend nur nominell, selbst wenn man den jüngst verkündeten Begriff »begrenzte Souveränität« außer acht läßt. Gegen die Supermächte und gegen die großen Länder, ebenso gegen die großen multinationalen Gesellschaften haben die kleinen Länder nicht viele Möglichkeiten, sich zur Wehr zu setzen. Aber auch sie selbst sind nicht ohne Fehl und Tadel und nicht ohne Schuld, weil sie – nicht viel anders als die starken Staaten – sich dagegen sträuben, für die ethnischen und kulturellen Minderheiten, die dank einer Laune der Geschichte in ihre Sphäre geraten sind, das gleiche Recht auf die Persönlichkeit und Unabhängigkeit anzuerkennen, das sie für sich selbst beanspruchen.
Trotz aller ethischen, politischen und funktionellen Widersprüche bleibt jedoch die Souveränität des Nationalstaats nach wie vor der Dreh- und Angelpunkt der gegenwärtigen Weltordnung. Ja, man könnte sogar behaupten, daß der Souveränitätskult eine Wiedergeburt erlebt. Diese Souveränität hat schon Arnold J. Toynbee als »größte Religion der Menschheit« bezeichnet, als »eine Religion, deren Gott ein Moloch ist, dem die Eltern das Opfer ihrer Kinder, ihrer selbst und aller anderen Menschen darzubringen bereit sind«.[*] Wir dürfen uns gar nicht wundern, wenn die Struktur des Weltgebäudes in Gefahr gerät, wurde dieses doch aus den alten, fehlerhaften Ziegeln des souveränen Staates errichtet.
Wahrscheinlich würde einem intelligenten Marsbewohner, der die Erde aus dem Weltraum beobachtet, nichts seltsamer und unverständlicher vor-

---

[*] Toynbee, A. J., *The reluctant death of sovereignty,* in: *The center magazine,* Juli 1970.

kommen als dieses Kaleidoskop von Staaten jeglicher Art, von in Scheiben geschnittenen Kontinenten – ein Stück für dich, ein Stück für mich –,
wobei man jetzt dabei ist, auch noch die Meere ähnlich aufzuteilen. Käme
der Marsbewohner näher heran, so würde er sich womöglich noch mehr
wundern über all das, was die Erdbewohner erfinden, um diese absurde
Struktur zu rechtfertigen und zum Funktionieren zu bringen.
Der aufgebauschte Militärapparat, der Jahr für Jahr ohne Unterlaß sechs
bis acht Prozent des Produkts der menschlichen Anstrengungen auffrißt,
um diesen Teil zerstörerischen Zwecken zuzuführen, ist nicht das einzige
Subprodukt dieser unsinnigen Zerschnipselung. Im Gegenteil, er marschiert Hand in Hand mit der Ausdehnung eines enggeknüpften, den gesamten Erdball überziehenden diplomatischen Netzes, obgleich dessen
Nützlichkeit heute nicht viel größer ist als die der ähnlich üppig sprießenden Geheimdienste. In einer Epoche, in der Telefon, Telegraf, Fernschreiber und Luftverkehrslinien alle Punkte der Welt miteinander verbinden,
in der Rundfunk, Fernsehen und Presse alle Meldungen in alle Winde
tragen, in der eine Information sich sozusagen von selbst blitzartig verbreitet, in der Journalisten jede interessante Angelegenheit ans Tageslicht
bringen und ein Netz von Satelliten ständig die ganze Erde beobachtet,
sind viele dieser Oberstrukturen, die nach Umständlichkeit, nach Geheimfonds, nach Wildwestromanen oder nach Dingen riechen, die man gar
nicht beim Namen nennen kann, einfach überspitzt.
Doch ganz abgesehen von der Hardware – sie ist im wesentlichen militärischen Charakters –, ist auch die Software, die alle diese Dienstleistungen
mit sich bringen, gigantisch. Was hier entsteht, ist nicht einfach nur eine
ungeheure Bürokratie, sondern ein Arsenal ohne Ende: verschlüsselte
Nachrichten, Instruktionen in Geheimschrift, Meldungen zum Zweck der
bewußten Irreführung, Verträge, die sich widersprechen oder einander
aufheben, Protokolle zur Modifizierung vorausgegangener Protokolle zur
Abänderung von Verfügungen, die längst hätten aufgehoben werden
müssen, Bündnisse, die vergessen werden, wenn es einem in den Kram
paßt, internationale Gesetze, die verschieden ausgelegt werden können
und auch selten respektiert werden ...
Glücklicherweise sind die Irdischen in ihrer Gesamtheit nicht ganz so
dumm, wie der hypothetische Marsbesucher meinen könnte. Denn sie erkennen in der Tat allmählich die Banalität, die Absurdität, die Kosten
dieser – in jeder Hinsicht – parasitären Machtinstitutionen und dessen,
was sie repräsentieren. Man versteht auch immer mehr, daß Toynbee
recht hatte mit seiner Feststellung, daß »die Intensität der Götzenverehrung des Nationalstaates natürlich kein Beweis dafür ist, daß die Souveränität eine befriedigende Basis der politischen Organisation der
Menschheit im Atomzeitalter darstellt. Wahr ist vielmehr genau das
Gegenteil ... In diesem unserem Zeitalter ist nationale Souveränität gleich
Massenselbstmord.«

Es hat nach meiner Meinung nicht viel zu bedeuten, daß zahlreiche Leute trotzdem nachdrücklich für die nationale Souveränität eintreten. Ähnliche Unterstützung fand auch die Wachstumswirtschaft, bevor ihr Mythos als falsch und tückisch durchschaut wurde. Genauso wie dieser Mythos dem Welt-Establishment gedient hat, das bislang mit einer immer weiteren Expansion rechnen durfte, um seine Mängel zu überdecken, genauso nützt das Souveränitätsprinzip vor allem den herrschenden Klassen, die seine tapfersten Verfechter sind. Der souveräne Staat ist ihr Feudallehen. Sein Prunk, sein Apparat, seine Phrasenhaftigkeit, seine Egozentrik, die ebenso gepriesen werden wie die in ihm verwurzelten Interessen, sind Wasser auf ihre Mühlen. Der souveräne Staat schützt ihre Position im Namen des Vaterlandes und der Tradition oder des Vaterlandes und der Revolution oder wessen immer – und er verschafft ihnen immer wieder Mittel und Vorwände, um psychologischen und politischen Einfluß auf ihre Mitbürger auszuüben, darunter auch den alten Trick, ihren Nationalismus und ihren Chauvinismus zu betonen, wann immer es nützlich erscheint. Das ist der Grund, weshalb noch kein Staatsmann der Welt sich erhoben hat, um zu erklären, daß die Orthodoxie des souveränen Staates nicht einfach nur eine gefährliche, sondern eine vollkommen lächerliche und in unserer heutigen Welt untragbare Sache ist.

Ihren Verfechtern zum Trotz »dringt Wasser ins Boot der Souveränität ein«, wie es Stanley Hoffmann, Politologe an der Harvard University, ausdrückte. In der Tat schlägt die pausenlose Brandung der Technologie ein Leck ums andere in die Schotten, die bisher dicht zu sein schienen. Das Gespür dafür, daß jener Mythos uns auf einen falschen Weg führen könnte, reift in der Öffentlichkeit langsam heran. Damit verstärkt sich auch die Überzeugung, daß nunmehr neue Formen der transnationalen Organisation und neue Koexistenz-Formen in weltweitem Maßstab gefunden werden müssen; einige besonders kühne, innovatorische Köpfe haben sogar Studien in Angriff genommen, um zu ermitteln, wie eine neue, von den Zwängen nationaler Souveränität freie politische Ordnung der Weltgesellschaft strukturiert sein könnte. Damit gewinnt die Idee der Notwendigkeit einer Entsouveränisierung des Nationalstaates allmählich immer mehr an Boden, wie andererseits die Idee der Entmythisierung des Wachstums und der Entmonetisierung des Goldes bereits um sich greift und die Idee der Entnationalisierung der multinationalen Unternehmen sich letzten Endes durchsetzen wird.

Die Initiative zu den ersten Schritten in dieser Richtung müßte von den ältesten und stärksten Ländern ergriffen werden, denn bei den neuen, aus Entkolonialisierung und Widerstandsbewegungen hervorgegangenen Staaten liegen die Dinge im Prinzip ganz anders. Nach der Logik der bestehenden Weltordnung war die Anerkennung des Souveränitäts-Status für diese Länder als Beweis ihrer Existenz und als Mittel der Bindung und Repräsentation unumgänglich. Durch ihn erhielten sie die Möglichkeit, ihre Stimme in der Welt zu erheben, sie erhielten die Chance, den Weg der Autonomie oder des *self reliance* auszuprobieren, in Staatsgeschäften eine politische Klasse heranzubilden und ihre traditionelle Kultur und die modernen Methoden gegenseitig zu adaptieren, ohne in dieser oder jener Hinsicht allzu große Opfer bringen zu müssen. Was immer für Fehler, für Naivitäten oder Übertretungen die neuen Staaten bereits begangen haben mögen oder in ihrer Periode des Lernens und Beginnens noch begehen werden, ihre Erfahrung mit dem Sich-selbst-Regieren war notwendig, und nur die Souveränität konnte für sie der Schild sein, unter dessen Schutz sie diese Prozesse entfalten konnten.

Ich glaube, daß eine Gruppe Länder der Ersten Welt ein Beispiel geben müßte, indem sie einseitig auf einen Teil ihrer Souveränität verzichten – und damit so nebenbei beweisen, daß ein solcher Verzicht keine nationale Tragödie sein muß. Der Gedanke ist ganz und gar nicht absurd. In Europa, der Wiege der Souveränität, hat man schon vor rund vierzig Jahren versucht, etwas in diesem Sinne zu tun. Im Jahr 1934 beschloß die spanische Republik, einen Teil ihrer Souveränität dem Völkerbund zu übertragen, doch wurde diese romantische Initiative vereitelt, als die nationalistische Armee den Bürgerkrieg gewann. Sieht man von diesem Versuch ab, mußte erst der Zweite Weltkrieg kommen, und die Kriegshandlungen mußten sich überwiegend und erbarmungslos in Europa abspielen, damit die Europäer begriffen, wie unsinnig die Konflikte zwischen ihren einzelnen Nationalstaaten, wie unnötig die Leiden, die Verwüstungen, die durch all dies verursachten moralischen und finanziellen Opfer gewesen waren. Am Ende waren die Europäer, die Kriege, Kriegshetzer und Profitmacher satt hatten, im Jahr 1945 bereit, sich in einem neuen, transnationalen und supernationalen hoffnungsvollen Abenteuer zusammenzuschließen.

Die ungewisse Bahn der Europäischen Gemeinschaft

Doch es mußten noch einmal zwölf Jahre vergehen, ehe das zustande kam, was wir heute als Europäische Gemeinschaft bezeichnen. Es ist nicht falsch, daran zu erinnern, daß die meisten westeuropäischen Länder damals in kaum für möglich gehaltener Form gewillt waren, die wirtschaftliche Integration als Vorstufe einer späteren politischen Einheit zu akzeptieren. Leider ließ das Fehlen einer soliden Führung zu, daß sich eine Welle des wiederauflebenden Nationalismus (wobei der Gaullismus lediglich die meistpropagierte Version war) mit dem introvertierten Geist und der Engstirnigkeit der politischen Klassen vereinigte, wodurch sich die Dinge erneut verwirrten und das Unvermeidliche hinausgezögert wurde. Hindernisse verschiedener Art wurden auch von den USA und der Sowjetunion in den Weg gelegt, die beide einerseits über das Auftauchen eines neuen, mit ihnen konkurrierenden Wirtschaftsgiganten besorgt waren, andererseits aus machtpolitischen Erwägungen heraus handelten.

Man darf sich jedoch weder durch die Frustrationen eines so langen, immer wieder unterbrochenen Marsches noch durch die Tatsache entmutigen lassen, daß der gegenwärtige allgemeine Krisenzustand wenig geeignet erscheint, um Großprojekte mit geringem Soforterfolg in Angriff zu nehmen. Die Schwierigkeiten, einen so zermarterten Kontinent wie Europa zu einigen, waren und sind ungeheuer, doch wurden mittlerweile die größten von ihnen, vor allem solche, die auf Vorurteile zurückgehen, im wesentlichen ausgeräumt. Die Dinge treiben in Europa unerbittlich auf eine Einigung zu. Trotz aller negativen Faktoren – wir wissen gut, wie viele es deren noch gibt! – bestehen nach meiner Meinung gute Chancen, daß das, was bisher unterlassen wurde, nun zum großen Teil noch im Lauf dieses Jahrzehnts vollendet werden kann. Viele Ideen, die heute Gemeingut der Europäer sind, weisen in diese Richtung. Die Gemeinschaft ist an einem Punkt angelangt, an dem es kein Zurück gibt; wenn sie die weitere, notwendige Evolution vollzieht, wird das eine entscheidende Entwicklungsstufe von weltweiter Ausstrahlung sein: die Schaffung der ersten echten Gemeinschaft beziehungsweise regionalen Union.

Dieser Einigungsprozeß bedeutet jedoch nicht den totalen Verzicht auf die Attribute der Souveränität. Er verteilt sie nur über einen größeren Raum, zwängt sie in transnationale Bande und in eine übernationale Organisation. Was in Europa geschieht, ist auch deshalb interessant, weil hier viele Gruppen der Gesellschaft aufgerufen sind, sich an der Schaffung neuer Institutionen und neuer Mechanismen zu beteiligen. Der Aufbau der Gemeinschaft erfolgt nicht systematisch, in einer im voraus festgelegten Art und Weise, wie man ursprünglich gedacht hatte, sondern mehr *à la carte*. Gewiß ist diese Lösung nicht die vernünftigste, beispielsweise setzt sie die ganze Bewegung häufiger dem Risiko eines Stopps aus, was zu Verzögerungen führt. Ferner können die Sozialkämpfer ihre langfristigen Aktionen nicht von einer sicheren europäischen Basis aus planen und programmieren, sondern sie sind im Gegenteil unmittelbarer in den Prozeß der Konstruktion Europas einbezogen, der sich in realistischeren Zeiträumen und in solideren Formen vollziehen wird.

Während bestimmte Vorrechte der Mitgliedsstaaten an die Gemeinschaft abgetreten wurden, werden gleichzeitig andere von unten her durch Bewegungen in Frage gestellt, die nach einer größeren lokalen Autonomie verlangen. Die Dezentralisierung von Funktionen, für die man bisher ausschließlich den Staat für zuständig hielt, und ihre Übertragung auf kleinere regionale Körperschaften etwa in der Größenordnung der deutschen Bundesländer, ist eine sehr gesunde Entwicklung. In einer immer komplizierteren Welt wird die Übertragung von Entscheidungsverantwortung an eine Hierarchie koordinierter Institutionen, die die Verflechtung manchmal nationaler, manchmal dagegen übernationaler oder subnationaler Interessen und Kapazitäten realistisch widerspiegeln, zu einer fundamentalen politischen und funktionellen Notwendigkeit. In Europa begünstigt eine solche Neuordnung die Entstehung eines *Europa der Regionen* im Gegensatz zum *Europa der Vaterländer*, das heißt der souveränen Staaten.

Die positive Auswirkung der Europäischen Gemeinschaft reicht über die Grenzen Europas hinaus. Die Assoziierungsverträge der Gemeinschaft mit Griechenland, Zypern, der Türkei, Marokko und Tunesien und die Präferenzabkommen mit anderen europäischen Ländern sowie mit Israel, Ägypten und dem Libanon, ferner die Vereinbarung von Lomé über wirtschaftliche Zusammenarbeit mit 46 Ländern Afrikas, der Karibik und des pazifischen Raumes öffnen den Weg für neue Formen der organisierten Kooperation in der Welt. Begünstigt durch diese Abkommen zwischen Gruppen souveräner Staaten, etablieren sich in einem großen Teil der Welt Tausende von wirtschaftlichen, finanziellen, technischen und kulturellen Verbindungen ohne Regierungsbeteiligung, wodurch ein neues, so vitales Netz transnationaler Interessen entsteht, daß sogar die Souveränität der Unterzeichnerstaaten verdrängt wird.

Entstehung von Gemeinschaften, Koalitionen, Gruppierungen

Gerade weil diese Abkommen im Grunde innovativ sind, ist zu erwarten, daß sie auf zahlreiche Widersprüche stoßen werden, auch wenn sich letzten Endes, dessen bin ich sicher, ihre Nützlichkeit durchsetzen wird. Ich wage zu behaupten, daß man einige assoziierte Staaten bald in den Rang von Mitgliedern der Gemeinschaft erheben und daß die Gemeinschaft selbst mit weiteren Staaten Kooperationsverträge schließen wird, womit sich der Raum der neuen Solidarität in der Welt erweitert; überdies dürften diese Beispiele ansteckend wirken. Insbesondere Lateinamerika, wo die Bewegungen für die regionale Integration jahrelang praktisch lahmgelegt waren, wird die Notwendigkeit verspüren, in diesem Sinne weiterzumarschieren. Die neue Formel des Lateinamerikanischen Wirtschaftssystems (Sistema Económico Latino Americano = SELA), dessen Gründung von allen Ländern dieser Region im August 1975 in Panama beschlossen wurde, ist flexibel. Auch sie stützt sich auf pragmatische Prozesse *à la carte* und kann einen guten Ausgangspunkt für konkretere Ziele bilden. Das vom Club of Rome in Venezuela unterstützte – und von mir bereits erwähnte – Projekt wird den Lateinamerikanern helfen, ihre Zukunft als eine Unternehmung von kontinentalem Rang zu verstehen, die ohne Rücksicht auf nationale Grenzen in Angriff zu nehmen ist.

Man darf daraus schließen, daß die Idee, über den einzelnen Staat hinaus zu denken (fast ein Selbstzweck) und dessen Mängel durch die Einführung regionaler und subregionaler Einheiten zu überwinden, auf dem Vormarsch ist. Ein weiterer Ausdruck der Notwendigkeit, den durch die Souveränität aufgezwungenen Beschränkungen entgegenzuwirken, ist die Bildung *freiwilliger nicht-regionaler Koalitionen von Ländern*. Bisher hatten Koalitionen dieser Art typisch militärischen Charakter gehabt. Inzwischen hat man jedoch gemerkt, daß man, um bestimmte, verschiedenen Teilen der Welt gemeinsame Probleme in Angriff zu nehmen (zum Beispiel die Handhabung gewisser Rohstoffreserven, die Entwicklung neuer Technologien, einige Aspekte des Umweltschutzes oder die Regelung von Währungsfragen), Stolz und nationale Vorrechte überwinden und kollektive Aktionen unternehmen muß.

Die OPEC ist gegenwärtig die bekannteste und bestorganisierte dieser Koalitionen, während eine andere, die als ihr Widerpart gepriesene IEA*, weniger Behauptungswillen zeigt und eigentlich erst im Anfangsstadium steht. Eine andere Art Koalition ist die von mir bereits zitierte OECD, die sich dank ihrer breiten Basis und der Vielfalt der von ihr verfolgten Ziele als offizielles Forum und manchmal als Sprachrohr der marktwirtschaftlich entwickelten Länder betrachten darf. Die sechs größten dieser Länder veranstalteten im November 1975 ein Treffen, das zu Unrecht als erster Wirtschaftsgipfel der Geschichte bezeichnet wurde. Es schloß mit der »Erklärung von Rambouillet« über die gegenwärtige schwere Wirtschaftskrise und über die zu ihrer Überwindung zu treffenden konzertierten Maßnahmen. Auch wurde die Idee erwogen, ein praktisch permanentes »Direktorium« der kapitalistischen Länder zu bilden – was eine gute oder schlechte Sache sein kann, je nachdem, in welcher Form man davon Gebrauch zu machen gedenkt und welche Führungseigenschaften dieses Gremium tatsächlich zu entwickeln vermag. Am anderen Ende des Spektrums haben die weniger entwickelten Länder ihre – bereits erwähnte – »Gruppe der 77« gebildet (die über hundert Länder erfaßt). Nach diesen Beispielen ist zu erwarten, daß die Sowjetunion und deren Verbündete ihre regionale wirtschaftliche Vereinigung, den allgemein unter der Bezeichnung COMECON bekannten Rat für gegenseitige Wirtschaftshilfe, ebenfalls verändern werden.

Es zeichnen sich also positive, ermunternde Entwicklungen ab. Sie sind ein Beweis dafür, daß das alte System der bilateralen Verhandlungen und Verträge vollkommen außerstande ist, der Weltproblematik gerecht zu werden, während ein »Multilateralismus« mit 150 Beteiligten ohne Zwischenschaltung entsprechender Gruppierungen ganz einfach nicht funktionieren kann. Damit wird die Tendenz gestärkt, in der Hierarchie der Institutionen neue Zwischenebenen zu schaffen, die zur Lenkung einer immer komplexeren, integrierten Welt erforderlich sind. Einmal mehr erweist sich, daß die Wirklichkeit stärker ist als überalterte Prinzipien und Strukturen und daß sie widerstrebende Regierungen oder Machteliten zwingt, den Weg des Zusammenschlusses von Staaten und der grenzüberschreitenden Solidarität einzuschlagen. Die Tendenz ist also positiv, doch ist mehr denn je Ausübung von Druck durch die Öffentlichkeit vonnöten,

---

* International Energy Association.

um zu verhindern, daß es letzten Endes zu einer Konfrontation zwischen Koalitionen kommt.

Ich sehe eine Zukunft der regionalen Gemeinschaften und solcher nicht-regionaler Koalitionen, die sich untereinander alle durch ihre Natur und ihre Ziele unterscheiden, deren Glieder jedoch oft auf beiden Seiten jener Grenzen zu Hause sind, die bisher die Welt so rigoros in wirtschaftliche, politische oder ideologische Blöcke aufgeteilt haben. Ein Vorteil dieser neuen Organisationen besteht darin, daß sie allein schon von ihrer Zusammensetzung her weniger monolithisch als Nationalstaaten sind und deshalb besser als offizielle Bürokratien vermögen, Fähigkeiten oder Erfahrungen mit innovativem, kreativem Potential auszuschöpfen, wie man sie etwa bei Akademien der Wissenschaften, wissenschaftlichen Institutionen, in der Industrie, bei den Kirchen und generell bei Nicht-Regierungsorganisationen antreffen kann.

Diese Entwicklung begünstigt auch das Heranreifen einer anderen Gruppe von Ideen, die zum Begriff der *Interdependenz*, der gegenseitigen Abhängigkeit, gehören – ein Begriff, der von Natur aus dem der Souveränität entgegengesetzt ist. Mit gutem Grund stellt Harlan Cleveland, der Leiter des Programms für internationale Angelegenheiten des Instituts für humanistische Studien in Aspen, fest, daß die Völker der Welt »untereinander bereits in einem größeren Abhängigkeitsverhältnis stehen, als aus ihren nationalen oder auch internationalen Institutionen erkennbar wird«. Cleveland, der die These vertritt, daß »die humanistische Handhabung der internationalen Interdependenz das wirklich kritische politische und moralische Problem unserer Zeit darstellt«, hat den Anstoß zu genaueren Untersuchungen der internationalen Institutionen, Einrichtungen und Abkommen gegeben, die für eine geordnete, multilaterale Lenkung der gemeinsamen Interessen erforderlich sein können.

Die Interdependenz wird inzwischen nahezu weltweit als eine Realität und als ein Erfordernis der heutigen Welt anerkannt; sie müßte gegeben sein zwischen Partnern oder Dingen, die in annähernd gleichem Maß zu letzterer beitragen oder aus ihr Nutzen ziehen, wobei sie sich gegenseitig ergänzen oder ausbalancieren; allerdings ist dieses Ideal nur schwer zu erreichen. Jedoch darf man auch unter den unvollkommenen Bedingungen von heute sagen, daß die organische Interdependenz, genau wie das organische Wachstum, immer mehr zu einer wichtigen Voraussetzung für ein gesundes Weltsystem wird.

Interdependenz ja, aber keine aufgezwungene
Man muß jedoch die Position der Entwicklungsländer verstehen, die erklären, nur eine »selektive« Interdependenz zu akzeptieren, und damit praktisch jene ablehnen, die von den stärkeren Ländern diktiert werden kann. Dafür haben sie auch ihre guten Gründe. In der Tat ist es so, daß eine aufgezwungene Interdependenz zur Abhängigkeit wird; geschieht

das zwischen ungleichen Partnern, dann haben wir die Sache mit der Wurst aus Schweine- und Hühnerfleisch, die nach dem Rezept »Man nehme ein Schwein und ein Huhn« hergestellt wird, – das heißt praktisch lauter Schwein und kein Huhn. Ich glaube, daß die *Charta der wirtschaftlichen Rechte und Pflichten der Staaten* in diesem Sinne zu verstehen ist, obgleich sie unmißverständlich das Prinzip der nationalen Souveränität enthält. Der eigentliche Schutz für die kleinen und für die neuen Länder liegt deshalb nicht so sehr in der Verfolgung des Phantoms Unabhängigkeit als vielmehr in der Bejahung und in der kollektiven Verteidigung der Nicht-Abhängigkeit eines jeden Staates. Verallgemeinert man diese Feststellung, so macht sie eine Neufassung der internationalen Gesetze und Praktiken erforderlich, damit diese für alle Staaten gerechter werden; die Staaten selbst wären dann ebenso vereint, jedoch in anderer Form, nämlich durch ein Band der Gegenseitigkeit und der Interdependenz. Dieser Regel kann sich niemand entziehen: Das gesamte Weltsystem ist in eine Phase fundamentaler Veränderungen eingetreten, und die Interdependenz bildet eine der wesentlichen Grundlagen hierzu.

Paradoxerweise spielen sogar die Vereinten Nationen, dieses *Par-excellence*-Gremium der souveränen Staaten, das einstmals unantastbare Prinzip der Souveränität herunter. Jahrelang hatten die kleineren Staaten Klage geführt, daß dieses Weltforum von den Großmächten beherrscht werde: von der Sowjetunion, die mit ihrem Vetorecht Mißbrauch treibe, und von den USA, die mit Geld und mit Gefügigmachen Mehrheiten errängen. Später kehrte sich die Situation um: Jetzt waren es die USA, die sich über eine »Tyrannei der Mehrheit« beklagten. Ich will mich hier nicht weiter über die wechselseitige Unzufriedenheit auslassen; die Fehler und das schlechte Funktionieren der Vereinten Nationen sind nicht so sehr auf diese Organisation selbst als vielmehr auf das Verhalten ihrer Mitglieder zurückzuführen, die nur auf ihre souveränen Rechte und Interessen achten.

Wir befinden uns in einem Stadium, in dem alle eine Reform des Systems der Vereinten Nationen fordern; deshalb wurde eine Kommission eingesetzt, über deren Vorschläge auf der Sondertagung im September 1975 beraten wurde. Praktisch muß sich jedoch jede echte Reform der Vereinten Nationen gegen die Souveränitätsphilosophie richten. Oft ist es doch so, daß eine Minireform der alten Strukturen stattfindet und man nachher gezwungen ist, eine Maxireform vorzunehmen, die auch das Fundament erfaßt. Das erinnert mich an einen venezianischen Prunkpalast aus dem 17. Jahrhundert, einen von der Sorte, von denen man sagt, sie würden nur noch durch die Lichtstrahlen gehalten. Eines Tages beauftragte der Besitzer einen Installateur, im Palast ein Bad einzubauen. Aus unbekannten Gründen wurde während der Installationsarbeiten ein Tragbalken auf die andere Seite des Gebäudes verlegt, um es abzustützen. Dadurch wurde das Gleichgewicht des Daches gestört; dessen Wiederherstellung

wirkte sich wiederum auf das Fundament aus. Die Sache endete damit,
daß der Besitzer schließlich den gesamten Palast restaurieren lassen mußte.
Etwas Ähnliches, dessen bin ich sicher, wird auch mit den Vereinten Nationen geschehen. Die Tatsache, daß diese hohe Institution neu konzipiert
werden muß, wird auch den hartnäckigsten Konservativen klarmachen,
daß die Wurzel dieses und vieler anderer Übel im Prinzip und in der
Logik der Souveränität zu suchen ist.

Die Weltkonferenzen der Vereinten Nationen
In gewissem Sinne hat das System der Vereinten Nationen auch das Vordringen von Ideen begünstigt, bei denen der Akzent nicht so sehr auf
einem einzelnen Land als vielmehr auf Gemeinschaften von Ländern
liegt. Bei den Weltkonferenzen der UNO ist »Welt« mittlerweile zu
einem ähnlichen Schlüsselwort geworden wie »Land«. Bekanntlich haben
diese Konferenzen den Zweck, die Probleme der Menschheit in einem
weltweiten Zusammenhang zu untersuchen. Solche Probleme waren oder
sind: der Mensch und seine Umwelt (Stockholm 1973); die Bevölkerung
(Bukarest 1974); die Ernährung (Rom 1974); die Meere (Caracas – Genf
1974–75, anschließend New York 1976); die Lebenssphäre (Vancouver
1976); die Beschäftigung (Genf 1976); das Wasser (Buenos Aires 1977);
Wissenschaft und Technologie (1979) und sicher auch andere, die noch
folgen werden. Ohne jeden Sarkasmus möchte ich bemerken, daß man bei
diesen Gelegenheiten zwar hört, wie die Regierungen nahezu ausschließlich über ihr eigenes Land referieren, jedoch können selbst die abgebrüh-
testen Teilnehmer der Konferenzen nicht umhin, ihrem Erstaunen über
die weltweiten Verflechtungen aller angesprochenen Probleme und über
deren Rückwirkungen auf alle Länder auch in den entlegensten Winkeln
der Welt Ausdruck zu geben.
Außerdem ist es inzwischen schon ein gewohntes Bild, daß Gruppen von
Progressisten oder Protestlern aller Kontinente parallel zu diesen auf
Regierungsebene stattfindenden Konferenzen öffentliche Aussprachen und
freie Diskussionen veranstalten. Manchmal geht deren Bedeutung nicht
über eine Störaktion hinaus, doch häufig übersteigt ihre Qualität die der
offiziellen Debatten, zu denen sie im allgemeinen einen deutlichen Kontrast bilden. Ihre Dialektik bemüht sich, einfach und verständlich zu sein,
sie treffen den Ton einer immer strenger urteilenden *vox populi*.
Im Zusammenhang mit diesen so verschiedenartigen und doch so eng miteinander verbundenen Phänomenen muß erwähnt werden, daß auch eine
stetig wachsende Anzahl von *Nicht-Regierungsorganisationen* in Erscheinung tritt, die sich mit den beispiellosen Problemen unserer Zeit befassen.
Manche dieser Organisationen wollen einfach nur unzureichende Regie-
rungsmaßnahmen stützen und erweitern, andere jedoch kann man mit
echten Antikörpern vergleichen, die aus physiologischen Reaktionen des
kranken Organismus der Gesellschaft beim Kampf gegen das Gift der

Souveränität, des Nationalismus, der mangelnden Bildung, des Egoismus, der Ungewißheit, der Furcht vor Neuerungen oder der Bürokratisierung entstanden sind. Der Club of Rome darf sich zu den letzteren zählen, auch wenn er nicht die Struktur einer echten Organisation besitzt. Wahrscheinlich ist er sogar die einzige Vereinigung, die sich bemüht, die moderne Problematik in allen ihren Dimensionen zu erfassen. Jedoch gibt es noch viele andere, die ihre Aufmerksamkeit mit Erfolg auf dieses oder jenes Problembündel richten. Sie sind eine nahezu unerschöpfliche Quelle neuer, innovativer Ideen; in ihrer Summe stellen sie ein zweites – informelles, aber dichtes – Netz dar, das die offiziellen Netze der internationalen Institutionen und der Regierungsorganisationen stimuliert und beeinflußt.

Seit einiger Zeit sind sich viele Staaten darüber im klaren, daß jedes langfristige nationale oder regionale Programm den weltweiten Zusammenhängen Rechnung tragen muß. Noch vor wenigen Jahren schien niemand zu erkennen, daß man keine nationalen Interessen verfolgen kann, ohne sie realistisch in einen viel größeren Komplex einzubetten. So wurde beispielsweise Ende der sechziger Jahre ein Projekt mit der Bezeichnung »Europa 2000« in Angriff genommen, das prüfen sollte, welche Sorten Zukunft für unseren Kontinent möglich wären; ebenso sollte es in Umrissen die Tendenzen skizzieren, bei denen man aus ihm eine blühende Region mit hoher Lebensqualität machen könnte. Das Projekt war weitschweifig angelegt, seine Absicht lauter und edel, doch betrachtete es Europa gewissermaßen als autonome Einheit. Es ging nicht einmal darauf ein, ob und wie sich die allgemeine Situation in der Welt entwickeln und folglich Europa bis zu jenem bewußten Jahr 2000 beeinflussen könnte. Heute erkennt dagegen das neue, von der Europäischen Gemeinschaft betriebene Projekt »Europa + 30« an, daß die *gesamte Welt* das äußere Bezugsfeld ist, nach dem sich Europa, es mag wollen oder nicht, zu orientieren hat und dabei zusehen muß, wo es in ihm den besten Platz für sich reservieren könnte.

Die Welt wird immer mehr zum Bezugspunkt
Das gleiche geschah in den USA. Im Jahr 1967 veröffentlichte eine von der American Academy of Arts and Science gebildete »Kommission für das Jahr 2000« einen bemerkenswerten Bericht. Am Beginn standen errechnete wirtschaftliche, quantitative Prognosen und Vorausschauen für jedes einzelne Land bis zum Ende unseres Jahrhunderts – so, als könnte die gegenwärtige Zerstückelung der Welt ein Dauerzustand des Menschheitssystems sein! Nach diesen einleitenden Bemühungen vergaß man jedoch praktisch die so erstellten Prognosen, gute wie schlechte; der Bericht befaßte sich jetzt nur noch mit der Erörterung der Zukunft Amerikas, so als könnte man wie selbstverständlich über den Rest der Welt hinwegsehen, als wäre er etwa Externes, hauptsächlich nur zu dem Zweck da, die

amerikanische Realität zu akzeptieren und zu stützen. Soweit mir bekannt ist, hatte auch die Sowjetunion, obgleich sie das Land mit der größten und erprobtesten Erfahrung auf dem Gebiet der Planung ist, bis vor
einigen Jahren unter einer ähnlichen Introversion zu leiden. Ich weiß
nicht, ob sie inzwischen eine wenigstens einigermaßen effektive, in die globalen Zusammenhänge eingebettete Planung entwickelt hat, doch wünsche
ich mir, daß dies der Fall sei und daß auch die USA sich beeilen, das
gleiche zu tun. Ich bin mir dessen sicher, daß heute auch die großen und
mächtigen Länder, wie eben diese beiden, nicht daran vorbeisehen können, daß jeder große Plan den Bedingungen und Tendenzen der Welt
Rechnung tragen muß, wenn er nicht in der Luft hängen will; wenn die
beiden Kolosse diesen Weg einschlagen, werden ihnen auch andere Länder
folgen.
Jedoch muß auch auf diesem Gebiet letztlich ein Qualitätssprung stattfinden. Sobald die ethischen und politischen Erfordernisse des Zeitalters
der Herrschaft des Menschen verstandesmäßig assimiliert sein werden,
wird alles bisher Gesagte nicht mehr genügen. Es ist völlig logisch, wenn
unter den gegenwärtigen Umständen jedes Land, jede Gemeinschaft oder
Koalition eine Politik verfolgen, von der sie meinen, daß sie ihre direkten
Interessen vertrete oder verbessere. Jedoch sind plötzlich neue Techniken
verfügbar (die Modelle von Mesarović und Pestel sind hier ein bemerkens-
wertes Muster), die es gestatten, ein ganzes Spektrum zukünftiger Szenarios für die Welt in ihrer Gesamtheit realistisch zu analysieren und für
jedes einzelne die Grenzen und Bedingungen der nationalen und regionalen Ansprüche zu ermitteln. Jeder, der sich dieser Mittel bedient, kann sich
überzeugen, daß unsere Welt nicht so groß und nicht so freigebig ist, um
alle Erwartungen aller Menschengruppen befriedigen zu können. Wenn
jede dieser Gruppen möglichst viel für sich ergattern will, muß das ganze
System, das die Menschheit auf der Erde trägt, zusammenbrechen – und
niemand wird bekommen, was er möchte oder was er benötigt.
Ich glaube, der Zeitpunkt ist gekommen, daß die mächtigsten und am
meisten Verantwortung tragenden Gruppen – insbesondere die Europäische Gemeinschaft, die USA, die Sowjetunion, China, Japan und die
OPEC – alle technischen und wissenschaftlichen Mittel und alle verfügbaren Informationen einsetzen, um den effektiven Zustand und die Kapazität der Weltsysteme zu erforschen. Diese Arbeit wird zweifellos zeigen,
daß die Situation dieser Systeme nicht so gut ist, wie wir es gern hätten,
daß sie sogar zu einer weiteren Verschlechterung tendiert und daß es im
gemeinsamen Interesse der Menschheit liegt, den Zustand nicht einfach
nur zu erhalten, sondern ihn auch möglichst zu verbessern. Daher ist der
Augenblick gekommen, da diese herrschenden Gruppen auch ein Beispiel
geben müssen (ich bestehe darauf, daß das Beispiel von den Größten, von
den Stärksten kommen sollte), indem sie vereinbaren, diese Untersuchungen nicht getrennt, sondern gemeinsam zu führen und zu fördern, und in-

dem sie danach ebenfalls gemeinsam entscheiden, was jeder einzelne zu tun hat, um die Situation zu sanieren. Wir treten in eine Periode ein, in der wir geeignete Methoden zur Befriedigung unserer Interessen finden müssen. Eine wesentliche Voraussetzung besteht in der Erkenntnis, daß *das Wohl der Welt unerläßlich für das Wohl ihrer einzelnen Teile ist;* das Gegenteil davon wird ja Mal um Mal demonstriert. Ethische und moralische Prinzipien sind stets das Fundament des Wohlergehens der Gesellschaften gewesen. In unserer Epoche lautet eines dieser Prinzipien, daß zum erstenmal kein Land und keine noch so starke Koalition auf Wohlstand – oder auch nur auf ein Überleben – hoffen kann, wenn die Situation der Welt prekär ist und andere große Menschengruppen in ihrer Existenz bedroht. Je höher der *Status* einer Gesellschaft ist, je höher ihre Ansprüche sind, desto größer ist ihr Anteil an der Erneuerung der Welt und desto größer muß auch ihr Beitrag dazu sein.

Schwieriger Beginn einer neuen Gesellschaft
Welche Schlußfolgerungen lassen sich aus der Summe aller Elemente ziehen, die ich hier habe Revue passieren lassen? Soweit unsere Vorstellungskraft reicht, muß die Form der neuen Gesellschaft weltweit beträchtlich über die neue Ordnung hinausgehen, die zur Zeit im Gespräch ist. Damit dieser Prozeß stattfinden kann, muß sich jedoch die Menschheit, die gerade die Fessel des Wachstumsmythos abstreift, auch noch von einer anderen Fessel befreien, nämlich von den Verlockungen der nationalen Souveränität, die sie daran hindern, sich die Logik der Interdependenz vollkommen zu eigen zu machen und sich darauf vorzubereiten, als globale Gemeinschaft weiterzuleben. Überall auf der Welt sehen die Menschen die verschiedensten Gefahren und Schwierigkeiten auf sich zukommen, doch beginnen sie auch zu erkennen, daß sich innerhalb der Institutionen mancher wünschenswerte Wandel vollziehen kann. Sie sind bereit, ihn zu unterstützen, auch um den Preis beträchtlicher Opfer, wenn dieser Wandel das Wesentliche verheißt: die Chance, die Dinge des Lebens zu genießen und dazu beizutragen, daß dieses Leben besser wird.
Wenn wir uns als fähig erweisen, diesen Ideen den nötigen Impuls zu geben, werden sich uns noch weitere Horizonte erschließen. Jedoch müssen wir vor allem wissen, daß die Veränderung unserer Institutionen bis ins Herz der souveränen Nationalstaaten vordringen muß. Die Modifizierung der Grundsätze und der Lebensweise dieser Staaten ist eine fundamentale Voraussetzung für den Erfolg der menschlichen Initiativen.
In vielen Fällen werden die Veränderungen der internationalen Ordnung und der nationalen Machtstrukturen durch friedliche – allerdings schwierige – Prozesse einer zivilen Evolution zustande kommen, in anderen werden sie vielleicht durch Kampf erzwungen werden müssen. Wahrscheinlich ist, daß sich die Konfliktfront zwischen einzelnen Staaten dann vor

allem ins Innere der Staaten selbst verlagern wird. Ich hoffe, daß der Club
of Rome diese Thematik zum Objekt einer seiner Studien machen kann.
Und ich vertraue darauf, daß die Studie beweisen wird, daß diese institutionellen Veränderungen in ihrer Mehrheit ohne Gewaltanwendung her-
beigeführt werden können. Das setzt allerdings voraus, daß die Bürger
darauf vorbereitet sind, ihre Probleme und ihre Möglichkeiten realistisch
zu sehen. Einmal mehr wird sich erweisen, daß das entscheidende Moment
in der Qualität und in den Fähigkeiten der Menschen zu suchen ist.

Das Recht auf Fortpflanzung

Es ist gut, daß die Diskussion über die Bevölkerungsexplosion sich aus-
weitet und die Gebräuche und Gesetze in zahlreichen Teilen der Welt beeinflußt. Die Menschen, erstaunt und besorgt über das Wachstum ihrer
Gattung, bemühen sich, ihre Gedanken zu ordnen, und fragen sich, ob es
eine maximale oder optimale Anzahl menschlicher Individuen gebe, die
auf der Erde existieren können. Sie begreifen endlich, daß es sich hier um
eine Kernfrage handelt, die von vielen Faktoren abhängt und ebenso viele
berührt, ähnlich der Gleichung von Leben und Tod, die ebenfalls eine
unübersehbare Menge von Variablen enthält.
Alle Elemente, die das menschliche System ausmachen, sind davon betroffen. Die Natur liefert die Lebenssphäre, doch sie überrascht uns und bereitet uns Sorgen, denn sie erscheint viel verwundbarer als vermutet, und
einige ihrer Reserven erschöpfen sich rascher, als man erwarten konnte.
Die Technologie müßte unsere Herrschaft sowohl über die Umwelt wie
über die Reserven garantieren, doch wird sie immer komplexer und verursacht schädliche und teure Nebenwirkungen. Die Gesellschaft liefert die
Infrastruktur für alle unsere Aktivitäten, aber sie befindet sich in einem
Zustand größter Unordnung – unsere Ansprüche bleiben unbefriedigt.
Und der Mensch selbst, der mit seiner Feinfühligkeit, seiner Intelligenz
und seinem Verhalten unsere beste Ressource und unsere letzte Stütze sein
müßte, wird von immer komplizierteren Problemen dermaßen beansprucht, daß er sich Sorgen macht und den Mut verliert.

Massengesellschaft: neue Forderungen
Wie können wir in einer solchen Situation beurteilen, welches Bevölkerungswachstum in der Zukunft zulässig sein wird, da doch die Menschheit
schon heute zu einem angemessenen Leben nicht mehr fähig ist? Eine Antwort muß gefunden werden; denn zwei Dinge sind doch gewiß: einmal
bevölkert sich unser Planet immer mehr, und zwar in beschleunigtem
Rhythmus – alle zehn Jahre eine weitere Milliarde Menschen; zum anderen werden unsere Nachfahren (wie Superman) über sehr viel mehr Macht
verfügen als wir, aber über eine Macht, die rascher zum Schlechten als

zum Guten hin zunimmt. Eines ist mit Sicherheit vorauszusehen: In der Zukunft wird alles komplexer und schwieriger werden; die Beziehungen zwischen Mensch und Mensch, zwischen Mensch und Gesellschaft, zwischen Gesellschaft und Natur werden gespannter sein. Kollektivforderungen werden unerbittlich Vorrang vor dem individuellen Wohl haben; selbst in einem Klima größerer sozialer Gerechtigkeit wird der einzelne Mensch Gefahr laufen, auf dem Boden eines anonymen Systems erdrückt, überflutet oder vergessen zu werden.

Schon heute, da das Leben zweifellos einfacher ist, als es vermutlich morgen sein wird, gibt es im sozialen Körper so viel und so große Zwietracht, Ungleichheit und Funktionsstörungen, daß man Hunderte von Millionen Notleidender zählt. Während einerseits kleine Minderheiten mit einem erfüllten, vergnüglichen Leben rechnen können, haben auf der anderen Seite ganze Klassen und Völker nur geringe Hoffnung, daß sich ihr Los verbessert. Ein dermaßen unguter Zustand, der unsere Menschlichkeit und unsere Moral beleidigt, noch ehe er politische Reaktionen auslöst, kann in einer stark integrierten und leicht sabotierbaren Gesellschaft nicht lange andauern. So sehr wir jedoch vor dem Gedanken zurückschrecken, daß diese Perspektive ein permanentes Charakteristikum der Gesellschaft mit den immer wieder neu hinzukommenden Menschenmassen auf der Erde werden könnte, so wenig Hoffnung besteht, daß wir uns einem anderen Teufelskreis entziehen können: dem Bemühen der Menschheit, sich aus dem Elend und den untragbaren Entbehrungen herauszuwinden, wobei sie immer wieder durch das Gewicht ihrer unzähligen Nachkommen erdrückt wird. Um diese in ihrem Ausmaß und ihren Folgen kaum vorstellbare Tragödie zu mildern und die Voraussetzung für den Erfolg der menschlichen Revolution zu schaffen, gibt es nur eine sinnvolle Entscheidung: Geburtenkontrolle. Aber wie gelangt man dahin?

Beteiligung des Volkes an den Entscheidungen
Wir wissen andererseits, daß wir nicht umhin können, das Menschheitssystem zu verbessern und es so einzurichten, daß es besser regiert werden kann, und daß dafür radikale soziale Innovationen und ein neuer Gesellschaftsvertrag dringend erforderlich sind. Eine dieser dringlichen sozialen Innovationen betrifft die Machtstrukturen, wozu ich mich bereits geäußert habe. Die wichtigsten sozialen Entscheidungen dürfen nicht mehr von kleinen Minderheiten getroffen werden, sondern erfordern eine breite Beteiligung durch das Volk. Dieses ist unumgänglich, um die sich innerhalb unserer Massengesellschaft anbahnenden Veränderungen in Gang zu setzen, um die Gesellschaft aufnahmefähiger zu machen für die neuen Forderungen nach Gerechtigkeit, Universalbildung, individuellem Bewußtsein und internationaler Solidarität – und um zugleich damit autoritären Involutionen entgegenzuwirken, deren Gefahr in Perioden der Verwirrung stets besteht.

Harlan Cleveland schrieb, daß es »im Athen des Aristoteles, im China des
Konfuzius, im Rom Ciceros, im Europa Karls des Großen und im Vir-
ginia Jeffersons stets eine Minderheit von Gelehrten und Wohlhabenden
war, die die Sozialpläne formulierte, die die wichtigsten Entscheidungen
über Krieg und Frieden, über Armut und Wohlstand, über individuelle
Freiheit oder kollektiven Zwang traf, und die die Rechte der Minderheiten und die Gesetze der Mehrheiten bestimmte*«. Das Bild hat sich im
Lauf der Jahrhunderte nicht sehr verändert. Ich erinnere mich, daß im
Lauf meines Lebens die Entscheidungen stets von Minderheiten getroffen
wurden oder Institutionen zustanden wie – ich zitiere wahllos – dem
Comité des Forges, dem Generalstab des Deutschen Reiches, der Admirali-
tät, der Partei, dem Pentagon, dem CIA, dem Präsidenten, dem Kreml,
den multinationalen Gesellschaften, den »sieben Schwestern«, den Obri-
sten, dem OPEC oder anderen privilegierten, egozentrischen und im allgemeinen anonymen Repräsentanten der Macht.
Unter den sozialen Erfindungen (die in unserer Epoche viel notwendiger
sind als die technisch-wissenschaftlichen) sind die dringlichsten eben jene,
mittels derer die Entscheidungsbefugnisse von den kleinen Eliten auf die
Völker übergehen sollen, oder die es zumindest ermöglichen sollen, daß
die Völker aktiv und verantwortungsbewußt an den wichtigsten Entscheidungen teilhaben, von denen ihr Leben und ihre Zukunft und somit im
Endeffekt die Zukunft der gesamten Menschheit beeinflußt wird. Es wäre
unverzeihlich, wollte man diese Notwendigkeit unterschätzen oder andererseits die Schwierigkeiten, entsprechende Lösungen zu finden, einfach
übersehen. Dafür bedarf es auf allen Ebenen einer Evolution der Hierarchie der Strukturen, die für die Handhabung des Weltsystems erforderlich sind. Da die Beteiligung der Bürger am öffentlichen Leben in ganzen
Regionen stets traditionell minimal war – vielfach ist sie es immer noch –,
ist leicht zu verstehen, daß hier ein großer Schritt getan werden muß.
Trotzdem bleibt das reale Problem, die Basis für die Entscheidungsprozesse zu verbreitern, weiterhin bestehen. Es muß aus mehreren Gründen
unverzüglich angegangen werden. Die recht armseligen Resultate, die von
den Machtzentren unserer Tage geliefert werden – wofür der Irrweg der
Menschheit genügend Beweis ist –, sind nur einer dieser Gründe. Wichtiger noch erscheint mir der Umstand, daß diese Öffnung zugunsten einer
Beteiligung des Volkes eine unvermeidliche Entwicklung darstellt, die
programmiert und nicht etwa dem Zufall und damit dem Chaos überlassen werden sollte. Milliarden Männer und Frauen in aller Welt beginnen sich dessen bewußt zu werden, daß wir uns auf wichtige Wende-
punkte zu bewegen, die über ihr Los entscheiden werden. Diese Milliarden
Menschen sind nicht länger gewillt, passiv zu bleiben und zuzulassen, daß
andere ihr Schicksal manipulieren, ohne sie überhaupt zu fragen, oder

---

* Cleveland, H., *Educational record*, No. 3, Washington, D.C., 1974.

irgendeiner Person ein Blanko-Mandat zu erteilen, damit diese in ihrem Namen entscheide. Sie merken, daß sie über eine neue Macht verfügen, zumindest über die Macht, ein Projekt zu vereiteln, bei dem sie einmal mehr geopfert werden sollen, oder die Macht, bei ihrem eigenen Sturz andere mit sich zu reißen. Das Problem lautet also: Wie soll man diese neue Macht der Massen für positive soziale Zwecke organisieren, wie sollen ihre einzelnen Komponenten – und wir alle – darauf vorbereitet werden, verantwortungsbewußte, konstruktive Bürger zu sein?

Das ist das Umfeld, in dem die Probleme der Menschheit heute gesehen werden müssen. Bei einer ersten Analyse kann man ungefähr sagen, daß die Bevölkerungszahl, die auf der Erde Platz finden kann, vom Lebensstandard und überhaupt von den Lebensbedingungen abhängt, die die Menschen zu akzeptieren bereit sind: Es ist klar, daß eine doppelt so große Bevölkerung pro Kopf normalerweise über weniger Lebensraum, weniger Ressourcen und über eine geringere Kommunikation mit der Natur verfügen muß als vor der Verdoppelung. Projiziert man die Analyse jedoch weiter voraus, so erkennt man nicht weniger deutlich, daß die Bedingungen und die Qualität des menschlichen Lebens auf unserem Planeten nicht nur von der Quantität seiner Bewohner, sondern in nicht geringem Maß auch von ihrer Qualität und ihrer Fähigkeit, sich selbst zu regieren, abhängen. Und da die Weltbevölkerung zahlenmäßig unerbittlich zunimmt, müssen wir daraus den Schluß ziehen, daß weder Zeit noch Raum für Fehler bleibt: Qualitative Verbesserungen der Masse der Bevölkerung sind dringend notwendig. Falls sich die menschliche Revolution, die eine bessere Qualität des Einzelwesens gewährleisten und die Vorbereitung aller Menschen auf die Zukunft intensivieren soll, verzögert oder gar Schiffbruch erleidet, kann nicht einmal die Weltbevölkerung in ihrer gegenwärtigen zahlenmäßigen Stärke auf ein angemessenes Leben hoffen. Findet dagegen diese Revolution innerhalb einer relativ kurzen Zeitspanne statt, werden die Menschen einsehen, daß eine grundlegende Veränderung vor sich geht, und sie werden gern mitwirken und daran teilhaben wollen – und auch bereit sein, die notwendigen Opfer zu bringen –, um unseren Planeten Erde und die Gesellschaft darauf vorzubereiten, eine relativ größere Bevölkerungszahl aufzunehmen. Jedes Gespräch über die Menschheit, das sich über die Qualität und die Fähigkeit ihrer Glieder hinwegsetzt, ist ein unnützes Gespräch.

Ein neuer Gesellschaftsvertrag müßte den Rahmen für die Beziehungen Mensch – Gesellschaft abstecken, damit diese Evolution stattfinden kann. Unter diesem Blickwinkel ist die Situation heute wenig erbaulich, wie die verschiedenen Vorschläge für eine substantielle Revision der *Erklärung der Menschenrechte* zeigen. Vor 25 Jahren feierlich angenommen, wurde sie bisher behandelt, als sei sie eine Sammlung von Phrasen, die man auf keinen Fall anzweifeln, jedoch völlig ungestraft ignorieren dürfe – wie es Dutzende Regierungen ziemlich unverschämt getan haben und weiterhin

tun. Nun, da die bürgerlichen Rechte durch die Übervölkerung und die
Supertechnologien erneut bedroht sind, müßte die Erklärung mit mehr
Überzeugungskraft neu formuliert und nachdrücklicher verteidigt wer-
den, um später Bestandteil eines neuen Gesellschaftsvertrages zu sein.

Verantwortung des Bürgers für die Fortpflanzung
Im Zusammenhang mit dem Bevölkerungsproblem ist die Frage des für
jeden Bürger zu garantierenden Lebensstandard-Minimums oder sozialen
Minimums besonders interessant; ich habe sie schon angeschnitten. Diese
Garantie müßte ein Eckpfeiler der neuen Charta der Rechte sein. Andererseits müßte der Bürger einige feierliche Verpflichtungen gegenüber der
Gesellschaft eingehen – auch auf dem Gebiet der Fortpflanzung. Diese ist
ein unveräußerlicher Ausdruck der Persönlichkeit, gleichzeitig jedoch auch
eine ausgesprochen soziale Funktion.
Eine solche Einstellung entspricht der These von der neuen Verantwortung, die der Mensch – individuell und kollektiv – in der Gesellschaft und
in der Welt zu übernehmen hat. Heute herrscht die Ansicht vor, daß (fast
ausschließlich) die Eltern für die Entscheidung über die Anzahl der Kinder und die Intervalle, in denen sie geboren werden, »verantwortlich«
sind. Dabei weiß man nur allzu gut, daß – aus welchen Gründen immer –
nahezu nirgends die Voraussetzungen gegeben sind, daß die Personen, die
es betrifft, solche grundsätzliche Entscheidungen »verantwortlich« treffen können. Als ein schwaches moralisches Alibi wird das Argument vor-
gebracht, eine Geburtenkontrolle werde auf ganz natürliche Art und Weise
in dem Maß stattfinden, wie sich der Lebensstandard und das Bildungs-
niveau hebe. Dabei weiß man genauso gut, daß eine solche langfristige
Entwicklung nicht verhindern wird, daß sich die Weltbevölkerung während der Lebensdauer der Jugendlichen von heute verdoppelt oder gar
verdreifacht.
Diese Ansichten widerspiegeln die Heuchelei, die Demagogie und Unwissenheit, die, was das Bevölkerungsproblem angeht, die heutige Führung
der Welt leider weitgehend »auszeichnet«. Es gibt nur wenige Ausnahmen. Eine, die Erwähnung verdient, ist die Volksrepublik China, wo
soziale Werte, Organisation und Auflagen für die Bevölkerung so geartet
sind, daß die Vorschriften über Geburtenkontrolle und Familienplanung
in der Praxis bereits voll befolgt werden. Schade, daß ein Hauch des Ge-
heimnisvollen die chinesische Bevölkerungspolitik umgibt, so als wäre sie
eine Geheimwaffe! Wahrscheinlich ist jedoch die chinesische Lösung nicht
übertragbar, weil kein anderes Land eine ähnliche Tradition oder eine so
disziplinierte und homogene Bevölkerung besitzt. Die Wirklichkeit sieht
leider so aus, daß auch in Ländern, die auf anderen Gebieten durchaus
fortschrittlich sind, eine geburtenfördernde Gesetzgebung besteht, ganz
zu schweigen von jenen Fällen, wo man bis heute die trügerische Vorstellung hat, daß zahlenmäßige Stärke gleich Macht sei.

Gruppen bewußter Bürger und einige sehr aktive Nicht-Regierungsorganisationen sind die Speerspitze des zivilen Protestes gegen diese moralische und politische Verantwortungslosigkeit. Ihre Zahl wächst. Es wächst auch die Überzeugung, daß die Menschheit kein einziges ihrer großen Probleme lösen kann, wenn sie nicht fähig ist, die Bevölkerungsflut zu kontrollieren. Die heutigen Generationen haben kein Recht, so zu handeln, als besäßen sie einen Freibrief auf die eigene Fortpflanzung, da dies doch praktisch einer Verweigerung desselben Rechtes für ihre Nachkommen gleichkommt, die zu drastischen Geburtenkontrollmaßnahmen in einer nahezu aussichtslosen Situation gezwungen wären.

Die Bukarester Weltbevölkerungskonferenz der Vereinten Nationen vom August 1974 fand in einer politisch angeheizten Atmosphäre statt, die nicht im Einklang mit den anstehenden harten Problemen war; deshalb wurden sie auch nur zum Teil behandelt. Trotzdem war sie nützlich. Man erlebte eine Konfrontation zweier genau entgegengesetzter Tendenzen: die eine forderte wirksame Maßnahmen für eine weltweite Geburtenkontrolle, bevor es zu spät sei; die andere vertrat den Standpunkt, daß eine Bevölkerungskontrolle nicht imstande sei, die Weltprobleme zu lösen, weil diese ein Subprodukt der gegenwärtigen ungleichen sozio-politischen Ordnung seien, deshalb müsse diese selbst zu allererst korrigiert werden. Diese zweite These setzte sich durch, aber auch ihre härtesten Verfechter mußten eingestehen, daß man um eine neue Bevölkerungspolitik nicht herumkommt – und sie wird stillschweigend auch tatsächlich von wenigstens zwei der größten Länder dieser Gruppe befolgt.

Ein ähnliches Resultat durfte man von einer anderen Konferenz der Vereinten Nationen erwarten, die sich mit der Siedlungspolitik (also praktisch mit der menschlichen Lebenssphäre) befaßte; sie wurde für Juni 1976 nach Vancouver einberufen. Ich habe bereits auf die ungeheure Dimension des Problems hingewiesen; durch ein paar Ziffern möchte ich sie besser illustrieren. Um zusätzlichen drei Milliarden Menschen bis zum Ende dieses Jahrhunderts ein Obdach zu geben, muß ein Äquivalent von 3000 Städten zu je einer Million Einwohner geschaffen werden. Gegenwärtig gibt es weniger als 300 Städte dieser Größenordnung. Die Kinder, die in dem genannten Zeitraum zur Welt kommen und überleben, die Ärzte, Lehrer, Schulzimmer, Spielplätze und etwas später einen Arbeitsplatz benötigen werden, kann man mit rund fünf Milliarden beziffern. Und so immer fort. Leider haben diese Konferenzen eine politische Note. Während man Myriaden spezifischer – gewiß auch wichtiger und dringlicher – Probleme analysiert, die eine jede siedlungsmäßige Unterbringung von Menschen stellt, wagen es die offiziellen Delegationen kaum, sich mit dem eigentlichen großen Problem, das alle anderen überragt, direkt zu befassen: Wird es jemals möglich sein, alle diese Menschen, und wo, unterzubringen, ohne die Lebensbedingungen auf der Erde zu beeinträchtigen? Jeder einzelne tut gut daran, darüber nachzudenken. Es wird einer

Gruppe engagierter, nicht konformistischer Bürger obliegen, dafür zu sorgen, daß dieses Problem nicht unter den Teppich gekehrt wird, daß ernsthafte Bemühungen unternommen werden, es während der Konferenzen und sogleich danach in Angriff zu nehmen. Das Thema ist so wichtig, daß ich darauf zum Schluß noch einmal zurückkommen werde.

Kann ein demographisches »Optimum« fixiert werden?
Jedoch setzt sich die Erkenntnis durch, daß die »Bevölkerungsbombe« möglichst rasch entschärft werden muß. In den verschiedensten Ländern, in vielen großen Regionen, überhaupt in der Welt stellt man sich immer öfter – und nicht nur *pro forma* – die Frage, wo das Optimum oder Maximum der Bevölkerung liege, die eine jede Zone aufzunehmen vermag, und unter welchen Voraussetzungen, welchen Opfern und mit welchen Folgen dies geschehen könne. Es ist die Frage, die wir uns schon anfangs gestellt haben. Noch weiß niemand so recht, welcher Plan vorzuschlagen und wie eine Verwirklichung zu empfehlen sei. Aber es sind neue Ideen in Bewegung geraten, und die nächsten Jahre versprechen überreich an Vorschlägen und Anregungen zu werden.
Ich selbst glaube, daß die Familienplanung ebenfalls ein Eckpfeiler des Gesellschaftsvertrages sein muß, wobei von dem Prinzip auszugehen sein wird, daß *das Recht, zu gebären, nicht ein absolutes natürliches Recht ist, sondern daß es sich nach dem Gemeinwohl zu richten hat.*
Innerhalb der einzelnen Länder muß die Familienplanung praktisch Gegenstand eines Vertrages zwischen dem Individuum beziehungsweise dem Ehepaar und der Gemeinschaft sein. Letztere hat jedem Bürger als Teil der allgemeinen Bildung die erforderliche soziale, bevölkerungspolitische und sexuelle Bildung zu garantieren; sie hat ihm ebenso im Rahmen einer liberalen Gesetzgebung die für die Geburtenkontrolle (einschließlich Abtreibung und Sterilisation) erforderliche medizinische Beratung und Betreuung zu gewähren; schließlich hat sie, wie wir gesehen haben, jeder Person, die innerhalb der Gemeinschaft geboren wird, von der Geburt bis zum Tod das Lebensminimum zu garantieren. Danach ist es völlig logisch, daß auch der Bürger seinerseits die moralische, soziale und politische Verpflichtung hat, nicht zu viele Kinder in die Welt zu setzen – und daß dieser Sachverhalt durch einen Vertrag geregelt wird, solange er noch nicht Brauch geworden ist.
Zu analogen Entwicklungen wird es, wie ich meine, auch in den Beziehungen zwischen Ländern kommen, sobald sich erst einmal die Überzeugung durchgesetzt hat, daß sich die Weltgesellschaft nicht bei einem galoppierenden Bevölkerungswachstum entwickeln kann, wo immer dieses stattfindet. Deshalb muß die heute noch gültige Regel, daß jedes Land das souveräne Recht besitzt, seine Bevölkerungspolitik selbst zu bestimmen – als wäre die Summe dieser Politik nicht ein globaler Zusammenbruch – geändert werden, und sie wird geändert werden. Morgen wird die

absolute Notwendigkeit, in einer sich immer weiter verengenden, verwundeten Welt zusammenzuleben, uns dazu *zwingen,* die Charta der Pflichten und Rechte der Staaten zu revidieren und in diesem Punkt ausdrückliche Normen festzusetzen.

Es wird nicht genügen, daß die Charta nur ganz allgemein gehaltene Prinzipien der Solidarität und der wirtschaftlichen Kooperation enthält; vermutlich wird man solche Forderungen ignorieren oder sich bewußt über sie hinwegsetzen, wie es ja bezüglich der Menschenrechte in vielen Ländern geschieht. Fundamentaler Bestandteil der Charta muß unbedingt ein *Kodex des demographischen Verhaltens der Staaten* und die *Nennung der Bevölkerungsendziele* für jeden Staat sein. Freilich können auch solche zwischen den Staaten feierlich vereinbarten, gegenseitigen präzisen Verpflichtungen verletzt werden. Doch dürfte man sehr wahrscheinlich wenigstens drei Ziele erreichen, nämlich: der Weltöffentlichkeit das wahre Ausmaß des Bevölkerungsproblems deutlicher und verständlicher zu machen; durch einfachen Zahlenvergleich ganz leicht die Staaten zu ermitteln, die nicht kooperieren oder ihr eigenes Limit überschreiten; schließlich, diese Staaten einer internationalen Zensur oder vielleicht auch anderen Disziplinarmaßnahmen zu unterwerfen. All dies klingt möglicherweise utopisch und naiv. Ich glaube aber, daß das Weltgewissen und die Weltöffentlichkeit, vor allem in Bevölkerungsfragen, im Begriff sind, eine Kraft zu werden, mit der die Staaten oder Regierungen bei ihrer eigenen Politik rechnen müssen.

Später, wenn sich das gegenwärtige Ländermosaik zu einer echten Weltgemeinschaft hin entwickeln wird, was nicht nur wünschenswert, sondern auch notwendig ist, können diese provisorischen Verträge auch präzisere Formen annehmen. Im Augenblick ist wichtig, daß auch auf diesem Gebiet bereits ein mächtiger Strom von Ideen für die Erneuerung des Menschheitssystems eingesetzt hat.

Weltweite Handhabung der Naturschätze

Auch bezüglich der Ressourcen unseres Planeten ist eine wesentliche Veränderung in unserer Einstellung zu registrieren.

Das Erdöl liefert das anschaulichste Beispiel dafür, wie sich Positionen und Betrachtungsweisen innerhalb weniger Jahre verändern können. Ein plötzlicher Preisanstieg um das Drei- bis Vierfache, das Erdöl als politische Waffe, das Kartell der Produzenten, Boykotte und Embargos, eine Allianz der Konsumenten, Drohungen mit Gegenmaßnahmen wirtschaftlicher oder militärischer Art oder aber auf dem Ernährungssektor, die Möglichkeit des Übergreifens des Erdölsyndroms auf andere Rohstoffe – kein Zweifel, hier ist ein Nervenzentrum der Industriezivilisation bloßgelegt worden. Andere Rohstoffe scheinen dagegen in größerer Menge

vorhanden zu sein, als man nach früheren Schätzungen vermuten konnte,
aber sie sind weit verstreut, oder sie sind uninteressant für die Bevölkerung und den Bedarf. Überall bemühen sich Spezialisten, Planungsfachleute und Politiker wie nie zuvor um eine Bestandsaufnahme, um eine
Prognose, wie sich die Situation weiter entwickeln könnte. Auch das sind
bereits Anzeichen einer realistischen Überprüfung der Dinge.

Eine andere Frage stellt sich uns häufig: Wer besitzt welche Rechte an
welchen Ressourcen und unter welchen Bedingungen? Bisher ging man
von der These aus, daß privates oder nationales Besitz- und Nutzungs-
recht, wie immer es erworben wurde, sei es durch Vertrag, durch Absprache, durch Konzession, durch Vermächtnis, durch Aneignung oder
sonstwie, als unantastbar zu gelten habe. Diese These ist vor allem von
den ölexportierenden Ländern, die behaupten, durch die Invasion ausländischer Initiativen und Kapitalien ständig beraubt oder betrogen worden zu sein, urplötzlich in Frage gestellt worden.

Der internationale Kampf um die Rohstoffe
Jetzt wird seitens der Ölländer und allmählich auch seitens aller übrigen
etwas anderes verkündet, nämlich die Souveränität und das unabdingbare Recht eines jeden Staates auf die Naturschätze auf seinem Territorium – etwa im Sinne der mittelalterlichen Formel *usque ad coelum, usque
ad inferos.* Der eigentliche Sinn dieser Auffassung liegt darin, die schwa-
chen Länder gegen das übermächtige, gierige ausländische Unternehmertum zu schützen, das früher von Positionen der Stärke aus verhandeln
konnte und vor Korruption und anderen unstatthaften Praktiken nicht
haltmachte, um riesige Privilegien zu ergattern und örtliche Rechtsan-
sprüche für sich zu usurpieren. Die *Charta der wirtschaftlichen Rechte
und Pflichten der Staaten* bestimmt, daß »jeder Staat die volle und permanente Souveränität, einschließlich des Besitzes, der Nutzung und der
Abtretung, über seine Naturschätze und seine wirtschaftlichen Aktivitäten besitzt und voll ausüben kann«.

Was wir jetzt brauchen, ist eine ruhige, sachliche Prüfung der Bestim-
mungen, die das Recht eines jeden einzelnen und aller zusammen auf die
Naturschätze auf lange Sicht weltweit, gerecht und vernünftig regeln sollen. Vor allem müssen wir uns davon freimachen, nur oder hauptsächlich
nur jene nicht regenerierbaren Rohstoffe zu sehen, die in den bekannten
physischen Vorkommen auf der Erde enthalten sind. Ich habe bereits
angedeutet, daß die sogenannten regenerierbaren Rohstoffe – nicht nur
die in engerem Sinne biologischen, sondern auch die im natürlichen Kreis-
lauf des Wassers, des Sauerstoffs, der Kohlensäure enthaltenen – von unserem anthropozentrischen Standpunkt aus notwendiger und gefährdeter
sind als die festen Rohstoffe. Tatsächlich ist der Baumbestand für das
menschliche Leben sehr viel wichtiger als alle Erdölvorkommen, und das
gleiche gilt für die Regenerationskapazität der Ozeane im Verhältnis zu

den Mineralreichtümern, die sie enthalten. Die Beziehungen zwischen den Menschen und dem gemeinsamen Spektrum der Naturschätze müssen sich also nach vernünftigen, korrekten Prinzipien regeln.

Andererseits muß gesagt werden, daß die Norm, wonach alle derartigen Reserven ausschließlich dem Land gehören, in dem sie zufälligerweise liegen, weder durch ethische Gesichtspunkte noch durch ein Naturgesetz gestützt wird. Sie schürt unvermeidbar internationale Konflikte, sogar Eroberungskriege (an Beispielen fehlt es nicht, gerade in den letzten Monaten), und diese Gefahren werden in dem Maß zunehmen, wie die Reserven immer weiter schrumpfen. Es wäre auch nicht im Interesse der Entwicklungsländer, wollte man diese These bis zum Extrem vertreten, weil die Mehrheit der Weltreserven – insbesondere die an die Landwirtschaft gekoppelten – sich nicht auf ihrem Territorium befinden. Überdies würde sie manche armen Länder, die nur über wenige Rohstoffe verfügen, zu ewiger Armut verurteilen.

Betrachtet man die gleiche These im internationalen Zusammenhang und mehr noch im globalen Zusammenhang von morgen, so ist sie auch nicht mit der marxistischen Theorie vom kollektiven Eigentum am Boden und an den Produktionsmitteln zu vereinbaren. Deshalb kann sie auf lange Sicht nur damit gerechtfertigt werden, daß sie bestimmte schwache Menschengruppen während einer gewissen Zeit schützt oder, wenn auch verspätet, manches Unrecht aus der Vergangenheit wiedergutmacht. Sie ist also als Regel für eine bestimmte Übergangszeit im Schatten der Geschichte und im Lichte der Gegenwart formuliert worden, keinesfalls jedoch als Zukunftsvision.

Ein Vermögen der Menschheit von heute und morgen

Unterdessen vertreten immer mehr Leute die Ansicht, daß *die Naturschätze ein gemeinsames Erbgut der Menschheit* seien, eine permanente Reserve, die jede Generation der jeweils nachfolgenden möglichst in unausgeplündertem Zustand und ohne verschmutzte Umwelt zu übergeben habe. In Zukunft müssen Eigentum, Erhaltung, Handhabung, Veräußerung, Verwendung und Wiederverwendung der Reserven notwendigerweise von diesem Standpunkt aus gesehen werden. Das wird tiefgreifende Veränderungen in unserer Verhaltensweise und bezüglich unserer politischen Werte erforderlich machen und »einige traditionelle Auffassungen in Frage stellen, die wir gegenwärtig für zutreffend halten, die aber immer mehr mit den Auffassungen von Gleichheit, Gerechtigkeit und Menschenrecht in Konflikt geraten werden«. Das sagt Maurice Strong, bis vor kurzem Leiter des Umweltschutzprogramms der Vereinten Nationen, der jetzt an der Spitze der nationalen kanadischen Erdölbehörde steht, über *Kanada in einer globalen Gesellschaft.* Er fragt sich weiter, ob »die physische Lage von Rohstoffen auf dem Territorium eines Landes als alleiniges Kriterium für die Souveränität über diese Rohstoffe angesehen

werden kann; ob die Abhängigkeit eines anderen Landes von der Liefe-
rung dieser Rohstoffe während einer bestimmten Zeit nicht die Frage nach
einem permanenten Recht, vielleicht auch im Sinne eines souveränen
Rechts aufwirft, um diese Rohstoffe weiterhin verwenden zu können«.
Ganz abgesehen vom Konfliktrisiko sind diese Zerstückelung und Ver-
quickung von Eigentum und Recht an den Naturschätzen, und folglich
auch die Gegensätze der Interessen und der Kriterien betreffs ihrer Ausbeutung auch unter einem anderen praktischen Gesichtspunkt gefährlich:
Durch sie wird nämlich eine rationelle, weitsichtige Verwendung dieser
Rohstoffe verhindert. Der Jahrhundertpfeiler der Gesellschaft, der dem
Bedarf vieler Milliarden Menschen an Nahrungsmitteln, an Produkten
und Dienstleistungen gerecht werden müßte – wir dürfen das niemals
vergessen –, muß möglichst rasch auch maximale Produktivität mit globaler Sparsamkeit vereinbaren können. Dieses weltweite Unternehmen
wird höchste Anforderungen an unseren Einfallsreichtum, an unsere Fähigkeiten der Programmierung und der Rationalisierung stellen. Jedoch
wird jedes in diese Richtung weisende Projekt schon gleich zu Beginn
Schiffbruch erleiden, wenn bestimmte Menschengruppen sich ihre Ent-
scheidungssouveränität vorbehalten oder ein Vorrecht bei der Verwendung bestimmter Rohstoffe beanspruchen oder wenn andere Gruppen das
gleiche bei anderen Rohstoffen tun. Ein solches Durcheinander, eine solche
Verschwendung wären selbstmörderisch. Man muß endlich klar und deutlich erkennen, daß die wachsenden Bedürfnisse der Weltbevölkerung niemals befriedigt werden können, wenn es nicht gelingt, die Verwendung
der Rohstoffe vernünftig zu koordinieren.
Allmählich setzt sich die Einsicht durch, daß auch dies ein Gebiet ist, wo
die Impulse und die Beispiele von den reichsten und stärksten Ländern
kommen müssen. Maurice Strong ist der Meinung, daß sein Land, Kanada,
ein größeres Interesse als viele andere daran hat, daß die Weltgesellschaft
sehr viel wirksamer gelenkt wird, und bemerkt dazu: »Kanada hat eine
besondere Verantwortung für die Verwaltung seiner ungeheuren Territorien, für den Umgang mit den Weltreserven und mit der natürlichen
Umwelt in seinem Herrschaftsbereich. Es darf sich nicht nur als souveränen Eigentümer dieser Vorteile sehen, sondern auch als ihren Treuhänder
in weitestem Sinne. Das bedeutet nicht, daß die Kanadier auf den Nutzen
aus diesem Vorkommen verzichten müssen, aber es bedeutet, daß sie damit rechnen müssen, sie mit anderen zu teilen.« Diese Feststellung gilt
offensichtlich nicht allein für Kanada, das hier lediglich als Musterbeispiel zu betrachten ist. Sicher ist auf jeden Fall, daß irgend jemand die
Initiative ergreifen muß und sei es nur zu einer grundlegenden Diskussion.
Zwar rührt sich also, wie wir gesehen haben, einiges in dieser Richtung,
doch geschieht alles leider noch viel zu langsam. Die biologischen und
physischen Reserven sind das zentrale Problem der Seerechts-Weltkon-

ferenz der Vereinten Nationen, die noch 1976 zu Ende gehen müßte. Die Ozeane bedecken zwei Drittel der Oberfläche unseres Planeten, sie enthalten die letzten Grenzen für den Menschen auf der Erde. Die Gesetze, die sie schützen und die ihre Reichtümer für eine vernünftige Ausbeutung durch den Menschen freigeben sollen, werden aus einer der größten Konferenzen aller Völker hervorgehen: In der gesamten internationalen Gesetzgebung müßten es die am weitesten vorgeschobenen Grenzen menschlicher Denkfähigkeit sein. Leider ist zu befürchten, daß auch diese Weltkonferenz, ähnlich wie die anderen bereits erwähnten, nicht die im Interesse der Menschheit von heute und morgen erhofften Resultate erbringen wird. »Die Revolution bei der Ausbeutung der ungeheuren Ozeane durch den Menschen verläuft so rasch und äußert sich in einer so großen Anzahl von Aktivitäten, daß wegen des langsamen Tempos der Verhandlungen über Verträge oder technische Abkommen hierzu kaum vernünftige Hoffnung besteht, in nächster Zukunft den Schaden zu mildern, der durch den Mißbrauch mit dem offenen Meer und seinen Ressourcen getrieben wird«,* – ein in einer Welt konkurrierender Staaten nicht zu vermeidender Mißbrauch.

Trotzdem nehmen neue Ideen und neue Vorstellungen unabhängig voneinander allmählich Gestalt an; es werden konkrete Vorschläge gemacht über eine Vereinheitlichung und Integrierung der verschiedenen Verwendungsarten der Meeresvorkommen, über das Prinzip, daß diese Vorkommen Gebrauchsgüter und nicht Eigentum seien, über die Bildung neuer internationaler Organe und anderer institutioneller Mechanismen, über eine neue internationale Umverteilung der Einkünfte, angefangen bei den Reichtümern des Meeres, über einen Verhaltenskodex für die an den Ozeanen interessierten multinationalen Gesellschaften. Ideen und Vorschläge gibt es also in großer Fülle, doch müssen sie erst noch organisiert und koordiniert – und schließlich auch verstanden werden. Und es müssen noch viele Schritte getan werden, ehe sie sich endgültig durchsetzen – das wird dann der Fall sein, wenn für alle klar ist, daß die empfohlenen Veränderungen ebenso notwendig wie unvermeidlich sind.

Es wäre ein richtiger Beginn, bestimmte Meeresreserven unter internationale Verwaltung zu stellen. Dieser Gedanke, der sich gewissermaßen aus den Fluten der Ozeane erhebt, könnte dann stufenweise auf die Festlandsreserven ausgedehnt werden. Elisabeth Mann Borgese vom Studienzentrum für demokratische Institutionen in Santa Barbara (Kalifornien), eine treibende Kraft der Bewegung »Pacem in maribus«, ist unter allen, die sich während und außerhalb der Konferenzen der Verwirklichung dieser Ideen verschrieben haben, diejenige, die ich am meisten bewundere. Es erscheint mir angebracht, dieses Kapitel mit den Worten zu schließen,

---

* Pardo, A., Mann Borgese, E., *The international economic order and the law of the sea – A projection*. Malta 1976.

mit denen sie meine Frage nach dem Warum ihres Engagements beant-
wortete. Ich zitiere: »Die Welt ging in Trümmer, als meine Generation
gerade im Begiff war, in Erscheinung zu treten. Es gab den Faschismus,
das Nazitum, den Zweiten Weltkrieg. Wenn ich mir ein Bild vorstelle,
das diese Welt darstellt, denke ich an *Guernica* von Picasso: zerfetzte
Körper und Seelen und Umwelt... Das ist die Wirklichkeit, wie sie im
Festland unseres Planeten tief verwurzelt ist. Aber es ist eine Wirklichkeit, die gurgelnd in den Tiefen der Ozeane verschwindet. Die Ozeane
bilden ein einheitliches Ganzes... Jetzt müssen wir die politische und
rechtliche Ordnung schaffen, um all das zu artikulieren... Dort können
neue Formen der internationalen Kooperation und Organisation potentiell geschmiedet werden, um in die neue internationale Ordnung des
21. Jahrhunderts aufgenommen zu werden oder als Modell für sie zu
dienen.«
Das Projekt RIO und andere Studien des Club of Rome tragen einige der
von mir aufgezeigten, im Vormarsch befindlichen Gedanken vor, und das
gleiche werden andere tun, an denen gearbeitet wird. Ich selbst wollte,
nachdem ich diese Initiativen beobachtet und mir vorgenommen habe, den
Anstoß für andere zu geben, auf diesen Seiten eine Vorstellung von den
gigantischen kulturellen Veränderungen vermitteln, deren Vorboten sie
sind und deren Protagonisten wir alle werden müssen. Es heißt, man
könne einen Menschen, wenn er sich eine Idee in den Kopf gesetzt hat,
nicht mehr aufhalten. Wird man so viele Menschen mit so vielen Ideen
als Zukunftsträger aufhalten können? Ich glaube nein. Um jedoch den in
ihnen enthaltenen Innovationsgedanken zu stärken und zu verbreiten,
muß die Öffentlichkeit aller Kontinente sich dieser Bewegung anschließen.

IX   Sechs Missionen für die Menschheit

Es ist Zeit, zu handeln

Ich habe es mehrfach gesagt: Alles deutet darauf hin, daß das Menschheitssystem in eine Periode großer Veränderungen und Unstetigkeiten eingetreten ist. Die Ursache liegt darin, daß Expansion und »Fortschritt« der Menschheit so rasend schnell erfolgt sind, daß dadurch die Stabilität bedroht wurde. Seitdem der Mensch auf der Erde erschienen ist, haben ihn Krisen und Unordnung in seiner Geschichte begleitet; jedoch erreichten sie niemals derart dynamische Dimensionen wie in unserer Zeit. Deshalb vermögen wir noch viel weniger als die Menschen früherer Perioden vorauszusehen, was sich in der Zukunft ereignen wird. Da die Menschheit wegen des von ihr beschrittenen Irrwegs niemandem außer sich selbst Vorwürfe machen kann, bleibt ihr als einzige Alternative nur übrig, eine mutige und objektive Bestandsaufnahme zu machen, die Kräfte zusammenzufassen und danach ihren Weg so fortzusetzen, daß sie von nun an alles, was sie tut, auch unter Kontrolle halten kann.

Ich habe mich oft gefragt, wie die großen Männer, die im Lauf der Jahrhunderte ganze Völker und Zivilisationen angeführt und befruchtet und damit den Aufstieg der Menschheit ermöglicht haben, reagieren würden, wenn sie unsere heutige Situation kennenlernten – eine Situation, die sie in ihrer Zukunftsvision selbst nicht voraussehen konnten. Ich stelle mir vor, daß sie besorgt und bestürzt, zugleich aber auch voller Bewunderung für das wären, was wir zu leisten imstande sind. Wenn sie uns so gewissermaßen aus der Ferne beobachten, würden sie vielleicht unseren Irrweg in seinem Kern erkennen und uns in ihrer Weisheit streng zur Ordnung rufen: »Wacht auf, ihr Söhne, und überlegt euch alles gut! Wenn ihr danach sucht, werdet ihr in euch selbst die geistige und die moralische Kraft zu eurer Rettung finden. Aber ihr müßt euch mit eurem ganzen Ich engagieren, vor allem müßt ihr lernen, das Primäre vom Sekundären, das, was ihr tun müßt, von dem, was ihr tun wollt, zu unterscheiden. Wenn ihr euch dann sicher seid, wo das Gute ist, müßt ihr es voller Überzeugung und ohne Zögern tun, wie groß auch euer Opfer sein mag.« Angesichts dieser imaginären Botschaft sagte ich mir wiederholt, daß wir

den Rat dieser Männer eigentlich bereits bekommen hatten: Sie hatten ihn
uns ganz deutlich mit ihrem Beispiel und mit ihren Lehren gegeben. Daß
wir ihn vergaßen, hat uns frustriert.
Von welchem Standpunkt auch immer wir heute die Lage, die Problematik und die Aussichten der Menschheit beurteilen, als entscheidendes
Element erkennen wir immer wieder den Menschen selbst mit all seinen
Fehlern und Vorzügen, mit seinem weitgehend ungenutzten oder sogar
unerforschten Potential. Diese elementare Wahrheit ignorieren wir regelmäßig bei unseren Überlegungen. Allzuoft kommen wir vom Weg ab,
indem wir nach komplexen und unmöglichen Lösungen ganz woanders
suchen, während die Erwiderung auf alle Übel der Menschheit und auf
das Verderben der Welt doch – wie einfach – in uns selbst liegt. Das Gute,
das wir so sehr benötigen, und die Kraft, es zu tun, können wir nur finden, wenn wir unser Verständnis für die Lage der Menschheit, für ihr Bemühen, die Welt zu verändern, vertiefen und unsere kreativen Fähigkeiten einsetzen, um eine Lebensweise zu entwickeln, bei der nicht Dissonanz,
sondern Harmonie in uns selbst und in unserer Welt die Regel ist.

Erstes Ziel: die Qualität des Menschen verbessern
Eine solche Mobilisierung der menschlichen Fähigkeiten ist nicht unmöglich, auch wenn sie schwierige, vielleicht heroische Entscheidungen voraussetzt. Wir haben gesehen, daß sich auch bei weniger gebildeten, einfacheren Menschen ein neues Bewußtsein für die heutigen Realitäten
durchsetzt, daß zutiefst innovative Ideen und Begriffe überall aufkommen und in Bereiche vordringen, wo unsere Gedankenwelt sich Neuerungen stets am meisten widersetzt hat. Das sind Symptome der Anstrengungen, die der Mensch unternimmt, um sich von alten Schranken zu
befreien und die Wahrheit der Dinge, so wie sie heute sind, zu verstehen,
um Dimensionen, Dynamik und Natur der Situationen und der Phänomene abzuschätzen, in deren Fänge er geraten ist, und um ihren verborgenen Sinn zu ergründen, damit er mit gleichen Waffen gegen sie ankämp-
fen – und sich einmal mehr behaupten kann, so wie er es auch früher
getan hat. Dadurch, daß dieser mühselige Prozeß spontan abläuft, ist bewiesen, daß die kulturelle Vitalität des Menschen immer noch groß ist
und daß es darum keine Utopie darstellt, mit der menschlichen Revolution zu rechnen – die nachgewiesenermaßen eine unabdingbare Voraussetzung für die Entwicklung und den Fortbestand unserer Gattung in diesem
Stadium ihrer Evolution ist. Doch bedarf es einer weltweit konzertierten
Aktion, um diese revolutionäre Perspektive zu stützen und zu stärken.
Gewaltige Schwierigkeiten sind zu überwinden. Während die Ereignisse
sich überstürzen, benötigen wir für die Aktion der menschlichen Erneuerung, auch sie ein Unternehmen von unvergleichlicher Größenordnung
und Komplexität, Jahre und Jahrzehnte bis zum völligen Abschluß. Es
ist also Zeit, zu handeln, und zwar unverzüglich. Die siebziger Jahre bie-

ten wahrscheinlich eine der letzten Chancen, um diese Aktion mit Aussicht auf Erfolg einzuleiten. Wie ich meine, müßte sie mit einer Phase der Vorbereitung und der Programmierung beginnen, darin vornehmlich mit einer Anzahl größerer Studien- und Forschungsprojekte zur Vertiefung unserer Kenntnisse nicht nur vom Menschen und seiner gesamten Welt, sondern auch von der Basis, auf die sich das Menschheitssystem in der Zukunft zu gründen hat. Hierbei handelt es sich um Studien und Forschungsarbeiten von einer solchen Tragweite – sie müssen als Teil des gesamten Unternehmens betrachtet werden –, daß es angebracht ist, von *Missionen für die Menschheit* zu sprechen.

Der Zweck, den diese Großprojekte verfolgen – für sie bedarf es einer weltweiten Zusammenarbeit – ist ein doppelter. Auf der einen Seite müssen sie versuchen, ein neues Gesamtbild als Bezugsebene für die menschliche Wirklichkeit im Zeitalter der Weltherrschaft des Menschen zu entwerfen, wobei sie alle Elemente, auf die sich das gesamte System stützen kann und muß, sowie seine zukünftigen Möglichkeiten und die entsprechenden Risiken und Grenzen aufzeigen und in Beziehung zueinander setzen müssen; damit begünstigen sie zwangsläufig das natürliche Aufkommen und die Evolution neuer Ideen für eine bessere Handhabung des Systems. Auf der anderen Seite müssen die Projekte den verschiedenen Gruppen von Menschen dienen und sie überzeugen, daß es in ihrem direkten, unmittelbaren Interesse liegt, der systematischen Entwicklung der Qualitäten und Fähigkeiten der Menschheit absolute Priorität einzuräumen, damit alle, Wissenschaftler und Laien, Bürger und Obrigkeitsvertreter, eine genaue Vorstellung von den Umständen bekommen, unter denen sie leben und wirken müssen, und ihre Wertsysteme und Verhaltensweise ihnen anpassen können. Es ist für mich selbstverständlich, daß die Menschengruppen, denen diese Umstellung am besten gelingt, in der Zukunft auch die größten Erfolgschancen haben werden.

Zahlreiche derartige Missionen können nahezu sofort in Angriff genommen werden. Ich beschränke mich auf sechs, auf die ich lediglich als Beispiel und auch nur kurz eingehe, da viele Aussagen und Motive, die ihren Zweck und ihre Notwendigkeit unterstreichen, bereits auf den vorausgegangenen Seiten genannt wurden. Jede dieser Missionen bemüht sich, eine Vorstellung von den wesentlichen Elementen und bestehenden Konzepten zu vermitteln, die der moderne Mensch kennen muß; ebenso schildern sie einige wichtige Aktionen, die er unternehmen muß, um für sein Leben und seine Evolution eine angemessene Basis zu haben. Die hier skizzierten sechs Missionen betreffen die »äußeren Grenzen« des Planeten, die »inneren Grenzen« des einzelnen Menschen, das kulturelle Erbe, das ihm gehört und das er seinen Nachkommen zu übergeben hat, die Weltgemeinschaft, die er zu schaffen hat, die um jeden Preis zu verteidigende menschliche Lebenssphäre und den industriellen Weltkomplex, der neu zu organisieren ist.

Man kann sich gut vorstellen, daß auch für andere Missionen noch ein weites Feld verbleibt. Es reicht von der landwirtschaftlichen Produktion zum Gesellschaftsvertrag, von der Universalbildung zur vollen Ausschöpfung der menschlichen Ressourcen, von der effektiven Abrüstung zu neuen Zielen für Wissenschaft und Technologie, bis hin zu den gemeinschaftlichen Zielen der gegenwärtigen Zivilisation. Auf jedem einzelnen dieser großen Teilgebiete sind ein gründlicheres Verständnis, neue soziale Entdeckungen und Erfindungen nunmehr unbedingt notwendig.

Sechs Missionen für den Anfang

Diese Missionen sind, wie gesagt, so aufzufassen, daß der Mensch mit der Summe aller Dinge verantwortungsbewußter umgeht, daß ihm Fakten und Schätzwerte zur Verfügung stehen, die unabhängige Experten und andere Personen aus Untersuchungen, Studien und Abhandlungen über Dinge von fundamentaler Bedeutung für das Menschheitssystem und folglich auch für dessen einzelne Teile gewonnen haben. Ihr Sinn besteht also nicht darin, Lösungen für dieses oder jenes Problem vorzuschlagen, sondern sie sollen die Menschen zum Nachdenken veranlassen, ihr Bewußtsein und ihre Persönlichkeit fördern. Aufgrund der Erfahrungen des Club of Rome glaube ich, daß man dafür die besten Fachkräfte gewinnen und sich einer verständlichen Sprache und geeigneter Methoden bedienen müßte, um das Interesse der Weltöffentlichkeit zu wecken. Einige Erfordernisse sind leicht zu erkennen.

Unverzüglich intervenieren und die Resultate bekanntmachen
Wesentlich ist vor allem der Faktor Zeit: Wenn alles immer sehr rasch geschieht, wie heutzutage üblich, müssen die Beschlüsse und Interventionen notwendigerweise von Hast und Dringlichkeit geprägt sein. Es ist daher Sorge zu tragen, daß die Resultate jeder Mission im gleichen Maß, wie sie an Substanz gewinnen, über periodische Publikationen bekanntgemacht werden. Das müßte in Form von *Informationen für die Weltbürger* geschehen und möglichst rasch in Angriff genommen werden, ich meine, nicht später als 1978. Danach könnte diese Aktion in zweijährigem Rhythmus fortgeführt werden.
Ich stelle mir vor, daß jede Mission eine bestimmte Anzahl mehr oder weniger organisch integrierter Projekte beinhaltet, deren Zweck darin besteht, vorhandene Kenntnisse zu korrigieren oder zu vertiefen oder aber die Richtigkeit bestimmter Tendenzen und Entwicklungen zu analysieren und neue Forschungsarbeiten einzuleiten. Diese gesamte Aktivität müßte im Geist intellektueller und wissenschaftlicher Liberalität und der interdisziplinären Kooperation erfolgen, und sie müßte der kulturellen Vielfalt der Menschheit Rechnung tragen. Rein organisatorisch hielte ich

es für angebracht, nach der Methode eines »Netzes« spezialisierter Zentren vorzugehen, wobei Sozialkämpfer, Nicht-Regierungsorgane und *ad-hoc*-Gruppen zur Zusammenarbeit am gemeinsamen Ziel in verschiedenen Teilen der Welt herangezogen werden könnten. So weit wie möglich müßten alle Aktivitäten – um wirklich unabhängig und glaubwürdig zu sein – ohne Einmischung seitens offizieller Techno-Bürokratien abgewickelt werden, obgleich man in vielen Fällen natürlich nicht ohne öffentliche Fonds auskommen wird und obwohl die ermittelten Resultate und Schlußfolgerungen eines jeden Projekts allen nationalen und internationalen Obrigkeitsbehörden zur Kenntnis gebracht werden müssen.

Die entsprechenden Publikationen müssen attraktiv gestaltet und für eine große Leserschaft leicht verständlich sein. Die Mitarbeit der Massenmedien, der Schulsysteme, der Gewerkschaften und anderer Massenorganisationen – insbesondere der Jugendorganisationen – ist für ihre Verbreitung als Aufklärungs- und Diskussionsstoff unumgänglich. Doch muß bei diesem ganzen Unternehmen unbedingt die freiwillige, nicht die offizielle Seite überwiegen, damit es als ein sauberes, von keiner wie immer gearteten Hierarchie angeordnetes Bemühen erkennbar bleibt, das nicht irgend jemandes Interessen wahrnimmt, sondern die von Bürgern, deren kollektive Interessen auf diese Weise am besten vertreten werden können.

Man wird einwenden, daß die notwendigerweise beträchtliche Menge solcher Informationen und ein Übermaß an kontroverser, ungewisser oder kontrastierende Interessen vertretender Materie lediglich bewirken kann, daß eine ganze Wolke von Diskussionen aufgewirbelt wird, in der man sich nur schwer wird zurechtfinden können. Das Risiko ist sicherlich groß, doch meine ich, daß man es eingehen sollte: besser, einen Weg durch dieses Wirrwarr zu suchen, als im Dunkel der Unwissenheit oder, was noch schlimmer wäre, in falschen Illusionen zu verharren. Nur wer glaubt, daß die Menschheit dazu verurteilt ist, praktisch der Sklave der Umstände oder kleiner Eliten zu bleiben, wird sich gegen eine breite, offene Diskussion aussprechen.

Schließlich ist zu sagen, daß der globale Ansatz – in dem bereits erläuterten Sinne von Globalität –, wie er zur Konzeption und Entwicklung dieser Missionen erforderlich ist, durch deren Auffächerung automatisch verbessert wird. Sie stehen alle in einem vielfältigen Zusammenhang miteinander und bilden als Summe eine Art System, das unseren gesamten Erdball in verschiedenen Formen umspannt. Man kann sich auch vorstellen, daß es eines Tages gelingen wird, einen »Gehirntrust« zu bilden – mein Freund John Platt spricht von einem »Generalstab der Menschheit« –, der prüfen wird, wie alles, was wir lernen, am besten zu verwenden ist, oder wie man unser irdisches Universum gründlicher untersuchen sollte, um die Ansprüche, die wir stellen wollen oder müssen, besser zu ergründen. Diese Praktiken sollten uns auch wieder Freude an philosophischen Überlegungen darüber machen, wer wir in diesem Universum sind und was wir hier

werden wollen – wir alle, die wir zu dieser seltsamen Gattung Lebewesen
gehören, die sich »der Mensch« nennt. Aus mehr praktischer Betrachtung
können die Resultate der verschiedenen Missionen für die Menschheit das
Basismaterial für die *Elemente über den Zustand des Planeten* liefern, die
sich die IFIAS unter der Leitung von Alexander King von Zeit zu Zeit
zu veröffentlichen vorgenommen hat.

Erste Mission: Die »äußeren Grenzen«
Wir wissen, daß der Mensch seine Macht über die Natur so weit ausgedehnt hat, daß er meint, die Erde sei sein ausschließlicher Herrschaftsbereich, nur dazu da, ausgebeutet zu werden, was er auch mit großer
Hingabe betreibt und dabei vergißt, daß sie endlich ist und somit ihre
biophysischen Ressourcen endlich sein müssen. Die Folge dieses undiszi-
plinierten Verhaltens des Menschen ist, daß die ursprüngliche biologische
Ausstattung der Erde dezimiert wurde, daß die besten Bodenflächen zum
Teil zerstört wurden, während anderer wertvoller kultivierbarer Boden
immer häufiger zugepflastert oder zugebaut wird, daß die am leichtesten
zugänglichen Erzlager abgebaut wurden, daß die vom Menschen verur-
sachte Verschmutzung überallhin dringt, zu den Polen und in die Meeres-
tiefen, und daß sich das alles bereits auf das Klima und einige physische
Charakteristika des Planeten ausgewirkt hat.
Obwohl wir sehr besorgt sind, wissen wir doch nicht, in welchem Maß wir
die Gleichgewichte und überhaupt die für die Evolution des Lebens notwendigen Zyklen tatsächlich stören, wie viele dieser Veränderungen irre-
versibel sind oder welche unser Leben selbst jetzt und in Zukunft beeinflussen können. Und wir wissen ebensowenig, mit welchen Vorräten an
den wichtigsten, nicht regenerierbaren Rohstoffen wir rechnen oder innerhalb welcher Grenzen und unter welchen Bedingungen wir ungestraft
aus den regenerierbaren Reserven schöpfen können. Da diese Erde nicht
unbegrenzt imstande ist, Leben zu garantieren, gibt es logischerweise »biophysische Grenzen« oder »äußere Grenzen« für eine Expansion der Präsenz und der Aktivität des Menschen.
Eine wissenschaftlich fundierte Kenntnis dieser natürlichen Grenzen, der
Bedingungen und Vorsichtsmaßregeln, mit denen man nahe an sie heran-
kommen kann, oder aber der Folgen, die eintreten können, wenn diese
Grenzen überschritten werden, ist um so notwendiger, als es bereits verschiedene Anzeichen dafür gibt, daß in einigen Fällen die Grenze zwischen
dem Erlaubten und dem nicht Erlaubten erreicht ist. Die von mir vorgeschlagene Mission müßte gerade deshalb neben der spezifischen Darstellung der wichtigsten Sektoren in erster Linie auch ein Gesamtbild dessen liefern, was der Mensch tun kann und muß, um sich die Natur in
vernünftiger Weise zunutze zu machen, ohne deshalb ein Leben in Harmonie mit ihr aufzugeben.
Das Umweltprogramm der Vereinten Nationen hatte den italienischen

Biologen und Schriftsteller Adriano Buzzati-Traverso (früher Leiter der wissenschaftlichen Sektion der UNESCO) gebeten, ein Generalprojekt über die äußeren Grenzen zu skizzieren und darin spezifische Untersuchungen in bestimmten Sektoren mit zu berücksichtigen. Andererseits laufen bereits einige Einzel-Forschungsprogramme in verschiedenen Teilen der Welt; es wäre sehr vorteilhaft, wenn man sie besser koordinieren, systematisieren und auf ein gemeinsames, diese ganze Materie umfassendes Ziel ausrichten könnte. Es gibt also einige gute Vorbereitungsarbeiten oder Voraussetzungen dafür, daß ein starkes Organisationszentrum – es müßte eigens für diesen Zweck eingerichtet werden – die Initiative ergreifen kann, um die Bezugsfristen und den Aktionsplan für eine erste, zum Beispiel zehnjährige Etappe dieser Mission festzulegen und die entsprechenden Aktionen unverzüglich in die Wege zu leiten.

Zweite Mission: Die »inneren Grenzen«
Es liegt auf der Hand, daß die physischen und psychischen Fähigkeiten des Menschen ihre Grenzen haben. Wir wissen, daß der Mensch bei seinem Aufstieg zur Beherrschung der Welt stets Sicherheit, Bequemlichkeit und Macht gesucht und sich hierbei mit einer ganzen Serie von Erfindungen und Mechanismen beholfen, zugleich damit jedoch auch verlernt hat, sich der Unwegsamkeit seiner natürlichen Umgebung anzupassen; dabei hat er wahrscheinlich auch seine Muskelkraft und seine biologische Widerstandskraft geschwächt. Daher kann es als sicher gelten, daß der Mensch, je weiter er sich »zivilisiert«, desto weniger auf äußere Stürme und andere Einwirkungen zu reagieren vermag und damit ein desto größeres Verlangen verspürt, seinen Organismus und seine Gesundheit mit Arzneien, Drogen und einer Menge anderer künstlicher Mittel zu schützen.
Dagegen besteht wohl kein Zweifel, daß der Mensch seine intellektuellen Fähigkeiten und sein kulturelles Niveau entwickelt und diese der von ihm selbst geschaffenen, immer komplizierteren Welt angepaßt hat. Jedoch ist dieses Gleichgewicht zwischen Fortschritt und Kultur, vielleicht auch zwischen Fortschritt und biopsychischen Fähigkeiten, seit kurzem in einer wirklich besorgniserregenden Form unterbrochen worden. In der Tat ist die gegenwärtige geistige und psychologische, vielleicht auch die physische Anpassung des Menschen an die Zusammenhänge, an die Entnaturalisierung und den Rhythmus des modernen Lebens alles andere als befriedigend; zugleich damit hat der Mensch das wunderbare Potential seines Gehirns ganz schlecht eingesetzt. Deshalb existiert noch ein großer Spielraum, den er benutzen kann und muß, um das verlorene Gleichgewicht wiederherzustellen und zu erreichen, daß dieses in der Zukunft nicht erneut gestört wird, da dann jedes Ungleichgewicht wegen der schwerwiegenden Folgen, die es nach sich ziehen würde, noch katastrophaler wäre.
Unser Wissen auf einem Gebiet von so lebenswichtiger Bedeutung wie dem der durchschnittlichen biopsychischen »inneren Grenzen« des Men-

schen und der Folgen, die durch ihre Verletzung entstehen könnten, ist
unglaublich dürftig. Wir wissen sehr wenig über einige grundlegende
Dinge, beispielsweise über die Verflechtungen und die Interdependenz
von Gesundheit, Ernährung und Bildung, die für die Entwicklungsländer
von wesentlicher Bedeutung sind, oder die Möglichkeiten der Anpassung
des Menschen an ein immer stärker mechanisiertes und gehetztes Leben,
wie er es wahrscheinlich in Zukunft vor allem in den städtischen Ballungs-
gebieten wird führen müssen, oder darüber, ob, wie und auf welchem Weg
seine Fähigkeiten in diesem Sinne verbessert werden könnten. Diese Unwissenheit kann eine Ursache nicht wieder gutzumachender, schwerster
Schäden sowohl am Individuum wie an der Gemeinschaft sein.
Angesichts der gigantischen Prüfungen und Aufgaben, die uns künftig
erwarten, müssen wir die durchschnittliche Leistungsfähigkeit unseres Organismus genau kennen und auch wissen, was zu tun ist, damit er sich dem
Leben von morgen besser anpassen kann. Vor allem müssen wir auch wissen, wie wir unseren Verstand besser gebrauchen können, nicht nur um
mit neuen Wellen von Veränderungen und komplexen Zusammenhängen
fertig zu werden, sondern auch, um diese Prozesse zu beherrschen und aus
ihnen Nutzen zu ziehen. Unter diesen Voraussetzungen zeichnet sich das
Ziel der Mission ab, nämlich, die Summe dieser Fähigkeiten zu erkennen
und die Methoden zu finden, sie zu adaptieren und weiter zu entfalten,
ohne dabei den menschlichen Organismus unerträglichen Strapazen und
Spannungen auszusetzen.
Mir ist nicht bekannt, daß es bereits ein Organ gibt, das imstande wäre,
die verschiedenartigen Projekte zu koordinieren, in denen sich diese Mission artikulieren müßte. Doch könnte diese Funktion der Ingangsetzung
und der Katalyse zunächst einmal ein IFIAS-Projekt übernehmen – an
dem unter der Leitung meines Kollegen Gus Nossal gearbeitet wird –, um
den kombinierten Effekt von Gesundheit, Ernährung und Bildung auf
die Entwicklung des Menschen zu analysieren.

Dritte Mission: das kulturelle Erbe
Insbesondere seit ein paar Jahren gelten die Verteidigung und die Erhaltung der kulturellen Identität der Völker und Länder zu Recht als ein
Eckpfeiler des Fortschritts und der Selbstbehauptung des Menschen. Leider wurde diese noble Einstellung auch dazu benutzt, gewisse politische
Spiele zu tarnen. Es ist nicht zu leugnen, daß eine weitverbreitete Meinung besagt, wir seien auf dem Weg zur Nivellierung aller Kulturen nach
einem einheitlichen Modell – das im übrigen nicht sehr attraktiv ist, weil
es zur Zeit überhaupt kein attraktives Modell gibt. Man kann hinzufügen, daß solche Besorgnisse einem Uniformierungsprozeß entspringen,
der in vollem Gang ist, jedoch ganz und gar nichts etwa mit einem zukünftigen Phantom zu tun haben.
Zur Vermeidung der Nivellierungsgefahr haben die kleinen und schwa-

chen Länder, die ja am meisten gefährdet sind, die kulturelle Vielfalt zum
Prinzip erhoben und dieses als einen Grundsatz der neuen internationalen
Wirtschaftsordnung und der Entwicklungsstrategie verkündet. Doch so
edel die Absicht gewesen sein mag und so viele Worte zugunsten der kulturellen Vielfalt auch gesagt worden sind – getan wurde bisher herzlich
wenig, um sie zu fördern und um die gefährdeten kleinen Kulturen zu
verteidigen. Das reale Fundament eines zukünftigen kulturellen Pluralis-
mus kann nur die Vielfalt unseres gegenwärtigen kulturellen Erbes sein.
Da jedoch dieses auseinanderfällt und rasch zu verschwinden droht, müssen äußerste Anstrengungen unternommen werden, um den nicht wieder
gutzumachenden Verlusten ein Ende zu setzen. Man ist verblüfft, wenn
man den Reichtum und die kulturelle Vielfalt sieht, zu der es der Mensch
in den hundert Jahrhunderten seiner Geschichte – und auch schon vorher –
gebracht hat, indem er seine Ausdrucksmittel gebrauchte: Sprache, münd-
lich übermittelte Tradition, Schrifttum, Bräuche, Musik, Tanz, Mimik,
Denkmäler, Bildende Künste. Leider genauso verblüffend und entmutigend ist die Schnelligkeit, mit der er es fertiggebracht hat, dieses wertvolle
Erbgut zu zerstören, auszulöschen, zu entweihen, zu vergessen. Von jetzt
an wird jeder weitere Fortschritt auf dem Gebiet der technologischen
Zivilisation, des wirtschaftlichen Wachstums, der Freizügigkeit, der Ausdehnung der menschlichen Siedlungen und der Massenkommunikations-
mittel den Triumphwagen des Menschen mit neuen Beutesymbolen von
dem zieren, was von den Zeugnissen des Glaubens, der Liebe, der Emo-
tionen, des Stolzes der vergangenen Generationen und ihres Sinnes für
das Gute und Schöne noch übrig bleibt.
Zur Rettung dieses der ganzen Welt gehörenden kulturellen Erbes müssen extreme Anstrengungen unternommen werden. Sie müssen alle Bereiche umfassen, alle Disziplinen mit einbeziehen – vor allem die Archäo-
logie, die Epigraphik, die Paläographie, die Philosophie, die Ethnologie,
die Anthropologie und die Geschichte – und müssen als eine echte Mission
für die Menschheit aufgefaßt werden. Zur Verteidigung des menschlichen
Geistes, der Kunst und des Einfallsreichtums, aber auch der Achtung des
Menschen für jene, die ihm vorausgegangen sind oder auf ihn folgen werden, müssen neue Ideen entwickelt und bereits gemachte Vorschläge verwirklicht werden. Unter letzteren nenne ich einen »Welt-Kulturfonds«,
der langfristige Kulturpläne finanzieren soll und sich dabei aus dem Mili-
tärhaushalt bedienen könnte, sowie ein »Kulturkorps«, das in jedem Land
Freiwillige rekrutieren soll, die sich bereit erklären, das kulturelle Gut der
Menschheit zu schützen und zu erhalten, und deren Aktivität als Militär-
Ersatzdienst anerkannt werden müßte. Ferner sollten beispielsweise die
wichtigsten historischen Denkmäler und Kunststätten von weltweiter
Bedeutung Exterritorialität genießen und einer internationalen Recht-
sprechung unterstehen, die den Auftrag hätte, in Übereinstimmung mit
den Ländern, auf deren Territorium sie stehen, und im Interesse der Völ-

ker, die sie geschaffen haben, sowie der gesamten Weltkultur für ihren
Schutz und ihre Erhaltung zu sorgen. Die an Vergangenheitszeugen reichsten Länder, insbesondere die Länder der Europäischen Gemeinschaft,
sollten ein Beispiel geben oder aber zumindest den einen oder anderen
Versuch in diesem Sinne unternehmen.
Für die Rettung des Kulturerbes der Menschheit bis hin zu den im Aus-
sterben begriffenen Sprachen und den Minikulturen benötigt man zweifellos ungeheure Mittel (keine andere Investition wäre allerdings so ge-
winnbringend, wahrscheinlich auch unter dem Blickwinkel kurzfristiger
Wirtschaftlichkeit), und man wird die Weltöffentlichkeit mobilisieren
müssen. Ich bin sicher, daß die Jugend vieler Länder auf diesen Appell
mit einem über Erwarten großen Echo reagieren würde. Vor allem müssen
jedoch die Ziele, die organisatorischen Formen und operativen Modalitäten dieser Mission plausibel gemacht werden. Obgleich bei der UNESCO
und auch anderswo viele Elemente verfügbar sind, sehe ich noch niemanden, der sich an diese gewaltige Aufgabe wagen könnte. Jedoch steht das
Feld allen Gruppen offen, die genügend motiviert, einflußreich sind und
zugleich revolutionäre und realistische Ideen verfechten – und die sich
imstande fühlen, diesen wunderbaren Auftrag zu übernehmen.

Vierte Mission: die Weltgemeinschaft
Mittlerweile ist klar, daß der Nationalstaat sich genausowenig wie andere
Institutionen so entwickeln kann, daß er mit der Zeit Schritt hält. Obgleich er die zentrale Einheit darstellt, ist er nicht in der Lage – ausge-
nommen die Großmächte –, sich das heute im internationalen Leben
maßgebliche sozio-politische System zunutze zu machen oder gar dessen
Umgestaltung zu einer politischen Weltordnung zu betreiben, die die Aktionen kleinerer, durch den Genius und die Neigungen der verschiedenen
Völker notwendigerweise diversifizierter Einheiten inspiriert und koordiniert; ebensowenig vermag er durchzusetzen, daß die ihnen gemeinsamen
Dinge so gesteuert werden, daß alle davon profitieren. Auch in nationaler
Hinsicht kann man sagen, daß die Leistungen der Einheit Staat in ihrer
augenblicklichen Inkarnation den Erwartungen ihrer eigenen Bürger im
allgemeinen nicht voll entsprechen. Diese wenigen Bemerkungen genügen,
um noch einmal zu unterstreichen, wie wichtig Strukturreformen auf
allen Ebenen der Organisation des Menschheitssystems sind. Die Tendenz,
Mittel und Wege zu finden, um den Mängeln und der Starrheit des Nationalstaates entgegenzutreten, zeigt sich vordringlich in internationalem
Rahmen. Ein Beispiel dafür liefert die Bildung zwischenstaatlicher Koalitionen, die flexibler als regionale Gemeinschaften sind. Die Suche nach
einer neuen internationalen Wirtschaftsordnung, die ja auf der Basis der
gegenwärtigen Gemeinschaft von Nationalstaaten erfolgt, beweist letztlich, daß das System, so wie es heute besteht, sich für eine wahrhaft befriedigende Reform nicht eignet.

Was fundamentale Untersuchungen angeht, geschieht vorläufig noch sehr wenig, um zu erforschen, ob und wie der Nationalstaat sich unter Beibehaltung seiner gegenwärtigen zentralen Rolle entwickeln kann, oder aber welche realistischen Alternativen gefunden werden können, um eine stabilere, effizientere, für die Weltherrschaft des Menschen besser geeignete Weltordnung zu errichten. Man kann nicht erwarten, daß in dieser Richtung kreative Anregungen von den Regierungen selbst kommen, da auch sie, wie jede Institution, eher dazu neigen, sich auf ewig zu erhalten, als sich zu erneuern. Andererseits machen es die Komplexität der Materie, ebenso Quantität und Umfang der von den gegenwärtigen Strukturen lebenden Interessen erforderlich, daß solche Untersuchungen und die entsprechenden Studien nach vorheriger sorgfältiger Festlegung ihrer Bezugsfristen konsequent und unabhängig zu Ende geführt werden.

Der Kern des Problems liegt darin, einen Evolutionsprozeß zu finden, durch den das gegenwärtige System der souveränen Staaten, das praktisch durch ein System nationaler Regierungen funktioniert, stufenweise in eine Weltgemeinschaft umgewandelt werden kann. Man kann sich vorstellen, daß auch diese über ein System von Entscheidungsorganen, von geographischen und funktionellen Zentren, verfügen müßte, die koordiniert werden und auf allen Ebenen der Organisation, vom lokalen bis zum globalen Bereich, tätig sein müßten – wobei die Gerichtsbarkeit so weit wie möglich Traditionen, Interessen und Problemen Rechnung tragen müßte, die verschiedene Bevölkerungsgruppen miteinander gemein haben, auch wenn sie in verschiedenen Sektoren und auf verschiedenen Ebenen in Erscheinung treten.

Das eigentliche Problem lautet also, eine maßgerechte, zugleich hierarchische Struktur zu entwerfen, die aus relativ autonomen, nach Art und Umfang unterschiedlichen, jedoch miteinander verflochtenen und in Wechselwirkung stehenden Elementen bestehen muß – und das bis hin zum globalen Bereich! Tatsächlich ergibt sich die Notwendigkeit, für eine Unzahl von Entscheidungspunkten Formen der geographischen und funktionellen Koordination zu finden, damit im Endeffekt keine monströse Konstruktion, kein Riesenchaos, sondern ein regierbares Ganzes entsteht, das nicht nur unmittelbaren oder speziellen Interessen, sondern auch den langfristigen Interessen der Menschheit gerecht zu werden vermag. Die Schwierigkeiten sind allein schon bei der Begriffsbestimmung gigantisch – und der denkbaren Lösungen ist kein Ende: Die Diskussion wird desto fruchtbarer sein, je mehr – gute und auch weniger gute – Alternativen zur Debatte stehen. Vergessen wir nicht, daß das eigentliche Motiv für diese außergewöhnliche Anstrengung immer nachdrücklicher erkennbar wird: Das heutige internationale System verwickelt uns, wie ich nachzuweisen versucht habe, unvermeidlich in eine Serie immer schwererer Krisen. Deshalb bedürfen wir auf diesem Gebiet dringend wesentlicher Erfindungen und Innovationen für das gemeinschaftliche Leben vieler Milliarden Men-

schen, die über ungewöhnliche Macht verfügen, ja vielleicht sogar für ihre eigentliche Existenz.
Es ist klar, daß diese schwierige Mission, die sich um einen Ausgleich zwischen so gegensätzlichen Forderungen zu bemühen hat, parallel zu den anderen laufen muß, da sie praktisch den politischen, rechtlichen und Rechtsprechungsrahmen für viele Aktivitäten abstecken soll, die jene Mission entfalten. Sammelpunkt für viele Studienprojekte könnte zunächst das Institute for World Order in New York sein, bei dem seit einigen Jahren unter Mitarbeit von Wissenschaftlern aus aller Welt eine Studienreihe über verschiedene Modelle der globalen Organisation läuft.

Fünfte Mission: die menschliche Lebenssphäre
Ein Problem, das in der Öffentlichkeit starke Beachtung findet, dessen ungeheure Bedeutung jedoch noch immer nicht klar erkannt wurde, lautet: Wie soll man innerhalb von weniger als vierzig Jahren auf der Erde eine Bevölkerung unterbringen, die doppelt so groß ist wie die heutige? Zunächst müssen, wie ich bereits erklärt habe, die heutigen Infrastrukturen verdoppelt, substantiell verbessert und modernisiert werden: nicht nur die Häuser, sondern auch die städtischen, die industriellen, die landwirtschaftlichen, die sozialen, die kulturellen und die Verkehrssysteme – und alles innerhalb kürzester Zeit. Um diese »zweite Welt« zu schaffen, muß unsere Generation eine Aufbauarbeit leisten, die etwa dem vergleichbar ist, was vorher fünfzig Generationen zustande gebracht haben. Jedoch sind es nicht die – noch so gravierenden – Probleme der Finanzierung, der Projektierung, der Technik, des Materials oder des eigentlichen Aufbaues, die uns die meiste Sorge bereiten.
Obgleich man es fast stets vermeidet, davon zu sprechen, liegt die größte Herausforderung der Menschheit auf diesem Gebiet woanders: in der Schwierigkeit, auf der Erde den Raum – und damit einige andere Basis-Ressourcen – zu finden, um acht Milliarden Menschen unterzubringen und ihnen eine angemessene Existenz zu sichern, ganz abgesehen davon, daß im Lauf der Zeit sehr wahrscheinlich noch einige weitere Milliarden hinzukommen werden. Was hier zu vollbringen wäre, ist ein wahres Wunder. Jedoch wird das Unterfangen zu einem erbärmlichen Mißerfolg verurteilt sein, wenn es nicht unverzüglich und in dem einzig richtigen Maßstab, nämlich im Weltmaßstab, programmiert wird. Die Regierungen und die Öffentlichkeit müssen sich über eines klar werden: Geht man fragmentarisch vor, mal da und mal dort, im besten Fall vielleicht mit Fünf- oder Zehnjahresplänen, und bemüht man sich, die Fluten neuer Erdbewohner lediglich in dem Maß einzudämmen, wie sie auftreten, so beschreitet man einen Weg, der schnurgerade in die Katastrophe führt – die dann allerdings auch eine globale sein wird. Die gleiche Feststellung gilt für die Tendenz, zuzulassen, daß die Großstädte sich in praktisch anarchischer Form weiter ausdehnen, immer mehr landwirtschaftlichen Bo-

den und Grünflächen schlucken und zu unbewohnbaren, menschliche Maß-
stäbe überschreitenden Riesenstädten degenerieren – und zugleich damit
die übrige Bevölkerung zu verurteilen, in der Hölle von Kleinstädten und
Dörfern zu wohnen, die völlig ungeeignet sind, den Ansprüchen eines
modernen Lebens gerecht zu werden.
Was jetzt unbedingt benötigt wird, ist ein Plan für die weltweite Organisation der menschlichen Lebenssphäre, aufgeschlüsselt nach großen Regionen oder Ländergruppen. Selbstverständlich kann ein solcher Plan nur
Orientierungscharakter haben und muß sehr flexibel sein. Andererseits
ist eine strenge, weltweit akzeptierbare Regelung für den Schutz und die
Erhaltung dessen, was von den großen ökologischen Reserven der Mensch-
heit übrig geblieben ist, unbedingt erforderlich. Es geht nicht nur um das
Weltklima, die Atmosphäre, die Ozeane und die Polgebiete, die alle mehr
oder weniger bereits in Mitleidenschaft gezogen sind und jetzt mit viel
Umsicht und Verstand erhalten werden müssen, sondern auch um große
Festlandgebiete, die zum Zweck der von menschlicher Einwirkung freien
Evolution der Natur abgezweigt werden müssen.
Ich möchte einen Begriff von den zeitlichen Horizonten des Problems vermitteln und berufe mich hierzu auf Constantinos Doxiadis, der sein Leben
den Beziehungen zwischen dem Menschen und seiner Umwelt gewidmet
hat und dafür eine neue Disziplin vorschlägt, die er »Ökistik« nennt. In
einer 1974 veröffentlichten Arbeit mit dem Titel *Global ecological ba-
lance*, mit der er seine Untersuchungen abschloß, empfiehlt er als ideale
Aufteilung des verfügbaren Bodens zwölf Spezialzonen, wobei er 80 Prozent der gesamten Erdoberfläche der Natur zuweist (in Gestalt von vollkommen unberührten Territorien und Zwischenzonen bis hin zu kontrollierten Wäldern), weitere 10 Prozent für die Landwirtschaft und nur den
Rest für städtische und Industriesiedlungen vorsieht. Die Notwendigkeit – sie ist von dramatischer Banalität, und wir dürfen uns ihr nicht
entziehen, damit viele Milliarden Menschen existieren können – besteht
schlicht und einfach darin, einen Plan für eine umfassende Regelung der
Oberfläche unseres Planeten aufzustellen. Ob dieser Plan so aussehen
wird, wie ich ihn soeben geschildert habe – und über dessen Grundzüge
weitgehende Übereinstimmung besteht –, oder ob es ein anderer sein wird,
ist nicht von Belang. Natürlich sind auch andere Pläne möglich. Was wir
uns bei einer Materie von so lebenswichtiger Bedeutung jedoch nicht erlauben können, ist, überhaupt keinen Plan zu haben. Dieses Problem
unseren Nachkommen zu überlassen, würde bedeuten, ihnen etwas zu
übertragen, wofür es dann keine Lösung mehr geben wird.
Es wäre die Aufgabe der Umweltkonferenz der Vereinten Nationen, die
grundsätzlichen Direktiven für aktive Maßnahmen zu nennen oder wenigstens die Elemente für eine solche weltweite Programmierung vorzubereiten, doch erwartet man da wahrscheinlich zuviel. Eines ist allerdings
gewiß: Diese Untersuchungen müssen ohne jede weitere Verschleppung

als Mission für die Menschheit abgeschlossen werden. Als ein Element mit
Katalysator-Funktion könnte wahrscheinlich das Projekt eines Besied-
lungsplanes dienen, das die IFIAS unter Berücksichtigung der Resultate
der UNO-Konferenz erstellen will.

Sechste Mission: der globale Produktionsapparat
Ein weiterer Aspekt der Problematik bereitet uns ernsthafte Sorgen: das
schlechte Funktionieren der gegenwärtigen Wirtschaftsmechanismen und
ihrer Beziehungen mit der Gesellschaft. Es ist schwer zu verstehen, warum es sowohl in Ländern mit freier Marktwirtschaft als auch in Ländern
mit Planwirtschaft um so viele Dinge so schlecht bestellt ist. Abgesehen
von der Sicherheit, konzentrieren die Regierungen nahezu ihre gesamte
Aufmerksamkeit auf Probleme der Beschäftigung, der Produktion, der
Inflation, der Preise, der Währung, der Zahlungsbilanz und sind zu jedem
Zugeständnis bereit, nur um sie zu lösen. Doch die Ergebnisse sind im
allgemein enttäuschend, woraus man folgern darf, daß es noch kein sicheres Mittel gibt, um diesen Zustand zu verbessern. Die Folge: Trotz des
immer noch großen Einflusses des Wachstumsmythos und der pausenlosen
Verherrlichung der Technologie stößt man überall auf Skepsis und Mut-
losigkeit. In den entwickelten Ländern spüren die Menschen, daß sie auf
irgend etwas werden verzichten müssen, um die Unterschiede in der Welt
zu verringern, doch sehen sie keinen überzeugenden Grund dafür, daß
diese Opfer auch unvermeidlich sein sollen. Zur gleichen Zeit fürchten die
armen Länder, jede Chance auf Fortschritt für sie könnte dahinschwin-
den, wenn die Reichen defensive Maßnahmen ergreifen, um die eigenen
Krisen zu überwinden. Sie halten das für ungerecht.
Im übrigen starren alle so gebannt auf die unmittelbaren wirtschaftlichen
Probleme, daß man nicht einmal den Versuch einer gründlichen Analyse
der strukturellen oder philosophischen Motive registriert, aus denen heraus die allgemeine Lage zu einem unkontrollierbaren Phänomen ausufert.
Alle Länder, kapitalistische, sozialistische und solche mit gemischtem
Wirtschaftssystem – ausgenommen vielleicht China –, klammern sich an
die Hoffnung, Wohlstand und Stabilität einfach dadurch zu erreichen,
daß sie die gleiche Politik der Regelung, des Ansporns und der Restrik-
tion, die sie in der Vergangenheit mit verschiedenem Erfolgsgrad angewandt haben, lediglich mit einigen Varianten fortführen. Sie sträuben
sich gegen die Einsicht, daß diese Politik möglicherweise ihre Effizienz
verloren hat. Eine solche Haltung wäre jedoch höchstens dann zu rechtfertigen, wenn es keine mögliche Alternative dazu gäbe. Das ist aber absolut nicht bewiesen. Im Gegenteil: Der Augenblick ist gekommen, hier
eine umfassende Bestandsaufnahme durchzuführen.
Es muß ermittelt werden, ob es machbare Lösungen gibt, die über die gegenwärtig zur Debatte stehende internationale Wirtschaftsordnung hinausgehen, eine Ordnung, die einen ersten schwierigen, mutigen und not-

wendigen Schritt darstellt, aber doch wohl nur vorübergehende Bedeutung haben kann. Alles, was wir im Augenblick tun können, besteht darin, einige allzu offensichtliche Verzerrungen des gegenwärtigen Wirtschaftssystems zu korrigieren und damit die Gefahr eines Kollapses der Gesellschaft abzuwenden; doch ist das gewiß keine Lösung, um mit der gewaltigen explosionsartigen Entwicklung der Probleme fertig zu werden, die wir schon heute kaum noch im Griff zu behalten vermögen. Wir brauchen fortschrittlichere Überlegungen und eine grundlegende Erneuerung, um unsere Ziele weiter zu stecken und festzustellen, welches Wirtschaftssystem das nützlichste für die Weltgemeinschaft sein könnte, die, wie wir hoffen, aus den weltweiten Veränderungen hervorgehen wird, die wahrscheinlich in der nächsten Zukunft stattfinden werden.

Zwar ist es unmöglich, ein vollständiges Bild dieses zukünftigen Wirtschaftssystems zu zeichnen – wenigstens, solange nicht auch die anderen Missionen für die Menschheit Fortschritte zu verzeichnen haben –, doch können einige Teilelemente daraus schon jetzt vorausschauend skizziert werden. Der Welt-Produktionsapparat ist ein Schlüsselelement. Wie auch im Fall der menschlichen Lebenssphäre wäre es im höchsten Maß unverantwortlich, wenn die Menschheit sich weiterhin nicht darum kümmern würde, ob die gegenwärtige Produktivorganisation imstande oder nicht imstande ist, materiell – und mit welchen Mitteln und unter welchen Bedingungen – die Nahrung, die Konsumgüter und die Dienstleistungen für eine auf dem Weg zur Verdopplung befindliche Weltbevölkerung sicherzustellen. Natürlich müssen auch noch viele andere Dinge berücksichtigt werden, zum Beispiel solche, die die Verteilung betreffen, die schon jetzt vor allem hinsichtlich der Nahrungsmittel ein *punctum dolens* ist; aber der Produktivsektor als solcher muß wegen seines Primärcharakters und seiner engen Verflechtung mit vielen anderen ökologischen, sozialen und politischen Problemen die Ausgangsbasis dieser Untersuchung sein. Eine umfassende Analyse der Organisation und der Funktionsweise des bestehenden Welt-Produktivkomplexes mit dem Ziel, festzustellen, welche Veränderungen an ihm vorzunehmen wären, damit er seinen Funktionen in den nächsten Jahrzehnten gerecht werden kann, ist ohne Zweifel eine Mission von erstrangiger Bedeutung für die Menschheit.

Mit der Rationalisierung der Industrie beginnen

Diese umfassende Untersuchung müßte sich auf viele Projekte stützen, eine große Anzahl Sektoren erfassen und streng parallel zu der Analyse der menschlichen Siedlungen verlaufen. Eines der Projekte könnte finanzieller Natur sein und sich mit den für die Infrastrukturen und den Produktivapparat oder für die sonstigen Bedürfnisse einer sich verdoppelnden Bevölkerung erforderlichen Investitionen befassen; es müßte auch Wege und Methoden zur Aufbringung der benötigten ungeheuren finanziellen Mittel prüfen. Ein anderes Projekt könnte Fragen der Beschäfti-

gung untersuchen, wobei es von der Beurteilung des Bedarfs an Arbeits-
kräften, an Spezialisten, an leitenden Angestellten und sodann an Instrumenten und Berufsausbildungsprogrammen ausgehen könnte, die für die
Ausübung aller dieser Aktivitäten auf internationaler Ebene benötigt
werden. In der nächsten Phase müßte dieses Projekt sich mit dem zentralen Problem der totalen Aktivierung aller menschlichen Ressourcen
befassen; die vom ILO* angesetzte Konferenz über Beschäftigungsfragen
könnte vielleicht einige Basiselemente für diese Untersuchung liefern.
Wegen der weitreichenden Verflechtungen dieser Materie könnte sie eventuell auch gesondert, als eine Mission für sich, betrachtet werden, deren
Ziel die Entfaltung und Verwendung aller menschlichen Ressourcen zugunsten der Weltgesellschaft wäre.
Eine weitere Studie – sie könnte als Einleitung für alle anderen dienen,
und ich würde vorschlagen, mit ihr überhaupt die Mission zu beginnen –
müßte sich mit der geographischen Verteilung und der Rationalisierung
des Welt-Produktivapparates befassen. Wie ich bereits sagte, müßte diese
Studie die Beschränkungen gebührend berücksichtigen, die jeder menschlichen Aktivität durch die Notwendigkeit gesetzt sind, die Welt-Lebens-
sphäre des Menschen zu erhalten und zu organisieren. Ich habe ebenso bereits auf die Resultate eines der Projekte des Club of Rome hingewiesen,
die darin bestehen, daß die Nahrungsmittelproduktion nach globalen Kriterien umorganisiert werden muß, wenn wir auch nur das minimale Ziel
der Verbannung des Hungers aus der menschlichen Gesellschaft erreichen
wollen. Ähnliches gilt auch in bezug auf die Industrie und die Industrie-
produktion in der Welt. Der Sektor Industrie innerhalb des Produktiv-
bereiches der Gesellschaft ist gegenwärtig ein unkoordiniertes Konglomerat von Einrichtungen, Anlagen und Aktivitäten; sie sind aus Entscheidungen hervorgegangen, die bei anderen Zielvorstellungen und unter anderen Bedingungen von dieser oder jener nationalen Gemeinschaft oder
aber von verschiedenen multinationalen Gesellschaften in ihrem eigenen
Interesse auf der Basis kurz- oder mittelfristiger Überlegungen getroffen
wurden. In anderen Zeiten und unter anderen Voraussetzungen hat dieses
Konglomerat bereits bewiesen, daß es unter dem Blickwinkel der sozialen
Machbarkeit, des Umweltbewußtseins und einer gerechten internationalen Wirtschaftsordnung unbefriedigend ist, wobei sich seine Mängel infolge der unvermeidlichen Expansion noch vergrößern und vervielfachen.
Was aber noch schlimmer ist: Wenn der Welt-Industrieapparat nicht
wirklich grundlegend reformiert werden kann, wird er völlig außerstande sein, die sich immer deutlicher abzeichnenden Ansprüche des zukünftigen Menschheitssystems zu erfüllen. Dieses wird von seinen zahlreichen und schwerwiegenden Problemen so sehr bedroht sein, daß es sich
keinen einzigen Fehler mehr erlauben kann, weder die gegenwärtig noch

---

* International Labour Office.

tolerierte Vielgleisigkeit, noch Verschwendung oder Fehlorganisation; es wird im Gegenteil auf eine weitgehend effektive und wirtschaftliche Handhabung aller Produktivkomponenten achten müssen.

Die Erarbeitung dieser Projekte müßte mit Hilfe verschiedener Arbeitsgruppen erfolgen; vorerst sehe ich noch kein empfehlenswertes Koordinierungszentrum. Ein bedeutender Schritt vorwärts könnte jedoch mit einer ersten umfassenden Untersuchung der geographischen Aufteilung und der Rationalisierung des Industrieapparates getan werden, um diesen den Erfordernissen der Weltgesellschaft während der nächsten Jahrzehnte in jeder Hinsicht besser anzupassen. Eine Gruppe privater und öffentlicher großer Industrie- und Finanzierungsunternehmen – am besten sollten sie aus Ländern mit verschiedenen Industrialisierungsstadien kommen – könnte der Gesellschaft sicherlich einen bedeutenden Dienst erweisen, wenn sie die erforderlichen Fonds und die Erfahrung ihrer Mitglieder unabhängigen Forschern und Wissenschaftlern zur Verfügung stellen würde, die dann ihrerseits die Aufgabe hätten, dieses Projekt nach ihren eigenen Kriterien und Gesichtspunkten zu entwickeln.

Ein Wort zum Schluß

An dieser Stelle möchte ich auf den Anfang des Buches zurückblenden, wo ich nach der Schilderung meiner Jugend und meines Berufslebens von den Ideen, Aktivitäten und Erfahrungen berichte, mit denen ich die letzten zwölf Jahre zugebracht habe. Ich habe das offen und aufrichtig und so gut wie möglich getan, und ich werde es als reichen Lohn betrachten, wenn der Leser meine Darlegungen interessant und nützlich findet. Jedenfalls danke ich ihm dafür, daß er mir geduldig bis hierher gefolgt ist.

Mit der groben Skizzierung der Missionen für die Menschheit – deren Bedeutung und Notwendigkeit ich hoffentlich überzeugend genug aufgezeigt habe – ist vielleicht ein weiteres Kapital meines Lebens beendet. Ich habe die feste Absicht, meine Gedanken über den Menschen und seine Zukunft weiter fortzuführen, obgleich ich natürlich nicht weiß, wie meine eigene Zukunft aussieht und wie lange sie noch währen wird. Ich hege jedoch die große Hoffnung – in dem geringen Maß, wie es einem einzelnen Menschen möglich ist –, zur Erneuerung des menschlichen Genius beigetragen zu haben, eine Erneuerung, ohne die das gesamte Menschheitssystem sich in extremen Auffassungen und Zuständen polarisieren wird, die es in den Untergang treiben müssen. Doch ich habe Vertrauen zu dem Menschen, und ich glaube an die menschliche Revolution, die, wenngleich um den Preis großer Opfer und Leiden, ihn schließlich triumphieren lassen wird.

Ich möchte mit einem Wort schließen, das ich auf diesen Seiten selten gebraucht habe: *Liebe*. Ich hatte das Glück, als freier Mensch zu leben, auch im Gefängnis, und ich werde als freier Mensch sterben. Doch hätte auch dieses Glück wenig Sinn, wenn ich mich nicht mit allen anderen Menschen, denen ich in brüderlicher Liebe verbunden bin, solidarisch fühlen würde. Es sind die Menschen, auf die es ankommt, mehr als auf Aktionen und Ideen, denn auch diese sind nur insofern wertvoll, als sie Menschen zu inspirieren vermögen. Was vor allem zählt, sind die Bande der Liebe, die aus einem Leben mehr machen können als bloß eine Episode: den Teil eines Ganzen, das weiterbesteht.

Namenregister

(Alle Zahlen verweisen auf Seiten)